조명암 시詩 연구

조명암 시詩 연구

서영희

도서출판 지성人

◎ 서영희

시인, 계명대학교 타불라라사칼리지 교수
시집으로는 피아노 악어, 말뚝에 묶인 피아노, 악기들이 밀려오는 해변,
산문집으로는 지금은 클래식을 들을 시간, 노래의 시대, 예배당 순례, 가만히 듣는다.
등이 있다.

조명암 시詩 연구

2024년 06월 27일 초판 1쇄 발행
저 자 서영희
펴낸이 엄승진
책인편집.디자인 도서출판 지성인 편집실
펴낸곳 도서출판 지성인
주 소 서울 영등포구 여의도동 11-11 한서빌딩 1209호
메 일 Jsin0227@naver.com
연락주실 곳 T) 02-761-5915 F) 02-6747-1612
ISBN 979-11-89766-50-4 93810

정가 27,000원

잘못 만들어진 책은 본사나 구입하신 곳에서 교환하여 드립니다.
이 책은 저작권법에 의해 보호를 받는 도서이오니 일부 또는 전부의 무단 복제를 금합니다.

이 책은 2023년도 계명대학교 비사연구기금으로 이루어졌습니다.

책머리에....

조명암의 삶과 문학에는 한국 근대사의 소용돌이 한가운데서 회오리를 온몸으로 겪어 온 지식인의 투쟁이 그대로 나타난다. 조명암은 모더니즘 시를 바탕으로 여러 장르를 섭렵한 르네상스적 지식인이었다. 그는 당대를 점령한 이데올로기에 적극 투신하였고 역사 변천의 시기마다 다양한 지적 편향성을 드러냈다. 그의 재능과 사상 편력, 예술성과 대중성을 넘나든 열정은 생각할수록 놀랍기만 하다. 그는 지사도 아니고 투사도 아니었다. 오로지 급변하는 근대사 속에서 문학과 자신의 길을 끊임없이 고민한 고독하면서도 현실적인 지식인이었다. 이러한 점에서 조명암의 문학은 오랫동안 방치되고 연구 대상에서 제외되었다. 그러나 이러한 면이 오히려 한국 문학사의 진모를 폭넓게 밝힐 수 있는 진지한 지점이 될 수 있을 것이다.

조명암(趙鳴巖, 1913~1993)은 충남 아산군 영인면에서 출생하였다. 그는 일제강점기 모더니즘 시인이자 대중가요 작사가, 희곡작가, 연출가로 왕성하게 활동하였다. 그의 본명은 조영출(趙靈出)로 모더니즘 시를 쓸 때는 본명을 주로 사용하였으나 대중가요 작사가로서는 조명암이라는 필명을 주로 사용하였다.*

조명암은 1930년대 식민지 근대 도시의 부조리한 상황을 고발하였으며 당대의 모순을 파악하여야 구조적 병리 현상을 치유할 수 있다는 분명한 사회·역사적 진단을 가지고 시 창작에 임하였다. 그는 현실 문제에 첨예하게 대립하면서도 문학의 예술성과 언어의 기교

---

* 따라서 본문에서는 발표한 장르와 발표 시기별로 사용한 이름을 그대로 따르기로 한다.

문제를 함께 고민하였다. 조명암의 시는 모더니즘뿐만 아니라 앞선 시대의 낭만주의 유산과 리얼리즘 등 당대 여러 사조의 핵심을 보여준다는 점에서 한국 문학사에서 의미 있는 한 지점을 차지한다.

조명암은 사상적으로나 문학적으로 다양한 변모 양상을 보여왔다. 일제강점기에는 사회 현실과 역사의식이 강한 모더니즘 시를 썼고 일제 말에는 다수의 친일 작품을 발표하였으며 해방기에 접어들어서는 계급 문학을 선택하여 사회주의 건설과 혁명적 사상을 작품에 깊숙이 반영하였다. 그리고 1948년에는 신념에 따라 월북하였다. 월북 후에는 친일 경력에도 불구하고 살아남아 시뿐만 아니라 희곡, 가극, 영화 제작에 이르기까지 폭넓은 예술 활동을 전개하였다.

조명암은 150여 편의 모더니즘 시를 창작하는 동시에 대중문화에도 관심을 가지고 550여 편에 이르는 대중가요 가사를 창작하였다. 그의 대중가요는 민중의 취향과 민중 의식을 부각하며 가장 대중적이면서 예술적인 시를 지향하였다. 그는 매시기마다 문학이 구현해야 할 사명을 강조하고 그에 따른 변모를 고민하였으며 시와 대중가요, 희곡 장르를 넘나드는 폭넓은 활동을 전개하였다. 이러한 점에서 조명암에 대한 연구는 한국 근대 문학의 변천과 흐름을 이해하고 시의 대중화 문제를 고민하는 중요한 지점에 자리한다고 할 수 있다.

이 책은 1930년대에서 해방기에 이르는 조명암의 시와 시인으로서의 자질을 바탕으로 쓴 대중가요 가사 전반을 연구한다. 이를 통해 한국 문학사에서 조명암의 위치를 밝히고 시인이자 대중가요 작사가로 활발한 활동을 펼친 그의 문학적 궤적을 추적하는 것이다. 그동안 조명암의 작품을 정리한 전집이 2003년과 2013년 2차례에 걸쳐 발간되었으나 조명암 시에 대한 연구는 단편적이거나 전체를 개괄하는 것에 그치고 있다. 그러한 점에서 이 책은 시기별로 변화하는 조명암 시 문학의 스펙트럼을 총체적으로 밝힘으로써 그의 문학 생애 전반에 걸친 보다 확장적이고 구체적인 결과를 도출할 수 있을 것이다.

제1부에서는 조명암 시의 모더니즘을 미적 근대성의 실현 방식, 모더니즘 시학과 작가 의식, 전통성과 풍속의 부각으로 분류하여 논의한다. 조명암의 시는 전망 부재의 식민지 풍경을 그리면서도 모더니즘의 미학적 문제에 관심을 가졌다. 조명암의 모더니즘은 관념주의와 리얼리즘이 상호작용하는 것으로, 그의 언어와 문체는 당대의 병폐와 위기를 문제화하며 미학적 근대성을 형상화하는 핵심적인 도구로 사용되었다.

조명암은 1930년대 경성의 도시화가 동반하는 혼란과 어두운 부산물에 관심을 가지고, 일제에 의한 강제적 근대가 가져온 충격의 현장과 도시 문명의 불평등하고 파괴적인 측면을 고발하였다. 그는 여기에서 나아가 조선어의 운율과 시형, 향토성 등의 조선적 문학 양식을 탐구하고 모더니즘에 전통성을 결합하는 방식으로 대중의 감성을 울리는 민요시와 시조시를 발표하며 민족주의 문학을 실천하였다. 또 민중의 하부문화인 민속에 관심을 가지고 이를 시화하였다.

제2부에서는 대중문화 운동의 실천, 순수 예술과 대중 예술의 조화 등 모더니즘 시인으로서 조명암이 추구한 양가적 노력을 다룬다. 그는 자유시에서는 모더니즘 정신에 입각한 식민도시의 비극성을 보여주었지만 대중가요에서는 향토적 정서를 부각하며 보편적이고 민중적인 정서를 드러냈다.

조명암은 고향을 대중가요의 주요 주제로 삼았다. 그는 고향을 잃고 떠도는 자들을 통해 시대 상황과 민중의 현실을 반영하였으며, 유흥공간의 여성에도 관심을 가지고 전통과 근대 사이에서 차이와 모순을 발생시키며 계급적 모순과 민족적 모순이 첨예하게 드러나는 지점을 포착하였다.

조명암의 풍자와 해학은 긍정과 부정을 동시에 껴안는다. 그는 경성의 현실을 바탕으로 구어체와 속어체로 서민의 생활 정서를 묘사하며 시대를 풍자하고 비판하였다. 조명암의 대중가요는 일제에 동화하는 가운데서도 이화하고 저항하려는 양가적 모습을 보인다. 일제 말에는 군국가요를 다수 발표하면서도 식민지인을 위로하고 민족성을 고취하는 작품들을 동시에 발표하였다. 식민주의와 민족주의가 공존하는 이러한 성격은 그의 작품을 단순한 시각으로 재단할 수 없게 만든다.

　제3부에서는 조명암의 친일 시와 친일 가요시가 민족의 미래에 대한 불투명한 전망에 원인이 있었음을 밝힌다. 대중가요에 친일 작품이 많은 이유는 이것이 지배 이데올로기 전달 역할과 선전·선동의 극대화를 기대할 수 있는 장르이기 때문이다.

　조명암은 해방의 감격과 해방기의 부정적인 사회 현실을 비판하고 자신의 이념을 적극 표현하였다. 일제강점기에 보여준 모더니즘 속의 리얼리즘은 해방기 역사의 현장성을 통해 보다 진전된 리얼리즘으로 나타났다. 문학이 구현해야 할 시대 현실과 목적을 강조하고 그것을 실현하고자 한 것이 해방기 시의 특징이다.

　이 연구는 월북 이후 북한에서 이어진 작품에 대해서는 별도로 다루지 않았다. 시인 스스로 "나의 사고 모색의 력사이며, 나의 사상 발전의 로정"이라고 규정하였지만 6.25전쟁과 이후의 작품들은 전후복구와 새로운 사회주의 건설, 체제 찬양과 주체 사상, 수령 형상화 등의 성격으로 이루어져 있어 기존의 작품들과는 상당한 거리가 있으며 문학성을 논하기 어렵기 때문이다.

　이 책은 시인 조영출의 시와 작사가 조명암의 대중가요를 연구하는 것으로, 현실의 문제와 미학의 문제는 불가분의 관계 속에서 작동하는 것이라는 문학의 기본 원칙을 바탕으로 하였다. 또한 동일한 텍스트를 각기 다른 시각에서 살펴 새로운 방향성을 찾으려는 시도를 하였다. 이 책이 조명암 시의 위상과 문학적 의의를 밝히고 한국 근대 문학을 이해하고 연구하는 데 적게나마 일조할 수 있기를 바라며 부족한 부분에 대해서는 후속 연구자들의 관심과 노고를 바란다.

본 연구는 2003년에 출간한 이동순 선생의 『조명암 시전집』과 2013년 출간한 장유정·주경환의 『조영출 전집 1. 조명암의 대중가요』, 정우택·주경환의 『조영출 전집 2. 시와 산문』을 주요 텍스트로 하였다. 이분들의 노고에 감사드린다. 특히 이 책은 조영출이 조명암(趙鳴巖)이라는 필명으로 1934년 동아일보 신춘문예에 시인으로 등단하였으며, 이동순 선생이 편저한 『조명암 시전집』에 바탕하여 연구를 시작하였기에 책의 제목을 『조명암 시 연구』로 하였다.

2024. 6. 25.
서 영 희

■ 책머리에.... 5

제1부
조영출 시의 모더니즘 ..13

제1장. 머리말 ……………………………………………………… 14
제2장. 미적 근대성의 실현 방식 ………………………………… 25
   1. 시적 수사를 통한 관념의 실현 ……………………………… 26
   2. 감탄의 수사학과 언어 미학 ………………………………… 39
   3. 서구 문명과 도시 모더니즘 ………………………………… 52

제3장. 모더니즘 시학과 작가 의식 ……………………………… 63
   1. 식민도시의 우울한 풍경 ……………………………………… 63
   2. 지적 허무주의와 데카당티슴 ………………………………… 80
   3. 무한성을 향한 동경 …………………………………………… 92

제4장. 전통성과 풍속의 부각 …………………………………… 108
   1. 전통성과 모더니즘의 결합 ………………………………… 108
   2. 회복의 공간성과 에로티시즘 ……………………………… 117
   3. 식민지 환경과 풍속의 부각 ………………………………… 127

제5장. 맺음말 …………………………………………………… 142

제2부
조명암의 모더니즘과 대중성 확보 ..147

제1장. 조명암의 대중가요와 고향 의식 ············· 153
   1. 머리말 ············· 153
   2. 결핍의 기호로서 고향 ············· 155
      1) 모성과의 유대 ············· 155
      2) 확장된 공간으로의 도피 ············· 160
      3) 잃어버린 시공간의 복원 ············· 168
   3. 맺음말 ············· 173

제2장. 조명암 대중가요에 나타난 근대 유흥공간의 여성 ············· 177
   1. 머리말 ············· 177
   2. 경계에 선 사회적 타자 ············· 179
   3. 유랑의 지점에 위치한 모성적 공간 ············· 185
   4. 수난과 희생을 통한 구속(救贖)의 세계 ············· 190
   5. 맺음말 ············· 194

제3장. 조명암 대중가요의 풍자와 해학 ············· 198
   1. 머리말 ············· 198
   2. 근대의 새로운 풍광 ············· 201
   3. 식민지 근대화 과정의 모순 ············· 208
   4. 도시민의 일상과 생활 정서 ············· 213
   5. 맺음말 ············· 217

제4장. 조명암 대중가요의 양가적 인식 ·· 221
　1. 머리말 ·· 221
　2. 위무와 순응 속의 균열 ·· 222
　3. 당대와 유리된 향락 ·· 227
　4. 식민 담론의 조장과 분열된 주체 ·· 231
　5. 맺음말 ·· 239

제3부
해방 전후 시의 현실 인식 ..241

제1장. 자유시와 대중가요 가사에 나타난 친일 의식 ················ 242
　1. 조영출의 친일 시 ·· 242
　2. 조명암의 친일 가요시 ·· 246

제2장. 해방기 조영출 시의 전개 ·· 257
　1. 머리말 ·· 257
　2. 조영출의 이데올로기 선택 ·· 259
　3. 해방의 역사성과 의미 천착 ·· 261
　4. 부정적 현실과 신념의 표상화 ·· 266
　5. 맺음말 ·· 273

　■ 참고문헌 ·· 276

조명암 시 연구

제1부
조영출 시의 모더니즘

제1장. 머리말

　모더니즘이 우리 문단에 형성된 것은 1920년대 중반이다. 1934년을 전후로 문학 인식의 폭을 넓히고 현대적 감각을 중시하고자 김기림, 최재서, 이양하, 정지용 등이 영미 문학 이론을 도입하며 우리 시단에 모더니즘이 본격적으로 드러난다. 1930년대 한국 모더니즘은 일제로 표상되는 독점 자본주의의 식민지 모더니즘이라는 특수한 상황에 아래 놓여 있었다. 또한 1920년대의 감상적 낭만주의와 퇴폐주의, 카프의 편향적 내용주의에 대한 반발 속에서 새로운 시의 차원을 모색하였다. 경성은 일제에 의해 타율적으로 건설된 도시로 강제적 근대화로 인한 근대 체험은 개인을 억압하고 이러한 현상을 악화시키는 요인이 되었다.
　1930년대 조선은 외부적으로는 만주사변(1931)과 중일전쟁(1937), 2차대전의 발발(1939)로 전화의 한가운데 위치하였고, 내부적으로는 일제의 탄압이 가중되어 신간회가 해산(1931)되고 조선농지령(1934)과 일본어 사용 강제령이 공포(1937)된 시기였다. 또 육군지원병제가 실시(1937)되었으며 국사와 조선어 강의를 철폐(1938)하는 사건이 일어났다. 이러한 대내외적 수난 속에서 카프가 해산되었고 전대 문학 활동에 대한 비판을 통한 새로운 문학의 모색이 필연적으로 대두되었다. 이러한 가운데 모더니즘은 리얼리즘과 모더니즘이 병존하는 특수한 현상을 보여주게 되었다.[1]
　한국 현대시는 1930년대에 접어들면서 현대적 의식과 자각을 담기 시작하며 새로운 면모를 보여주었다. 일제의 탄압에도 한글 운동

---

[1] 나병철, 『근대성과 근대문학』, 문예출판사, 1995, 210면 참고.

은 거대한 문화운동으로 번져갔으며 한글 운동에서 의식된 언어와 문자에 대한 새로운 관심은 모더니즘 문학의 참신한 어감과 표현, 어휘에 대한 탐색으로 나타났다.

조영출(趙靈出, 1913~1993)[2]은 이러한 시기를 배경으로 문단에 등장하였다. 조영출의 문학은 150여 편에 달하는 현대시와 550여 편에 달하는 대중가요 가사, 희곡 창작 활동 등으로 대별된다. 그는 1934년 〈동아일보〉에 「동방의 태양을 쏘라」가 정식으로 당선되기 전부터 〈회광(回光)〉, 〈신여성〉, 〈조선일보〉, 〈불청운동〉등의 지면에 시와 수필을 발표하며 활동을 전개하였다.

조영출은 일제강점기를 배경으로 현실 인식과 역사의식이 강한 모더니즘 시를 발표하였다. 그의 시가 모더니즘 경향을 보이는 것은 개인적 취향과도 연결되지만 1930년대 허무의식이 팽배한 세계 인

---

2) 조영출(趙靈出, 1913~1993)은 충남 아산군 탕정면에서 출생하였다. 부친 별세 후 9세에 모친과 함께 함경도 안변 석왕사에 의탁하였으며 11세에 건봉사로 출가하였다. 그는 건봉사 부설 봉명학교에서 만해의 영향으로 문학에 눈을 뜨게 되었으며, 1934년 동아일보 신춘문예에 시 부문 「東方의 太陽을 쏘라」가 당선작으로, 유행가 부문 「서울노래」가 가작으로 당선되며 시인과 대중가요 작사가의 길로 접어들었다. 조영출은 만해의 영향을 받은 대표적인 1세대 문인이다. 당시 만해 문하에는 조영출을 비롯하여 박종운, 조영암, 최재형, 박기호 등이 수학하였으며 이들은 〈조선일보〉를 통해 활동하였다. 조영출은 봉명학교 졸업 후 보성고보와 와세다 대학 불문과에서 수학하였다. 그는 모더니즘 시를 발표하면서 동시에 대중가요 작사가, 희곡작가로 왕성한 활동을 펼쳤다. 해방 후에는 '조선프롤레타리아예술동맹'에 가입 좌파 문학의 길을 걸었다. 1948년 월북 후에는 사회주의 이념에 충실한 작품들을 발표하였으며 북한 '문학예술총동맹 중앙위원회 부위원장, '김일성상 계관인' 칭호를 받으며 북한의 대표 작가로 활동하였다. 모더니즘 시 작품으로 「東方의 太陽을 쏘라」, 「칡넝넝」, 「마을停車場」, 「淸風의 箱子」, 「남사당」 연작시 6편 등이 대표작이며 대중가요 작품으로는 「꿈꾸는 백마강」, 「목포는 항구」, 「西歸浦 七十里」, 「바다의 交響詩」, 「세상은 요지경」, 「알뜰한 당신」 등이 있다. 작품집으로 북한에서 발간한 『조령출시선집』(조선작가동맹출판사, 1957), 『조령출희곡집』(조선작가동맹출판사, 1961), 시집 『밝은 태양 아래』(1988) 등이 있다.

식과 밀접한 관계가 있다. 그는 일제가 만들어 놓은 근대 도시의 모습을 통하여 인간성 상실의 사회상을 비판적으로 조명하였다. 그에게 '경성'이라는 도시는 어떤 자연이나 향토적 정서보다 애착을 갖게 하는 문학적 대명사였다.

조영출은 1930년대 지배와 피지배의 조건 속에서 개인적 감정의 토로보다는 사회의 비합리적 측면에 대해 직접적으로 폭로하고 고발하는 양상을 보였으며, 근대 도시의 부조리한 상황을 개선하고 전환시키고자 하는 강렬한 의지를 시 속에 내포시켰다. 이는 카프의 영향을 흡수하였다고 볼 수 있는 부분이며 당대 사회의 모순을 파악하여야 구조적 병리 현상을 치유할 수 있다는 적극적이고 안목 있는 역사적 진단을 보여주는 대목이다. 그는 분명한 사회·역사적 인식을 가지고 창작에 임하였으며, 보다 민족주의적인 색채를 표방하고자 하였다.

조영출은 1920년대 초 동인지 문학이 보여주었던 낭만적 유산을 부분적으로 받아들여 감각적 현상 속에서 문학의 진실을 찾고자 하였다. 또한 사회 현실에 첨예하게 대립하면서도 문학의 예술성과 언어의 기교 문제를 함께 고민하였다. 그의 문학은 모더니즘뿐만 아니라 리얼리즘과 낭만주의 등 당대 여러 사조의 핵심을 동시에 보여준다는 점에서 의미를 지닌다. 이러한 점에서 조영출에 대한 연구는 우리 문단의 여러 상황과 근대문학의 흐름을 이해하는 데 매우 의미 있는 작업이 될 수 있을 것이다.

이러한 이유에도 조영출 문학에 대한 총체적인 연구는 미미한 실정이다. 이는 분단이라는 특수한 상황 속에서 월북한 그의 사상적 편력과 친일 관련 문제 등 여러 정치·문화적 요소가 복합적으로 작용한 때문이라 할 수 있다.

조영출은 모더니즘 시를 창작하는 동시에 대중문화에도 관심을 보이며 550여 편에 달하는 대중가요 가사를 발표하였다. 그는 일찍이 대중문화의 중요성을 깨닫고 시 장르의 확장 문제, 문학을 통한 대중문화 운동의 실천 및 활성화 문제, 순수 예술과 대중 예술의 조화와 일치를 위해 노력을 기울였다. 또 해방기엔 좌·우 이데올로기의 치열한 대립 속에서 역사 현실을 반영한 다수의 경향시를 발표하였다. 그가 사회주의적 세계관을 선택하게 된 계기는 분명하지 않으나 평소 창작 심리 저변에 깔려있던 사회적, 민족주의적 가치관이 해방 직후 좌파 문학조직과 연결되면서 표면으로 드러나게 되었던 것으로 짐작할 수 있다.

해방 시기 조영출은 '조선프롤레타리아문학동맹'과 '조선프롤레타리아연극동맹'에 가입하여 좌파 문인들과 친교를 맺었다. 좌파 계열 문단이 통합되자 '조선문학가동맹'에 참여하였으며 '조선연극동맹'에서는 부위원장으로 활동하였다. 사회주의는 조영출에게 일제 말 친일 작품에 대한 일종의 속죄의식이자 내적 갈등을 극복할 대안으로 또 그의 사상을 실현할 만한 이상적인 이데올로기로 다가섰기 때문이다.

조영출은 연극이 지니는 강력한 사회적 환기성에도 눈을 돌려「목련화」, 「영 넘어 팔십리」, 「현해탄」 등 다수의 희곡 작품을 썼다. 해방 후에는 김일성의 항일 빨치산 활동을 주제로 한 「독립군(1946)」, 「논개(1946)」, 「위대한 사랑」(1947) 등을 창작하였으며 프로문맹이 전개한 대중문화 운동과 새로운 사회건설, 사회주의적 의욕 등을 작품 속에 깊숙이 반영하였다.

1948년 조영출은 정치적 신념에 따라 월북하였다. 전쟁 중에는 종군기자로 내려와 '조선문학가동맹'의 재건에 참여하였으며, 다른 작가들이 친일 경력을 성토당하고 숙청되는 가운데서도 살아남아 희곡, 혁명 가극, 영화 대본, 제작 부문에 이르기까지 폭넓은 예술 활동을 전개하였다. 그는 북한 문화계의 주요 인사로 교육문화성 부상과 '예술총동맹중앙위원회'의 부위원장을 지냈으며 김일성 우상화 작업에 쏟은 공로를 인정받아 '김일성상 계관인' 칭호와 국기훈장 제1급을 받으며 북한 최고의 영예를 누렸다. 이러한 제반 이유에 묶여 조영출은 납월 재북 문학인들에 대한 해금조치(1988년)에서도 제외되었으며 오랫동안 우리 문단사에서 사라지게 되었다.

조영출 문학은 역사의 회오리에 말려 외면되고 방치되어 왔으며 많은 문학 연구자들의 연구 대상에서도 제외되었다. 따라서 그가 영향을 받은 것으로 짐작되는 다른 모더니즘 계열 시인들과의 비교 작업도 이루어지지 않았다. 그의 작품은 우리 문학 연구에 생소한 이름으로 남게 되었으며, 대중가요 가사는 분단의 금제 아래 음성적으로 유통되거나 일부 작사가들에 의해 개작·변조되는 사례가 빈번하게 발생하였다. 조영출의 작품에 대한 연구가 미미한 까닭은 이러한 이유 외에도 그가 활동하던 시기 동안 문단 교류가 적었고, 건봉사 출신 문인들이 해방 후 주목할 만한 활동을 하지 않아 그 행로를 추적하기가 어렵기 때문이다.

본 연구의 목적은 일제강점기에서 해방기에 이르는 조영출의 문학을 총체적으로 연구함으로써 그동안 우리 문학사에서 사라졌던 조영출 시의 위상과 의의를 밝히고자 하는 데 있다. 아울러 본 연구는 문학 연구에 있어 작가와 작품 분석이 가장 기본적이고 중요한 작업이라는 점에 의미를 두고 논의를 전개해 나가고자 한다. 조영출은 급변해 온 근대사의 한가운데서 당대를 점령한 경향이나 이데올로기에 적극 투신하였으며 역사 변천의 시기마다 다양한 정치적·지적 편향성을 보여주었다. 그에 대한 연구는 변화무쌍한 변화를 보여주는 한국 근대 문학사의 의미를 규명하고 정리하는 데 기초적인 작업이 될 수 있으며, 나아가 민족 문학사 바로 쓰기와 관련한 작은 밑거름이 될 수 있을 것이다. 예술성과 대중성을 넘나든 조영출의 열정과 노력은 새롭게 조명되어야 하며, 그의 문학적 성과와 전모를 재평가해야 할 시점에 와 있다고 하겠다.

조영출에 대한 연구는 윤여탁의 「모더니즘에서 리얼리즘에로의 선택-조영출론」3)이 최초의 논문이라 할 수 있다. 윤여탁은 조영출이 모더니즘에 경도된 이유로 사회와 유리된 학승으로서의 삶, 보성고보와 와세다 대학에서의 유학 생활이 주는 적막감과 낯설음이 시인을 비애와 허무감에 젖게 하였으며, 이를 통해 1930년대 방향 상실의 시대를 적절히 형상화하였다고 밝힌다. 그러나 그의 연구는 조영출의 문학적 족적에 따라 전체를 개괄하지 못하고 있으며 월북 이전의 극히 제한된 일부 시 작품에 한정되어 있어 아쉬움을 남긴다.

2002년에는 김효정(金孝姃)4)이 조영출의 현대시 연구를 통해 모더니즘 시와 경향시, 월북 이후의 시 작품 전반에 대한 문학적 접근을 시도하였다. 김효정의 연구는 모더니즘과 해방 시기 및 월북 이후에 따라 작품의 양과 질이 현저히 다름에도 이를 같은 비중으로 다루고 있으며, 조영출의 삶과 사상적 노정에 따라 변화하는 작품의 양상을 구체적으로 파악하지 못하고 있었다. 그러나 이 논문은 조영출의 자유시를 본격적으로 다룬 첫 논문이라는 점에서 의의가 크다. 또 같은 해 김용직은 모더니즘 시 1편과 해방기에 씌여진 경향시 2편으로 짤막한 조영출론5)을 발표하였다.

2003년에는 이동순이 그간 묻혀왔던 조영출의 시와 대중가요 가사 전 작품을 발굴하고 묶어 『조명암시전집』6)을 발간하였다. 이는

---
3) 윤여탁, 「모더니즘에서 리얼리즘에로의 선택- 조영출론」, 『시의 논리와 서정시의 역사』, 태학사, 1995, 275면.
4) 김효정, 「조영출 시 연구」, 영남대학교 석사논문, 2002.
5) 김용직, 「조영출(趙靈出)」, 『한국 현대 경향시의 형성/전개』, 국학자료원, 2002.
6) 이동순 편저, 『조명암시전집』, 선 출판사, 2003.

한국 문학사와 대중가요사 연구에 초석이 되는 의미 있는 업적이라 할 수 있다. 2004년에는 최원식이 이동순의 『조명암시전집』에서 누락된 6편의 시 '민속시초(民俗詩抄) 남사당 편'을 발굴하여 소개7)하였다. 2013년에는 이동순의 『조명암시전집』을 보완한 『조영출 전집 1 조명암의 대중가요』8), 『조영출 전집 2 시와 산문』9), 『조영출 전집 3 희곡』10)이 발간되었다.

조영출의 시적 모더니즘에 대하여 1930년대 당시 문단은 두 가지 상반된 견해를 보인다. 시인이자 평론가 김기림은 〈조선일보〉에 기고한 평론에서 다음과 같이 밝힌다.

> '기다(幾多)의 시를 통하야 조영출씨가 우리에게 보여준 것은 한 개의 큰 희망이며 약속이며 야심이다. 도회라고 하는 것이 단편적이 아니고 한 시의 당당한 주제로서 노래되기 시작한 것은 내가 기억하는 범위에서는 벨-하렌으로써 남상(濫觴)이 아닌가 한다. -(중략)- 그런데 우리는 조영출씨에게서 도회시인으로서의 비범한 소질을 발견하였다. -(중략)- 조영출씨의 시 속에서 또한 남달리 빛나는 것은 위트의 편린(片鱗)이다. 그런데 위트는 실로 새로운 시의 큰 특징의 하나다. -(중략)- 우리들의 조영출씨는 이 위트의 편린을 많이 가지고 있다. -(중략)- 그렇다. 그는 한 큰 소재다. 그가 시인으로서 큰 족적(足跡)을 남기고 안 남기는 것은 오로지 금후 그의 노력과 공부에 있다고 생각한다.'11)

김기림은 조영출의 작품과 이에 나타나는 도시성을 높이 평가하

---

7) 최원식, 「풍속의 외피를 쓴 성장시」, 민족문학사연구 26권, 민족문학사연구회, 2004. 11.
8) 장유정·주경환 편저, 『조영출 전집 1. 조명암의 대중가요』, 소명출판, 2013.
9) 정우택·주경환 편저, 『조영출 전집 2. 시와 산문』, 소명출판, 2013.
10) 박명진·주경환 편저, 『조영출 전집 3. 희곡』, 소명출판, 2013.
11) 김기림, 「1933년 시단의 회고와 전망」 부분, 조선일보, 1933.12.12.

였다. 또 「모더니즘의 역사적 위치」에서도 30년대 대표적 모더니즘 시인들로 정지용, 신석정, 김광균, 장만영, 박재륜과 함께 조영출을 들고 있다.12) 이 외에도 1938년 이해문(李海文)은 「중견시인론」에서 1930년대 촉망되는 중견 시인의 한 사람으로 조영출을 꼽았다.

끝으로 필자의 가장 촉망하는바, 우리 시단의 중견 시인인 유운향, 김기림, 조벽암, 유치환, 이응수, 모윤숙, 유창선, 김조규, 김광균, 윤곤강, 마명, 이정구, 조영출, 한흑구, 이규원, 박노춘, 오장환, 민병균, 제씨의 건승을 빌고 이만 각필한다.13)

조영출은 이미 당대의 주요 시인으로 자리 잡고 있었다. 그러나 긍정적 평가와 달리 부정적인 견해도 있다. 1920년대의 대표 시인 황석우는 조영출의 「단편」을 비평하는 글에서 김기림과 조영출을 상호 비교하면서 전자를 형용부족(形容不足)이라 한다면 후자는 형용기만(形容欺瞞)으로 명명할 수 있다고 혹평하였다. 황석우는 시적 내용과 구분하여 형용을 기교의 문제로 파악해 왔는데, 시적 비유와 기교에서 많은 결점을 발견할 수 있다는 의견이었다. 황석우는 '비유의 대상 착오에서 원인된 실패한 묘사' 등으로 조영출의 작품에 부정적 평가를 하면서도 '전체 시단의 주목을 그을만한' 소질을 높이 인정하였으며 '영롱한 옥괴(玉塊)'라는 표현도 서슴치 않았다.14) 이처럼 조영출은 당시 문단 중심부에서 가능성을 인정하고 기대하는 분위기가 뚜렷하였다.

한편 이승훈은 『한국 모더니즘 시사』15)에서 위에서 들고 있는

---
12) 김기림, 「모더니즘의 역사적 위치」, 인문평론, 1939.
13) 이해문, 「중견시인론-조선의 시가는 어디로 가나」, 시인춘추 제2집, 시인춘추사, 1938.
14) 황석우, 「최근시단개별(最近詩壇慨瞥)」, 조선시단 8호, 1934.

1930년대 대표적 모더니즘 시인들의 특성을 다루며 조영출을 제외한다. 이승훈은 조영출의 시가 우리 모더니즘 시의 역사에 크게 기여했다고 볼 수 없다는 주장을 하고 있는데, 조영출의 작품이 발굴되어 전집으로 나온 것이 2003년이라는 점을 감안하면, 월북에 의해 문단사에서 사라져 작품 대부분을 찾을 수 없었기 때문으로 파악할 수 있다.

이상의 연구와 평가들은 조영출 작품의 지극히 부분적인 연구에 그치거나 전체작품에 대한 개괄의 수준에 머무르고 있어 조영출 문학에 대한 보다 체계적이고 구체적인 접근이 아쉬웠다. 따라서 본 연구는 조영출의 작품 중 일제강점기 모더니즘 시 전반을 대상으로 하여 작품 자체에 밀착하는 실증적인 방법으로 작가 의식과 작품의 의의 및 한계를 밝히고 사회·역사·문화적 맥락을 함께 찾아보고자 한다.

본 연구는 이동순의 『조명암시전집』, 정우택·주경환이 편한 『조영출 전집 2 시와 산문』을 텍스트로 한다. 본 연구는 작품 자체가 역사적 사실을 기록하고 작품의 미적 특성이 작품의 과거성과 불가분의 관계에 있으며 작품에 대한 판단은 작품 자체뿐 아니라 이를 둘러싼 역사사회적 배경과 작가를 동시에 고려하여야 한다는 입장에서 연구를 진행한다. 따라서 당대의 여건과 관련된 작가의 삶뿐만 아니라 작품의 형식과 구조적 특성 및 작품의 긴밀성 등을 규명하고 작가의 내면 의식과 심리적 파장 등을 함께 연구하고자 한다. 이는 문학을 구성하는 주체는 인간과 사회이며 동시에 작품 자체의 미적 구조라는 기본자세에서 출발하는 것이다.

본 연구는 조영출 작품의 특성을 미적 근대성의 실현 방식, 모더

---

15) 이승훈, 『한국 모더니즘 시사』, 문예출판사, 2000, 79면.

니즘 시학과 작가 의식, 전통성과 풍속의 부각으로 분류하였으며, 이를 다시 소항목으로 재분류하여 세부적 특징을 대표하는 작품을 심층 분석한다. 이러한 실증적인 방법을 통하여 조영출 시 작품의 전개 양상을 밝히고 동시대의 다른 모더니즘 시인과의 문학적 영향 관계를 찾아 그의 작품이 가지는 역사·사회·문화적 의미 및 문학적 위상과 의의를 밝히고자 한다.

이에 따라 제2장에서는 부르주아적 근대성의 병폐와 그것에 저항하는 미적 근대성을 모더니즘의 수사학으로 실현해 나간 과정을 살핀다. 조영출은 화려한 수사와 관념, 감탄의 수사와 색채 언어를 통해 자신만의 언어 미학을 실현하고자 하였으며 서구 문명을 통해 유입된 새로운 언어에 관심을 가졌다. 이 장에서는 조영출 시의 언어 기교와 어법의 양식을 살핌으로써 그만의 표현기법과 특이성을 찾아 조영출 모더니즘의 실체를 밝힌다.

제3장에서는 조영출의 도시 모더니즘으로서의 개성적 모더니티를 연구한다. 그는 식민도시의 이면을 고발하고 부조리한 상황을 개선하고자 하였다. 이러한 작품은 당대 어떤 시인들보다 적극적이고 날카로운 역사적 안목을 보여주는 것으로 근대 시문학사에서 중요한 의미를 지닌다. 또 데카당스적 구도를 통해 새로운 시적 전망을 기획하며 무한을 향한 동경으로 세계를 향해 몸을 여는 그만의 시학을 논의한다.

조영출은 전통문학 장르인 민요와 시조에 관심을 가지고 개인의 주관적 감정을 아우르면서 대중의 보편적 감정을 울릴 수 있는 민요시와 시조시를 추구하였다. 이는 전통 부정과 서구 지향의 모더니즘과 변별되는 점으로, 일제강점기라는 시대적 배경하에 민족주의 이념을 구체적인 문학으로 실천하였다는 점에서 긍정적이다. 또한 여성의 이미지를 통해 성장기의 결핍과 상실감을 해소하고 조화와 질서를 지향해 가는 시적 태도를 보여준다. 조영출은 풍속에 대한 남다른 관심을 가지고 남사당이라는 하위집단에 의해 이루어지는 민중문화를 차원 높은 시 세계로 승화시켰다. 제4장에서는 민중의 삶에 대한 애정과 '우리 것'에 대한 그의 시적 자각과 성취를 살펴본다.

본 연구는 조영출의 모더니즘 수용 양상을 규명하고 작품의 분류와 분석을 통해 조영출 작품의 특성과 시적 태도를 연구한다. 또 그가 어떠한 방식으로 자신의 문학을 변화시켜 나아갔는지 조영출의 지적 변모 과정과 시 정신을 밝히고자 한다.

제2장. 미적 근대성의 실현 방식

1930년대는 '모던(morden)'이라는 용어가 담론구성체 및 사회구성체에서 실질적인 효과를 발휘하기 시작한 시기였다.16) 모더니즘의 시대는 근대화가 일정 정도 진행된 역사적 시점에서 출발한 것으로 부르주아적 근대성이 병폐를 드러낸 시기에 그것에 저항하는 또 다른 미학적 근대성으로 나타났다. 근대성이란 자기 시대의 위기를 문제화하려는 의식으로부터 출발한다.17) 근대성은 변화하는 삶의 역사성과 현재성의 모순관계를 인식하는 데서 시작하는 것으로 단절과 연속, 모순과 투쟁, 낡은 것과 새것 등 상반된 경험의 복잡한 사유 체계를 의미한다.

모더니즘은 부르주아적 근대성에서 이탈된 미적 근대성을 사회적 모순에 대한 저항 방법으로 삼았다. 미적 근대성이란 역사적 진행 시기에 나타난 다양하고 이질적인 문화적 지향을 포함하는 탄력적인 문제의 틀이며 담론의 공간이라 할 수 있다.18) 1930년대 한국의 모더니즘은 일제의 독점자본에 의한 공업화와 도시화를 배경으로 등장하였다. 식민지적 상황 아래 일제에 의한 수탈과 궁핍은 서구 모더니즘과 차별되는 한국 모더니즘의 미학적 문제의 근원이 된다.

수사학은 글을 구성하는 기술 즉 언어의 기술이며 문학의 기술이다. 또한 한 시대의 작가 개인이나 사회에 의해 이루어지는 특정한 글의 형식적 특징이나 틀을 문체라 한다.19) 문체는 그 작가만이 가

---

16) 박명진, 「30년대 유성기 음반 희곡의 근대성」, 『1930년대 문학과 근대체험』, 이회문화사, 1999, 39면.
17) 이광호, 「문제는 근대성인가」, 『환멸의 신화』, 민음사, 1995, 13면.
18) 박승희, 「한국시의 미적 근대성 연구」, 영남대 박사학위논문, 1999, 3면.

지는 사고 표현의 양태이며, 저자를 인지할 수 있는 표현의 특이성을 가리키는 것으로 '문체는 곧 사람이다'라는 절대적 의미로도 쓰인다. 문체는 감정과 사상의 체계를 전달하는 언어의 특질로 작가의 살아 있는 의식이라 할 수 있다. 이 장에서는 조영출의 시에 나타나는 언어의 기교와 어법을 살핌으로써 그의 시가 어떤 방식으로 미적 근대성을 실현하고 있는지를 규명한다.

1. 시적 수사를 통한 관념의 실현

조영출의 시는 도시적 감수성을 나타내는 다채로운 언어의 조직으로 짜여있다. 언어는 사유의 대상이자 주체이며 언어의 기본 기능은 의미하는 데 있다. 조영출의 언어는 그의 지향을 알 수 있는 부분이며 그의 문학적 이념을 드러내는 비유와 상징의 모든 것을 포괄한다. 그는 언어가 시 속에서 쓰이는 위치와 용도, 상황과 전체 맥락에 따라 의미가 결정되고 힘을 발휘한다는 사실을 파악하고 있었다. 조영출의 시는 직유보다는 은유를 선호하여 지적 유희성이 두드러진다. 은유는 새로운 관념을 지니게 되고 이러한 관념은 모호성을 동반한다. 모호성은 불확정적인 특성을 드러내며 식민지 경성의 복잡한 상황 아래 놓인 조영출 모더니즘의 본래적 비밀을 숨기고 있다.

   ⅰ) 野慾의검은心臟도 恐怖의얼룩이진鍵盤을 눌읍니다
      (중략)
   ―世紀는 죽엇다
   ―죽은 世紀의 송장을 내노라.
      (중략)

---

19) 박갑수 편저, 『국어문체론』, 대한교과서, 1994, 8면.

얼쌔진 『라심판』을 十字街에 못박자
- 「GO STOP」20) 부분

ii) 차듸찬 石膏像의女人을안고 心臟을비어내는 이바다의 젠틀맨
(중략)
밤―열두時가 넘은거리
魔手의狂亂이 굵은리즘의 세레나드를 짓밟는 거리
- 「都城의 밤에 異狀잇다」21) 부분

iii) 온갖魔呪에썩어진 묻骸骨들의 풀은 노래들이
白癡와같이 變節을몰으는 달빛알에 수산하게도흩어집니다
(중략)
검은 그림자의 洪水
軍神의晩餐會에 招待받은 젊은兵士의여윈亡靈들의 行列
- 「斷片」22) 부분

「GO STOP」은 조영출이 정식으로 등단하기 직전의 작품으로 산사에서 생활하던 그가 보성고보 진학을 위해 경성에 올라와 느낀 충격을 상징적이면서도 비판적인 어조로 쓴 작품이다. 「都城의 밤에 異狀잇다」, 「斷片」 또한 비슷한 시기에 쓴 작품으로 구원의 가능성이라고는 전혀 없는 타락한 도시 경성을 그린다. 젊은 시인의 눈에 식민도시 경성은 심판받아 마땅한 죽음의 도시로 비친다.

'野慾의검은心臟도 恐怖의얼룩이진鍵盤을 눌읍니다', '죽은 世紀의 송장을 내노라', '얼쌔진『라심판』을 十字街에 못박자', '차듸찬 石

---

20) 趙靈出, 〈朝鮮日報〉, 1933, 12, 2.
21) 趙靈出, 〈形象〉, 1934, 2.
22) 趙靈出, 〈中央〉, 1934, 4.

膏像의 女人을안고 心臟을비어내는 이바다의 젠틀맨', '魔手의狂亂이 굵은리즘의 세레나드를 짓밟는 거리', '軍神의晚餐會에 招待받은 젊은兵士의여윈亡靈들의 行列' 등의 어구에서 각각의 관형어구들은 체언을 수식하고 체언은 뒤에 오는 체언을 수식하면서 중첩되는 수식어들로 인해 시는 모호성을 띤다. 모호성은 의미 전달이 명확하지 않고 가독성을 방해한다. 그러나 예술 작품에서 모호성은 흠이나 산만성으로 규정지을 수 있는 것은 아니다. 위의 작품에서 나타나는 모호성은 대상에서 발산하는 분위기를 감각적으로 표현하려는 조영출만의 특성으로 볼 수 있다. 대상은 분명한 윤곽을 보여주지 않으나 상징적이고 암시적인 분위기를 재생한다.

화려한 수사는 조영출만의 개성이라 할 수 있다. 김동인, 양주동 등 근대문학 작가들에게 '의관 취미'와 '다른 모양새'가 예술가의 메타포로 인식되었듯이 화려한 수사는 조영출의 예술 이념을 드러내는 기호로 작용한다. 예술가들에게 옷과 댄디즘의 관계처럼 패션 아티클에 대한 흥미 또한 화려한 수사와 같은 것이라 볼 수 있다. 이들에게 치장한 옷과 구두, 머리 스타일은 하나의 수사였으며, 댄디들은 이러한 외관을 예술이라는 절대적 신념을 표상하는 것으로 이해했다.[23] 하이칼라, 양복쟁이, 쇼윈도, 자유연애 등은 근대를 치장하는 화려한 수사였다. 댄디즘은 일종의 자기 신앙이며 자신에 대한 경계와 진정한 상승을 위한 예술적 욕구였다. 마찬가지로 화려한 수사는 예술을 인식하는 조영출 식의 상징적 글쓰기로 나타났으며, 그것은 예술 절대주의라는 의식에 닿아있었다. 수사와 관념성으로 나타나는 조영출 시의 난해성은 '반대중적'이라는 지적이 가능하다.

문학의 순수성에 대한 강조는 예술 자체의 미를 강조하는 심미적

---

[23] 조영복, 『한국 현대시와 언어의 풍경』, 태학사, 1999, 34면.

태도로 나타난다. I. A. 리처즈는 시의 현실적·사회적 기능보다는 '시를 위한 시(poetry for poetry's sake)'의 목적과 기능을 강조하였다. 그는 시의 언어가 일반 언어와 같을 수 없으며, 시의 가치는 내부로부터 판단되어야 한다.'[24]고 하였다. T. S 엘리어트는 시를 오직 '시로서의 시'로 이해하고자 하였다. 이러한 태도는 조영출의 관념적인 태도와 부분적으로 일치한다. 다시 살펴보겠지만 조영출은 이러한 모더니즘 미학이 가지는 사회적·문학적 한계를 극복하고자 대중적 장르인 대중가요 가사에 지대한 관심을 가지게 된다.

조영출의 시는 근대 도시의 어두운 일면을 보여준다. 그의 시어들은 깊은 그림자를 드리우고 있으면서도 화려하고 감상적이다. 그가 살았던 시대가 식민치하였다는 점에 유의하면, 그의 감상성은 지식인이 숙명적으로 겪어야 했던 패배감과 우울함에서 비롯된 것임을 알 수 있다.

> i) 幽靈의 輕快한노래가 海氣의닢欠에 무지개를 박느니
> 驚異의 이 끝에서도 虛僞가 숨어홀은다
>   ×
> 一의붉은劃을 硏究하는 늙은學者, 下水道의黎明을 생각해오는勞働者
> 낡은다락의 거미들은 不景氣에 새로운 方法論을 쓴다
> 그래서 새로운戰策의 거미줄은 東便에읽는다
>   (중략)
> 오오, 灰色빗 神經質에 呻吟하는
> 都城의 幻像이여
>   - 「海底의 幻像」[25] 부분

---

24) I. A. Richards, Principles of Literary Criticism, (London: Routledge and Kegan Paul Ltd. 1960), 56면.

ii) 喜와 悲의 競賣는 가장 어리석은것만 人間은 으흐 骸骨과 薔薇.

- 「骸骨과 薔薇」26) 부분

위 작품의 공통점은 불분명성이다.27) 불분명성은 지나친 관념 지향으로 인해 나타난다. 주관을 위주로 하는 관념적 태도는 정신적이며 내향적 세계를 향한다. 리얼리즘이 객관적 현실 묘사를 추구한다면 현실과 거리를 두면서 주관적 내면세계를 구현하는 것이 관념주의이다. 관념주의는 현실주의인 리얼리즘의 상대개념으로 공존하면서 상호보완적인 관계를 유지해 왔다. 흔히 관념주의가 식민지 현실을 외면하는 탈현실주의를 취하는 데 비해 조영출의 시편들은 식민지의 부정적 현실에 기초한 관념이라는 점이 특징이다.

인간은 현실에 몸을 담고 살면서 현실에 반응하고 한편으로는 관념적 이상을 추구하는 이원적 존재이다. 이 양자 대립은 주관과 객관의 대립이라는 형태로 나타난다. 시대정신을 반영하면서 현실을 극복하려는 현실주의가 있다면 당대적 현실과 거리를 유지하면서 내면세계를 추구하려는 주관적 이상세계 즉 관념주의가 있다.28)

조영출의 관념주의는 현실주의와 관념주의가 복합된 형태로, 화자의 내적 혼란을 강조하기 위한 독백이자 모더니티에 대한 자의식29)으로 해석할 수 있다. '幽靈의 輕快한노래가 海氣의닢섯에 무지개를 박느니/ 驚異의 이 끝에서도 虛僞가 숨어흘은다', '一의붉은劃

---

25) 趙靈出, 〈形象〉, 1934. 3.
26) 趙靈出, 〈新東亞〉, 1934. 6.
27) 이동순 편저, 앞의 책, 691면.
28) 김은철, 『한국 근대 관념주의시 연구』, 형설출판사, 1993, 28~29면.
29) 이동순 편저, 앞의 책, 691면.

을 硏究하는 늙은 學者, 下水道의 黎明을 생각해오는 勞働者/ 낡은다락의 거미들은 不景氣에 새로운 方法論을 쓴다/ 그래서 새로운 戰策의 거미줄은 東便에 읽는다' 등 화려한 어구들은 시 읽기를 방해하며 중첩된 수사로 시의 모호성을 증폭한다.

주관주의와 관념주의는 '감각적 표현'을 주창하는 모더니즘 정신에 대치하는 것으로, 모호성은 다시 감각에 위배되는 추상성을 띤다. 조영출의 시가 추상성, 관념성을 띠는 것은 예술절대주의적 의식하에 자신의 감수성을 표현하였기 때문이다. 이는 그가 생각하던 현대적 징표였으며 문학 담론의 시적 실천이었다. 인용한 「海底의 幻像」, 「斷片」, 「骸骨과 薔薇」 등에는 시인이 지향하는 가치 중심을 어렵지 않게 찾을 수 있다. 이처럼 식민지의 삶을 상징적으로 드러내는 것은 식민지 현실의 아픔을 강조하는 기능과 관련이 있으며 시적 성찰과 내면성에 관한 문제로 이어진다.

이러한 현상은 조영출의 시간관에서도 살펴볼 수 있다. 조영출 시간은 우울하고 병적인 기류를 머금은 관념적인 시간이다. 조영출의 시간 의식은 현실의 물리적인 시간이 아니며, 도시의 숨 가쁜 질서에서 탈출하여 유년이나 고향으로 회귀하려는 심리적이고 경험적인 시간은 더욱 아니다. 조영출의 시간 의식은 일상적 질서를 부정하는 폐쇄적인 시간 의식을 나타낸다.

'내 마음의 부즐업슨 狂想의 一秒여', '오!타임의 속임없는 航海여', '世紀의 멜랑코리', '時間이여 이 孤獨의 나히를 써라', '世紀는 죽엇다 죽은 世紀의 송장을 내노라.' 등, 그의 시간 의식은 암울한 시대를 살아가는 지식인의 불안의식을 보여주며 불안한 시간성을 구출할 어떤 대안도 마련하지 못한다. 또 '밤— 열두時가 넘은거리', '綠色의 3時'처럼 때로는 구체적인 시간을 지목하지만 이 역시 암담한 시간이거나 막연한 희망의 시간으로 추상성을 배가한다.

샐러리맨의 午後의 倦怠는파잎의 곰실거리는 煙氣다
鐘閣, 룸펜의검은그림자는襤褸한心臟에서 綠色을 찾는다
알콜에젓은 危險信號
出發을 알외우는 午後의 綠色旗幅
시베리아 저 森林의湖水밋헤 에덴이 파뭇긴
3時는 안이엇만
魔女의 肉線에 地獄의검은노래가 숨어흘으는 3時는 안이엇만
오오, 狂人의都城의出發은 信號는
綠色의假面인 綠色의스파이임을 그누가 알랴
나는 綠色의先驅者를 위해 조그만墓地를 屋上庭園우에 두고 왓다
지금쯤은 輕薄한女人의발밋테 밟러는 原稿紙의 悲鳴이 잇을것이다
抹殺
―飛躍의 발뒤꿈치.
苦悶의 午後, 나는 綠色의3時를듯는 鋪石을 헤엄쳐간다
太陽의詩와 밤의××이 내 구두뒤축에서 綠色으로 으슬어지는 奇蹟에 휘파람을치며 간다
오오 綠色의3時여 내 마음의 부즐업슨 狂想의 一秒여
　　　　　　　　　　　　　　-「綠色의 3時」30) 부분

「綠色의 3時」는 검은 색과 녹색의 시간을 통해 현실의 양극단을 대비한다. 녹색의 시간은 생명의 기호를 함축하는 평화의 심상이다. 이것과 대칭에 있는 검은색의 영역은 실직한 룸펜, 프롤레타리아와 알콜 중독, 광인, 남루한 심장 등의 어두운 이미지 군락을 끌어안는다. 시인이 표상하는 검은 색은 식민지 사회 공간이며, 녹색의 시간

---

30) 趙靈出, 〈朝鮮日報〉, 1934. 4. 6.

은 심해와 같은 어둠 속을 살아가는 이들에게 도달 불가능해 보이는 아득한 희망의 공간이다.31)

「綠色의 3時」는 시적 자아의 내면에 자리하는 시간이며 시간의 척도 밖에 있는 관념적인 시간이다. 시간은 공간을 수반한다. 그것은 '시베리아 저 森林의湖水밋헤 에덴이 파뭇긴 3時'나 '魔女의 肉線에 地獄의검은노래가 숨어흘으는 3時' 같은 당황스럽고 모순적인 공간과 함께 나타나기도 한다. 식민자본주의에 의한 소외와 단절의 경험은 객관적이고 현실적인 시간이 아닌 병리학적 시간의 체계에 이르게 한다. 자아의 시간은 불안정하고 끊임없이 어둠에 직면한다. 이러한 불안과 어둠의 공간에서 시적 자아는 '綠色의 3時'를 갈구한다. 이 시간은 희망과 가능성으로 부풀려 있는 시간이다. '綠色의 3時'는 다양한 장소와 3시라는 시간이 서로 배제하고 중첩되기도 하면서 섞인다.

물리학적 시간이란 떨리는 현실과 안정된 잠재력의 혼힙물이다. 시간의 이미지는 흐름, 연속성, 지속성, 비가역성이라는 개념들을 환기한다.32) 그러나 조영출의 시간은 흐르고 달아나는 현재의 시간이 아니다. '輕薄한女人의발밋테 밟히는 原稿紙의 悲鳴'은 촉각적, 청각적 이미지이지만 이러한 감각을 강하게 환기하지 못한다. 마지막 행의 '오오 綠色의3時'여/ 내 마음의 부즐업슨 狂想의 一秒여'의 영탄은 절망의 벽 앞에서 나오는 극한의 표출이다. 시적 자아의 불안은 끊임없이 새로운 변모를 희망하지만 '綠色의 3時'는 '내 마음의 부즐업슨 狂想의 一秒'로 일축된다. 조영출은 시대 인식을 통해 좌절과 위기감을 느끼지만 절망의 수렁에 머물지 않고 '綠色의 鋪石'이라는 긍정적 이상향을 향하고자 한다.

조영출의 시에 나타나는 시간은 정지용의 시에 나타나는 '나의

---

31) 이동순 편저, 앞의 책, 684~685면.
32) 에티엔느 클랭, 박혜영 역, 『시간』, 영림카디널, 1997, 9~12면.

腦髓를 미신바늘처럼 쫏'는 '啄木鳥'33) 같은 분과 초 단위로 분절된 예리한 시간이 아니다. 김기림이 말하는 '魚族과 같이 신선하고, 기빨과 같이 활발하고, 표범같이 대담하고, 바다같이 명랑하고, 선인장 같이 건강한' 시간은 더욱 아니다. 조영출의 시간 의식에는 당대의 우울한 정황과 거기에서 파생되는 시적 자아의 심리 상태가 나타난다. 그는 이 시간에 상징적인 무게를 부여한다. '내 마음의 부즐업슨 狂想의 一秒여', '오!타임의 속임없는 航海여'(「都城의 밤에 異狀잇다」), '時間이여 이 孤獨의 나히를 써라'(「淸風의 箱子」), '世紀는 죽었다 / 죽은 世紀의 송장을 내노라'(「GO STOP」) 등에서 드러나듯이 시인은 시간에 대한 위기의식을 느끼고 시간의 강제성에 대항하나 결국 소극적이고 관념적인 시간 의식에 머무른다.

'얼쌔진 『라심판』을 十字街에 못박자'(「GO STOP」), '都城의검은 怪物은 무엇을싫고 달음질 치는가', '不安의벼겟모수리에 安息의꿈은 엉기여가외다'(「都城의 밤에 異狀잇다」), '오오 敗殘한 歷史 쓸아린 幻像의 끊어진 토막토막이어'(「斷片」)에서처럼 그의 시간은 내부의 절박한 외침이지만 살아있는 시간이 아니라 추상적인 시간이며 관념적인 시간 의식에 가깝다.

조영출의 시간 의식은 죽음 친화성을 가진다. 죽음은 자기가 느끼고 있는 것을 다시 느끼지 못한다고 하는 공포, 지금 자기 자신을 느끼는 것처럼 다시는 자기 자신을 느끼지 못한다고 하는 공포이다.34) 죽음은 불가피한 현실이다. 그것은 현실에 대한 비극적 인식의 결과이며 미래 전망이 부재하기 때문이다. 시인의 시간 의식은 관념에 갇힌 위축된 시간으로 감상주의에 머무르며 정지된 상태의 정황만을 보여준다. 이는 식민지 청년의 좌절과 위기의식에서 출발하는

---

33) 정지용, 「時計를죽임」
34) 조종권 편저, 『마르셀 프루스트의 문학세계』, 청록출판사, 1996, 306면.

것으로 시적 자아의 내면 심리와 불안한 시대적 방향을 나타낸다.

조영출의 관념주의적 인식은 시간관에서 뿐만 아니라 공간관에서도 드러난다. 예컨대 조영출의 시에는 직접적인 체험이 아닌 관념적 장소로서 항구가 자주 등장한다. 항구는 바다를 매개로 한다. 바다는 새로운 세계와 사상을 가져다주는 열린 공간이다. 이별과 기다림의 장소, 미지를 향해 떠나는 희망의 장소이며 타락과 일탈의 장소가 되기도 한다.

 ⅰ) 봄의 綠色 손들이 希望의꽃다발을들고
  追憶에 어두어진 나의 窓門을 두다릴때
  나는 한개의 튜렁크를 들고
  머 ㄴ 航海의 出發을 준비 하노라
     (중략)
  안개에 취한 南山은 잠들고
  惠化聖林에 追憶은 깊다
  붉고푸른 수만흔 집울알에
  人間의꿈은 흔히 幻滅에 잠기우건만
  젊은 마음의 旗幅들은
  世紀의 變節을 議論하며 펄 펄펄 날은다.

  동무여 떠나자
  젊은 世紀의 港口와 港口에로…….
  希望의 꽃다발을 안고 나의窓門을 두다리는者여
  먼 航路에 오로지 나의 안해가 되여저라
     - 「航路-惠化聖林을떠나며」[35] 부분

---

35) 趙靈出,〈朝鮮日報〉, 1935, 3, 5.

ii) 建築, 지난 追憶의建築이
바닷가 밀물에 묽어짐이어!
모래城. 모래城.
故鄕을 마음우에놓고 생각을 도살이노니
高句麗 八百年의 抛物線이 地平線우에 굼슬거린다

그가 바다와 하늘을 풀은빛으로 물듸려 주고간 후
흰꿈 흰구름 흰갈매기의 航海가 언제나 있었나니
오오, 沈默의港口를 떠나려는 오날의 흰돛이여
머-ㄴ 希臘의 바람은 너의帆布를 배불리 해주리라
- 「追憶의建築」36) 부분

「航路」와 「追憶의建築」에 나타나는 항구는 상징적이며 관념적인 장소이다. 항구는 지상의 끝이자 출발을 약속하는 지점이다. 항구와 바다는 미지의 세계를 향하는 꿈과 희망의 집결지로, 존재의 실체를 끊임없이 변모시키는 근원적 운명을 현시하는 압도적인 장소이기도 하다. 인간은 바다에서 본질과 영원이라는 무한의 영역을 경험한다. 바다 앞에서 인간은 바다 내부의 무한을 본다. 바다는 거대하게 출렁이는 대지이기 때문이다.37)

「航路」는 보성고보를 졸업하는 시인의 심정을 담은 작품이다. 조영출은 이 작품을 발표하고 1935년 4월 와세다 제2고등학원에 입학한다. 항구는 학업을 마치고 넓은 세계로 나아가려는 시인의 꿈이 약동하는 공간이며 바다는 힘과 의욕, 끝없는 가능성의 표상이다. 바다는 생명의 터전이자 살아있는 실체이며 지칠 줄 모르는 내면의 발화이다. 시인은 동문들을 향해 '젊은 마음의 旗幅들'이 '펄 펄펄' 나르는

---

36) 趙靈出,〈新東亞〉, 1934, 10.
37) 김수이, 「역사의 내면과 우주의 화음」,〈시와 사람〉24호, 2002, 봄, 71면.

'世紀의 港口와 港口에로' 떠날 것을 촉구한다.

「追憶의建築」에는 절망과 희망의 경계이자 빛과 어둠의 이원적 공간인 바다가 나타난다. 추억의 건축으로 대변되는 민족의 영화는 흥망성쇠를 거듭하며 모래성처럼 무너지고 말았다. '沈默의港口'는 낭만적 동경과 현실이 상호 간섭하는 장소이지만 바다는 모험과 꿈을 실현할 세계이다. '高句麗 八百年의 抛物線이 地平線우에 굼슬거린다'에 나타나듯 바다의 상징성은 사회·역사적 차원까지 뻗어나간다.

2연의 '그'는 생명과 존재들의 근원인 불멸의 태양을 가리킨다. '머-ㄴ 希臘의 바람은 너의帆布를 배불리 해주리라'에서 시인이 서 있는 항구는 관념의 세계 속에서 이국의 화려했던 황금기를 환기하며 파라다이스를 찾아가고자 하는, 역사 창조의 가능성을 표상한다. 젊은 지식인에게 이 일은 보다 큰 파입이며 이상적 세계에 다다르고자 하는 준열한 의식을 보여준다. 그러나 관념적인 세계에 집착할수록 경성 거리의 근대적 체험으로 대변되는 진정한 의미의 모더니즘에서 벗어나고 있음은 주지의 사실이다.

ⅰ) 달음질쳐 가는 풀은듯
그러나 떠나온港口도없고 떠나갈 浦口도없나니!
- 「都城의 밤에 異狀잇다」[38] 부분

ⅱ) 꼬우요- 港口입니다날입시다
이곳엔 埠頭도 업습니다
꽃다발을안고 마저주는니의검은그림자도 업습니다
倦怠에넉시풀린 한낫燈ㅅ불만이 賣淫女의웃음가튼빗을되

---

38) 趙靈出, 〈形象〉, 1934, 2.

는대로 흘니고 잇습니다
　　　　　(중략)
窓박게 새벽 大地우에
길일흔『캐라방』의女人가티 훌적훌적 울고가는 새벽 비!
　　　　　-「埠頭업는 새벽의港口」39) 부분

「都城의 밤에 異狀잇다」와 「埠頭업는 새벽의港口」는 〈동아일보〉 등단 직후의 작품으로 상실의 공간으로서 항구를 보여주며 패기 넘치는 젊은 시인의 비판적 자세를 보여준다. 바다가 늘 동경과 희망의 공간이 아니듯이 항구 또한 혼돈의 삶에 대한 상징이 된다. 이는 일제가 가한 상처와 그로 인한 부정적인 삶의 현장이다. 시인은 이러한 사회적 공간을 타락하고 어두운 항구의 모습으로 재현한다. 이 사회는 떠나온 항구도 떠나갈 부두도 없는 불구의 항구이다. '賣淫女의웃음가튼빗을되는대로 흘니고 잇'는 등불만이 나를 반기는 곳, 이보다 더 철저히 차단된 절망의 공간을 상상하기란 쉽지 않다. 들어올 수도 나갈 수도 없는 절망적인 풍경을 통해 시인은 방향을 상실한 식민사회의 불안을 단적으로 표현한다.

조영출에게 바다와 항구는 다양한 삶의 공간으로서 상징적 의미를 확보한다. 바다는 현실과 이상, 과거와 현재, 개인과 역사가 두루 공존하는 비판과 사유의 장소이며, 시인이 정착하고 있는 대지와 맞물려져 있는 공간이다. 특히 「埠頭업는 새벽의港口」에서는 건봉사의 대륜(大輪) 스님으로부터 받은 중련(重連)이라는 법명을 사용하고 있는데 이는 학승이자 시인으로서 그의 문학적 자세를 확고히 하고자 하는 태도로 판단할 수 있다.

---

39) 趙重連, 〈朝鮮日報〉, 1934, 4, 11.

2. 감탄의 수사학과 언어 미학

영탄은 저절로 울려나오는 내적 울림이다. 영탄은 비장미를 표현하고 감동의 본질을 드러내고자 사용한다. 조영출은 영탄과 격조사, 반복을 즐겨 사용하였다. 단어 반복과 구문 반복을 통해 작품의 의미를 강조하고 시적 리듬을 형성하며 병렬식 반복을 통해 작품의 점층적이고 주술적인 효과를 노린다. 이외에도 그는 색채어를 자주 사용하였다. 그의 색채어는 검은색과 붉은색으로 대별되는데 이 두 색은 강렬한 이미지로 조영출 작품의 주제를 구체적으로 형상화하는 데 이바지한다.

   i) 東方이 얼어붙엇다
      太陽의 붉은피가 얼어붙엇다

      젊은이어—이고장百姓의 아들이어!
      손에든화살을 힘주어 쏘아 보내라
      太陽의 가슴의 붉은피를 쏘아 흘이라
      百姓이 光明에 굼줄이고
      江山의 줄기줄기 숨죽어 누윗으니—

      허물어진 옛터
      님의 꽃닢 하나 둘—

      아 젊은이들아
      陷穽에빠진 獅子의咆哮만이
      光明잃은譜表우에 달음질칠 이날은 아니다

      화살을 쏘라
      東方의太陽을 뽑아내라
      피끓는心臟에 불을 붙여

낡은 烽火ㅅ재우에 높이 들고서서
山과들 곳곳에 이날의 레포를 알외우자
                    -「東方의 太陽을 쏘라」[40] 전문

ⅱ) 동방이 얼어 붙었다
태양의 붉은 빛이 얼어 붙었다

젊은이여, 이 고장 백성의 아들들이여!
손에 든 화살을 힘주어 쏘아 보내라
태양을 가린 암흑의 구름 쏘아 흩쳐라

백성은 광명에 굶주리고
강산의 줄기줄기 숨죽이고 누웠으니

허물어진 옛터
남의 꽃잎 하나 둘…

수천 년 이 땅에 뿌리 깊은
슬기론 나무들의 신령은 일어나라

아 젊은이들아
함정에 빠진 사자의 웨침만이
광명 잃은 악보 우를 달음질칠 이 날은 아니다

화살을 쏘라
동방의 태양을 뽑아 올리라
피끓는 마음에 불 붙여
낡은 봉화재 우에 높이 들고서
산과 들 곳곳에
새날의 『레포』를 아뢰우라

---

[40] 趙鳴巖, 〈東亞日報〉, 1934, 1, 1.「東方의 太陽을 쏘라」는 북한에서 발간된『조령출시선집』(1957)에서「동방의 태양을…」로 개작되었다.

-「동방의 태양을…」전문

「東方의 太陽을 쏘라」는 1934년 〈東亞日報〉 신춘문예 당선작이다. 이 시기 전국의 고무공장과 제사공장에서는 일본인 독점자본과 조선인 노동자들에 대한 착취, 열악한 처우에 대한 노동쟁의가 잇따라 일어났으며,[41] 이기영과 현진건이 해체된 농촌과 식민지 현실을 고발하는 장편소설 「고향」과 「赤道」를 각각 신문에 연재하기 시작한 직후였다. 이 시기는 우리말로 문학작품을 쓴다는 것 자체가 자각된 민족운동이며 소극적이나마 일제에 대한 저항행위라 생각하던 때였다. 이 시의 압권은 '百姓이 光明에 굶줄이고/ 江山의 줄기줄기 숨죽어 누웟으니—'라는 구절이다. 이 구절은 식민체제의 무단 통치와 유린에 대한 정면 대응이며, 민족을 향한 근원적 변혁을 촉구하는 대담성을 발휘한다.[42]

조영출의 모더니즘 시작품은 상당 부분 관념성과 모호성을 띤다. 그러나 「東方의 太陽을 쏘라」는 민족주의적 색채와 결합하면서 이러한 관념성을 일거에 초탈[43]한다. 이 시에는 해체될 위기에 놓인 민족

---

[41] 1930년대 경공업은 여성과 유년 노동이 집중되어 있던 곳으로, 노동조건이 열악하였으며 민족 차별, 성차별, 구타와 같은 인격적 굴욕이 심하였다. 도시 노동자들은 동척의 토지조사사업이 전개된 이후 농촌지역에서 쫓겨난 농민들이 많았으며 이들은 노동조합운동을 통한 노동쟁의에 가담하였다. 파업 건수는 1931년 약 200여 건을 기록하여 1930년대 후반에 이르기까지 가장 높은 건수를 기록하였다. 이 시기 노동자 파업은 임금인상과 노동 시간 단축을 요구하는 적극적 성격으로 변했다. 주요 파업으로는 부산 조선방적공장 파업(1930년 1월), 신흥탄광 파업(1930년 5월), 평양 고무공장 파업(1930년 8월), 부산 고무공장의 연대 파업(1933년 7월), 흥남제련소 파업(1934년 10월과 1935년 7월) 등이다. 일제는 경찰력을 동원하고 1925년 제정한 '치안유지법'으로 대응하였다. 전쟁 말기 노동자들은 독립에 대한 확신을 가지고 비밀결사와 연계하여 활동하였다.-김윤환,『한국노동운동사Ⅰ』- 일제하 편, 청사, 1982.
[42] 이동순 편저, 앞의 책, 691면 참고.
[43] 이동순 편저, 앞의 책, 691면 참고.

주체를 회복할 뿐만 아니라 민족의 독립이라는 명제가 선험적으로 상정되어 있다.

'太陽'은 신화적 차원으로 발전한다. 신화는 종교를 대신할 만한 것으로 태양은 강력한 빛이며 분출하는 에너지로 힘에 대한 지향이며 무시간성을 나타낸다. 이 힘은 근육적인 충동성을 지닌다. 또한 태양은 건강하고 초월적인 자아이자 의지의 표상이며 '光明에 굼줄이고', '숨죽어 누'운 강산을 살려낼 역사의 동력이며 원시적 힘이 된다.

현재가 위기로 인식될 때 유토피아적 담론이 등장한다. 유토피아는 그 자체로 신화적 공간이며 자아의 내면에 이상적 비전을 제시한다. 조영출의 의식 저변에는 민족의 역사가 발전의 길을 갈 것이라는 기본적 인식이 놓여 있다. 그에 따라 암담한 식민치하에서도 이후 전개될 민족의 장래에 대한 미래적 전망을 보여준다. 무시간적 공간 속에 나타나는 유토피아적 상상력은 현실적 구체성을 띠지는 않으나 역사와 사회 현실에 대한 의식과 극복 의지를 지닌 적극적인 자아의 모습으로 나타난다. 건강하고 긍정적인 자아는 통합되고 강화된 민족이라는 정체성을 구축하며 새 역사에 대한 비전을 제시한다.

「東方의 太陽을 쏘라」는 식민 근대를 초극하고 민족 역사의 가능성을 열어놓고 있다는 점에서 주목할 만한 작품이다. 어둠과 대비한 태양의 이미지, 역동하는 기상, 과도한 형용사를 줄인 선명한 모더니즘 기법과 '보내라', '흘이라', '쏘라', '뽑아내라'와 같은 명령형 문체, '아 젊은이들아', '아들이어!'에 나타나는 호격조사 등은 민족에 대한 선언문적 성격을 보여준다. 또 1연의 '東方이 얼어붙엇다/ 太陽의 붉은 피가 얼어붙엇다'와 2연의 '손에든화살을 힘주어 쏘아 보내라/ 太陽의 가슴의 붉은피를 쏘아 흘이라', 마지막 연의 '화살을 쏘라/ 東方의 太陽을 뽑아내라'와 같은 구문 반복을 통해 신념을 강조하고 선언을 강하게 천명한다.

『조령출시선집』(1957)에 실린 「동방의 태양을」은 「東方의 太陽을 쏘라」를 월북 이후 개작한 작품이다. 제목에서 '쏘라'가 빠진 것은 이른바 민족의 태양으로 표상되는 수령에 대한 불경 혐의를 우려했기 때문이다. 개작 과정에서 조영출은 '太陽의 가슴의 붉은피를 쏘아 흘이라'를 '태양을 가린 암흑의 구름 쏘아 흩쳐라'로 수정하며, 연을 가르고 4연과 5연 사이에 '수천 년 이 땅에 뿌리 깊은/ 슬기론 나무들의 신령은 일어나라'를 추가하였다. 그리하여 '태양'은 민족의 비전을 제시하는 원시적이고 신화적인 힘인 동시에 '민족의 영도자'인 수령임을 구체적으로 암시한다.

　ⅰ) 아아 나는내過去아페 무릎을꿀코안저 뉘우친다

　　아라스카의 處女여 네 乳房의口과가튼 깨끗한 純減에로 함께 돌아가자
　　네 머리숙인 高潔한 默禱의 王國에로 함께 돌아가자
　　　　　　　　　　　　　　　　　　　　－「默禱」44) 부분

　ⅱ) 오호『파스칼』이여, 이 瞑想하는 조약돌을 저 푸른 破片우에 던져다오, 透明한 魚鱗은 스러젓다, 천만페이—지의 물결사히 내 조약돌을 희롱하던 온갓 偶像이여, 몰록 스러지라, 魚鱗처럼 魚鱗처럼………
　　　　　　　　　　　　　　　　　　　－「瞑想하는조약돌」45) 부분

　ⅲ) 오오 敗殘한歷史 쓸아린幻像의 끊어진 토막토막이여
　　　　　　　　　　　　　　　　　　　　　－「斷片」46) 부분

---

44) 趙靈出, 〈朝鮮中央日報〉, 1934, 5, 17.
45) 趙靈出, 〈東亞日報〉, 1939, 6, 21.
46) 趙靈出, 〈中央〉, 1934, 4.

영탄은 읊조림이며 감탄이다. 영탄은 감탄조사를 사용하여 기쁨, 슬픔, 놀람 같은 감정을 강하게 나타내는 수사법이다. 영탄과 호격조사의 빈번한 사용은 감상적 낭만주의의 유산이다. 낭만주의는 감각현상들에서 인간성의 진실을 찾으려는 것으로 우리나라의 낭만주의는 1920년대 〈백조〉파를 중심으로 형성되었다. 낭만주의는 비장미를 표현하고 시인의 심성과 감동의 본질을 드러내고자 다양한 수사와 의문사, 영탄, 호격조사를 사용하였다. 조영출의 작품은 〈백조〉파의 감상적 낭만주의 잔재를 어느 정도 흡수하였다고 볼 수 있다. 감탄사로 가득한 문장은 과장되고 낭만적 감정의 분출로 이루어져 있지만 당대에는 가장 매력적인 문체였다. 1930년대 모더니즘이 반낭만주의, 반격정주의로 나아갔던 것을 상기하면 조영출의 시는 앞선 시대의 유산을 폭넓게 받아들이고 있음을 알 수 있다.

영탄은 만국 공통 언어로 어떤 압도적인 상황이나 절망의 벽 앞에서 나오는 극한의 표출이다. 감정을 억제해 왔으나 더 이상 감정을 제어하지 못하는 '아하', '오호', '오오' 등의 영탄은 미처 언어가 되지 못한 미 언어이며 일상성을 깨트리는 반언어이기도 하다. 이 소리는 본래적 현상에 직접 부딪힐 때 나오는 본질적인 부르짖음이며 에너지이다. 부르짖음은 아무도 모방하지 않는 개별적인 것이며 나만의 언어이다.[47] 부르짖음은 화살처럼 날아가 상대의 가슴에 직접적으로 호소한다. 부르짖음은 본래적인 진정한 언어가 된다.

개인적 감수성의 낭만적 표출은 질서와 규칙적인 형식과는 대비되는 것으로 디오니소스적이다. 조영출은 영탄과 호격조사 등을 빈번하게 사용하여 억제할 수 없는 격정적 심정을 나타낸다. 그러나 호격조사를 사용하여 불러내는 대상은 구체적 인물이 아니라 '알라스

---

47) 가스통 바슐라르, 윤인선 역, 『로트레아몽』, 청하, 1979, 117~119면.

카의 處女', '敗殘한歷史 쓸아린幻像'이며 '파스칼'과 같은 추상적인 대상이다. 이를 통해 불안과 상실의 도시를 벗어나고자 한다.

이 외에도 '幸福이여 畫幅안에 숨어간 너여. 오오.'(「書齋」) '오!타임의 속임없는 航海여'(「都城의 밤에 異狀잇다」), '내마음의부즐업슨 狂想의―初여'(「綠色의 3時」) 등 영탄과 격조사를 통해 불러내는 대상은 한결같이 관념적이다. 절규와 외침은 역사의 거대한 힘 앞에 좌절하고 마는 식민지 지식인의 왜소한 모습을 드러낸다.

 i) 젊은이여 가슴을 꼭 다더라
  ―봄 봄 봄 봄
     (중략)
  제비는 가장 이날의 先覺者이었다
  그렇다 봄은 봄은 봄은 봄은

  뾰족한 구두
  납작한 구두
       - 「危險信號」[48] 부분

 ii) 千키로 혹은 萬키로 메―돌
     (중략)

  오라잇…………天堂
  오라잇…………地獄
     (중략)
  붉은 꽃
  풀은 꽃
       - 「海底의 幻像」[49] 부분

---

48) 趙靈出, <朝鮮中央日報>, 1934. 4. 7.
49) 趙靈出, 〈形象〉, 1934. 3.

iii) 이거리에도 잠의 폭은한것은 덥히여가외다
不安의벼겟모수리에 安息의꿈은 엉기여가외다
(중략)
電線도 잠이드외다
共同便所의 또아도 잠이드외다
         - 「都城의 밤에 異狀잇다」50) 부분

iv) 아하 開闢前의 沈默이 터지려는 이제—
뭇 그림자는 어대로 갓는가?
힘의太陽을 삼키려 갓는가?
滅亡의 무덤을 더듬으러 갓는가?
아하, 劫은— 空間은
큰아큰『퀘스춘』을물고 戰慄하는구나
         - 「人間」51) 부분

반복은 조영출이 즐겨 쓴 시적 기법이다. 반복은 화자가 어떻게 말하는가를 구체적으로 보여주는 기법으로 반복의 유형은 어떻게 반복되었는가 라는 반복의 형태와 무엇이 반복되었는가 라는 반복의 구성 요소를 기준으로 나눌 수 있다.52) 반복은 시적 언술을 구성하는 형식적 요소가 되며 작품의 의미 구조 형성에 기여한다. 산문과 달리 시에서 반복 어법은 구문의 문채(文彩)의 하나로 분류되어 왔다.

반복의 형식에는 동어 반복과 유어 반복이 있다. 대구와 점증법, 교착어법도 반복의 틀 안에서 논할 수 있다. 반복은 미학적 역할을 담당하며 리듬을 구성하고 시적 구조의 질서화에 기여한다. 형태적

---

50) 趙靈出, 〈形象〉, 1934, 2.
51) 趙靈出, 〈朝鮮日報〉, 1933, 11, 7.
52) 이경수, 「서론」, 『한국 현대시와 반복의 미학』, 월인, 2005, 37면.

반복은 단어 반복과 구문 반복으로 나눌 수 있다.

「危險信號」의 경우 '봄 봄 봄 봄'은 4연에서 '봄은 봄은 봄은'으로 바뀌며 동일어의 단조로움을 깨뜨리며 경쾌함을 부여한다. '뾰족한 구두/ 납작한 구두'는 평행적 병렬 구문 반복을 교대로 사용한다. 구문 반복은 형태 일부를 변형한 수정 반복이다. '千키로 혹은 萬키로 메―돌'(「海底의 幻像」), '이거리에도 잠의 폭은한것은 덥히여가외다 / 不安의벼겟모수리에 安息의꿈은 엉기여가외다', '電線도 잠이드외다/ 共同便所의 또아도 잠이드외다'(「都城의 밤에 異狀잇다」) '좀먹은薔薇의 한닢 두닢/ 부스러진 太陽의 한쪽 두쪽'(「斷片」) 등은 점층적 성격을 지니는 구문 반복의 형태를 드러낸다.

「都城의 밤에 異狀잇다」에 나타나는 '가외다', '드외다'는 종결어미 '~다'가 각운의 역할을 하며 반복 효과를 환기한다. 구문 반복은 동질성을 가진 사항들의 병렬이다. 이러한 병렬은 문맥을 강화, 강조하며 문장들을 결합하는 역할을 한다.

조영출의 시에는 단어를 대치하는 구문 반복도 자주 나타난다. 대구는 비슷한 어조나 어세를 짝지은 글귀로, 한시를 비롯한 고전 시가 문장에 많이 사용되었다. 대구는 이원적 사고방식을 나타내며 엄격한 반의어로 구성된다.

「海底의 幻像」에 보이는 '오라잇…………天堂/ 오라잇…………地獄// 붉은 꼿/ 푸른 꼿', 「斷片」의 '풀은 무덤/ 붉은 무덤' 등은 색상의 대비를 통한 시각적인 대구이다. 대구는 넓은 의미의 반복으로 기본 문장을 연쇄적으로 부연하고 반복하는 기법을 쓴다. 이외에도 '시베리아 저 森林의 湖水밋헤 에덴이 파뭇긴/ 3時는 안이엇만/ 魔女의肉線에 地獄의검은노래가 숨어흘으는 3時는 아니엇만(「綠色의 3時」)' 등에 나타나는 반복은 일부를 수정한 구문 반복으로 대구의 형태를 지닌다. 「人間」에 나타나는 병렬식 반복은 점층적 효과를 노리며 '~갓는가?'의 반복은 의미와 어조를 강화하고 점진적이며 주술적 효과를 발생한다.

반복과 대구는 주제의 의미와 내용을 강조, 심화하며 시적 운율을 구성하여 일정한 리듬으로 발전하는 경향을 보인다. 조영출은 이러한 형태의 단어와 구문의 반복, 대구를 통해 작품의 미적 효과를 높인다.

  ⅰ) 오호 巨大한 즈아라투스트라여보라 이 背德의 눈물을……
방울 방울 기픈 悔恨의深淵은 출렁댄다 喪服을입자 밤아 슬픈 靈이니 검은棺을 이 愁室안에 옴겨다오
           - 「薔薇의 喪禮」53) 부분

  ⅱ) 太陽이숨은 이 靈場의季節은 中世紀다
     (중략)

   太陽의 차운 墓石을안고 울던 너여
     (중략)

   弔喪의배도업시 나는 이 바다를 헤메인다
   아아 라자로의 옷깃이날리는 埠頭가어디멘구
          - 「太陽의墓地」54) 부분

  ⅲ) 楊貴妃의 밤 化粧은
   임이 한 나라의 甘露를 말리우고
   玉階 으슬어지는 말굽소리에
   향긋한 술ㅅ盞은 歡樂의 꿈을 업질으다
          - 「꿈」55) 전문

---

53) 趙靈出, 〈朝鮮日報〉, 1939, 6, 30.
54) 趙靈出, 〈朝鮮日報〉, 1937, 6, 8.

iv) ―엷은 牛乳빗바다의 綠色 커―브
　　都城의제비여 너는 가장 영리한 數學者인 綠色詩人이엇다
　　　　　　　(중략)
　　鐘閣, 룸펜의검은그림자는襤褸한心臟에서 綠色을 찻는다
　　　　　　　(중략)
　　出發을 알외우는 午後의 綠色旗幅
　　　　　　　(중략)
　　魔女의肉線에 地獄의검은노래가 숨어흘으는 3時는 아니엇만
　　오오 狂人의 都城의出發은 信號는
　　綠色의假面인 綠色의스파임을 그누가 알랴
　　　　　　　(중략)
　　苦悶의午後, 나는 綠色의3時를듯는 鋪石을 헤엄처간다
　　　　　　　　　　　　　　　　- 「綠色의 3時」56) 부분

　　조영출은 시각적인 감각어를 자주 구사하였다. 색채어는 직접적인 색채뿐 아니라 색채를 뜻하는 어사를 포함한다. 색채어는 정서 및 감정을 표시하고 상징과 표정을 가지며 연상작용을 일으킨다.57) 조영출의 색채어는 주로 검은색과 붉은색에 한정한다. 그의 색채어는 개성이 분명하고 편협되어 창작의 심리적 배경과 의식 세계를 쉽게 살펴볼 수 있다.
　　가장 빈번하게 나타나는 색은 검은색이다. 검은색은 일체의 사물을 삼키고 무화시키는 색으로 사물들은 고유한 색을 검은색 속에서 잃어버린다. 검은색이란 현존재에 대한 위협이며 어둠과 죽음의 상징이다. 검은색은 빛을 허용하지 않는다. 밝음의 일상은 '까아만 밤

---
55) 趙靈出,〈朝光〉, 1936, 7.
56) 趙靈出,〈朝鮮日報〉, 1934, 4, 6.
57) 박갑수, 『현대문학의 문체와 표현』, 집문당, 1998, 44면.

의 吸盤은 흰빗을 밀치고와붓다'(「北行列車」)처럼 검은색 속에서 무너진다.

조영출의 검은 색은 밤, 죽음, 상복, 묘지, 해골, 유령, 망령, 悲와 같은 부정적인 명사를 끌어안으며 미래를 예견할 수 없는 식민지인의 불안과 좌절 의식을 드러낸다. 검은색에는 강한 현실 부정성이 내재화된다. '都城의검은怪物은 무엇을싫고 달음질 치는가', '놉다란빌딩 음전스러운巨軀도 검은그림자를 넘겨틀인채 잠들어 가느니'(「都城의 밤에 異狀잇다」)에는 식민지의 암담하고 불길한 상황을 간접화하고 고통을 의미화한다. 검은색이 갖는 이미지의 배면에는 죽음에 대한 강박관념이 자리한다.

조영출의 죽음은 탈현실적이고 탈역사적인 모더니스트들의 일반적인 죽음 친화성과는 거리를 둔다. 제국주의의 이름으로 행해진 권력의 광포함 속에서 인간은 파괴당하고 암흑 속에 놓인다. 살아남는 것은 죽음보다 더 냉혹한 현실이며 고뇌이다. 이러한 현실에서 조영출이 그리는 검은색은 공포와 위험으로부터 놓여날 수 없는 비극 자체이다. 이것은 「太陽의墓地」처럼 '太陽의 차운 墓石을안고' 우는 현실 인식의 결과이며 절망적인 '中世紀'처럼 미래에의 전망이 없기 때문이다. 「太陽의墓地」는 비극적인 현실이다. 그러나 조영출은 절망에 머무르지 않고 '아아 라자로의 옷깃이날리는 埠頭가어디멘구'라고 외치며 부활을 갈망한다.

검은색의 어둠과 극명하게 대비되는 광명으로 붉은색의 태양이 있다. 조영출은 태양에서 비롯하는 붉은색을 강조한다. 붉은색은 자극성이 강한 색으로 정열이며 내부에서 들끓는 에너지를 상징한다. 붉은색은 '喜', '太陽의 스펙틀', '東方의 太陽', '祝杯', '薔薇의 달콤한 웃음', '빨간 촛불', '楊貴妃의 밤 化粧' 등의 어구들을 동반한다. 붉은색은 관능적 성(性)을 상징하기도 한다.

「꿈」에 나타나는 '楊貴妃의 밤 化粧'은 여인의 육체와 리비도의 감각적인 노출을 수반한다. 퇴폐적인 아름다움은 '임이 한 나라의 甘露를 말리우고' 있다. 양귀비는 앵속화, 여춘화 등의 이름을 가진 중독성이 강한 마약으로, 당나라 양귀비의 아름다움에 비길만하다고 지어진 이름이다.

조선총독부는 강점 이후 조선을 양귀비 생산지로 개발했다. 1920년 1t 정도에 불과했던 조선의 아편 생산량은 1930년대 후반에는 30t으로 늘어났으며 총독부는 조선산 아편을 전매하여 직할 공장에서 모르핀으로 가공했다. 총독부의 아편 정책 덕분에 아편 흡연 풍속이 없던 조선에 모르핀 중독자가 급속히 증가했다. 1920년 1만 명 정도로 추산되던 모르핀 중독자는 1930년 7만여 명으로 늘어났다.[58]

'楊貴妃의 밤 化粧'에는 양귀비와 화장을 안고 있는 붉은색, 밤이 안고 있는 검은색이 대비를 이룬다. 시적 자아는 붉은색과 검은색의 대비를 통해 베일에 싸인 밤을 에로스적 기호 속에 맡김으로 잠시나마 절망과 고통에서 벗어나고자 한다. 이 욕망은 양귀비꽃만큼이나 중독성이 강렬하며 일시적 쾌락을 위해 모르핀의 유혹에 빠져든 식민지인의 모습에 비견할 수 있다. 이처럼 「꿈」에 나타나는 색채는 세기말적인 허무와 퇴폐성을 짙게 드리운다.

녹색은 생명과 휴머니즘으로 표상되는 밝음의 이미지로 시인의 불안의식이 절박하게 요청하는 구원의 색채이다. 이는 식민 이전의 근원적인 것에 대한 회복의 몸부림으로 녹색의 감각을 기호화함으로써 현실의 고통을 초극하려 한다. 그러나 이 녹색은 도달 불가능한 곳에 격리되어 있다. 그럴수록 평화와 안정을 회복하려는 열망은 강해진다. '오오 綠色의3時여/ 내 마음의부즐업슨狂想의 一秒여'는 구

---

58) 전봉관, 「30년대 조선을 거닐다-⟨8⟩ 모르핀 권하는 사회」, 〈조선일보〉, 2005. 11. 26.

원이 부질없는 망상에 불과함을 탄식한다.

　이외에도 '홍색의 파라솔', '붉은 핏줄기', '암흑의 전광', '태양의 붉은 피', '검은 그림자의 홍수' 등 조영출의 시에 나타나는 색채는 주로 붉은색과 검은색으로 대별된다. 같은 색이라도 시적 상황에 따라 색채 역학은 전혀 다른 모습으로 나타날 수 있다. 그러나 양극성을 동시에 지닌 색채는 보이지 않는다. 그의 색채어는 시상과 주제를 구상화하는 배경이 되고 있으며 제재에 대한 연상 심리 또한 이러한 색채어를 사용하는 배경이 되고 있다.

3. 서구 문명과 도시 모더니즘

　1930년대 한국 모더니즘 시는 서구의 모더니즘을 모방하였다. '모던'의 어원은 라틴어 modo에서 유래한 것으로 현대적, 현대식이라는 뜻이다. 모던은 당대 가장 새롭고 신선한 것들에 붙이는 접두어였다. '모던걸, 모던보이, 모던예술, 모던잡지, 모던연애, 모던철학, 모던기생'에 이르기까지 모던은 서구화를 의미하는 것이었고 근대화의 경쾌한 경험[59]이었다. 모던이라는 말은 유행어 이상의 도시 첨단 문화적 현상을 지칭하는 것으로 양(洋), 개화(開化), 개조(改造), 문명(文明), 문화(文化), 신흥(新興) 등의 유사한 의미군을 끌어안는 말이었다.

　1930년대는 라디오와 축음기가 등장하고 박람회가 열렸으며 백화점이 들어선 거리에는 영화가 대중의 관심을 끌었다. 적막하던 서울의 밤거리는 전등불이 찬란한 거리로 바뀌었으며, 영어와 일본어로 된 광고탑, 카페, 다방, 에스컬레이터와 양주, 코티 화장품, 미국산 커피, 쇼윈도의 마네킹과 같은 외형상의 풍요로움이 자아내는 풍경

---

[59] 한만수, 「근대의 가장과 이상심리의 기저」, 『모더니즘문학의 병리성 연구』, 박이정, 2002, 54면.

은 자본주의가 발달한 서구의 모습과 다를 바 없었다. 경성의 다방은 도시의 지식인들과 청년들이 근대성을 맛볼 수 있는 핵심적인 공간으로 작용하였다.60) 근대적 교통수단과 빌딩, 도시의 환상인 가로등과 백화점 쇼핑, 재즈곡에 맞춘 '챨스톤'과 '뿌릇스', '월쓰' 등은 경성 사람들의 일상에 깊숙이 침투해 갔다. 공원의 밤 벚꽃놀이와 스포츠, 자유연애는 도시민의 마음을 사로잡아 부르주아적인 삶의 새로운 질서 체계로 들어선 듯한 착각을 일으키게 하였다.

소비 공간으로서의 도시는 일상의 쾌락과 유용성, 감각적 세계의 강렬함을 대변하는 것이었다.61) 이 시기 모더니즘 문학에 나타나는 서구 취향과 이국취미는 모더니즘 문학의 내면적이고 정신적 지향성을 의심하게 하였다. 이들이 지향하던 모던은 의식과 방향성보다 외양과 모조적인 것에 치우친 측면이 강하였다.

허영과 가식으로 가득한 양풍은 전환기가 만들어 낸 모순의 부산물이었다. 이러한 근대화의 이면에는 일제의 음모가 도사리고 있었으나 조선인들은 더 적극적으로 근대의 혜택을 요구하기도 하였다.62) 근대문물과 도시적 풍경에서 자라난 이들은 식민지적 상황보다 근대의 새로움에 집착하였다. 모던하고 새로운 것들과의 조응은

---

60) 박명진, 「30년대 유성기 음반 희곡의 근대성」, 『1930년대 문학과 근대체험』, 이회문화사, 1999, 50면.
61) 신명직, 「근대를 바라보는 시선」, 『모던뽀이 경성을 거닐다』, 현실문화연구, 2003, 282면.
62) 식민지 조선의 근대화 과정을 적확하게 표상하는 것으로 1937년 〈삼천리〉 호에 실린 경무국장에게 보내는 我等의 書 '서울에 딴스홀을 許하라'는 탄원서를 들 수 있다. 레코드회사의 문화부장, 다방 마담, 기생, 영화배우 등 대중문화의 중심인물들이 댄스홀을 허가해 줄 것을 요청하는 것으로 술집과 카페를 허가하면서 댄스홀을 불허하는 것은 형평에 맞지 않다는 내용이다. 이러한 자유를 향한 논거가 서구와 일본 사회의 피상적 현상에 기대고 있다는 것은 식민 상황에서 현대화의 과정이 심하게 왜곡되어 있음을 드러낸다. 김진송, 「신식 여성의 등장」, 『서울에 딴스홀을 許하라』, 현실문화연구, 1999, 221~222면.

식민지적 조건을 잠시 망각하게 하는 환각효과를 이으켰다.

　식민지배자들은 부르주아 문화를 지식인들과 식민지 권력 집단에 이식시켜 이들을 통해 부르주아 문화를 확산하고 문화를 통한 우민화 정책을 지속할 수 있었다. 근대문화 속에는 제국주의와 서구문화를 동시에 받아들여야 하는 이율배반적 측면이 공존하였다.

　　　검은빗 밤의꿈깃이 湖水에잠긴 水國에서
　　　오날, 수만흔 燈籠이 港口를 떠나다

　　　빩안 燭ㅅ불 懊惱를 이즌 마음의 쪼각들이
　　　검은 물살에 밋글어저 港口의 圓形을 水平線우에 그리다

　　　海岸에 깔린 뭇사나희와 게집들의 가슴은
　　　玉을 부시는 幻想의 복음자리—

　　　燈籠의 航路가 銀河水 물결이 될때
　　　뭇幻想의 烏鵲橋가 가슴과 가슴에 노히다

　　　永遠히 돌아간 牽牛織女의 노래여
　　　이 밤 이곳 붉은 핏줄기에 용소음저 울으라

　　　水國의 珊瑚숩 나의 靑春이여
　　　흘러간 燈籠의 붉은빗츨바더 네가슴에 꼿츨 피우라
　　　　　　　　　　　　　　　－「燈籠의 航路」63) 전문

　「燈籠의 航路」는 일상으로부터의 일탈이다. 일탈은 도피적 심리에서 출발하는 것으로 자신의 사회적 존재를 잠시 망각하는 일이다. 「燈籠의 航路」는 복잡한 도시를 떠나 밤바다에서 해방감을 만끽하고 있는 1930년대의 젊은이들을 그린다.

---

63) 趙靈出,〈朝鮮日報〉, 1934, 9, 6.

조선의 관광지 개발에 적극적이던 총독부 산하 철도국은 명승지마다 철도 호텔을 짓고 임시열차를 동원해 손님을 실어 날랐다. 당시 최고의 피서지는 해운대와 원산이었다. 특히 원산은 명사십리 해수욕장뿐 아니라 '원산골프장', '신풍리 스키장'까지 갖춘 동양 굴지의 휴양지였다. 소설가 이효석은 1935년에 쓴 「계절」64)에서 '여름의 해수욕장은 어지러운 꽃밭이다 청춘을 자랑하는 곳이요, 건강을 경쟁하는 곳이다. 파들파들한 여인의 육체, 그것은 탐나는 과실이요, 찬란한 해수욕복, 그것은 무지개의 행렬이다. 사치한 파라솔 밑에는 하얀 살결의 파도가 아깝게 피어있다. 해수욕장에 오는 사람들은 청춘을 즐기고자 함 같다'고 쓴다. 해수욕장은 '부르주아 유흥장', '에로 100% 환락가'라는 악평을 듣기도 했다. 해수욕장은 1930년대 하이칼라 젊은이들이 추구하던 서구풍의 휴양지였으며, 당대의 정치적, 사회적 억압에서 벗어날 수 있는 정열의 해방구였나.65)

근대문학이 문명개화, 개인, 연애, 민족 등과 같은 주제만을 고민한 것은 아니었다. 근대문학은 텍스트의 생산과 비유, 형식 등을 통해 식민지로서 편입된 시장 질서를 표현하였다. 양식 생활이 수입되면서 물건이나 이미지를 소비하는 관습, 감각, 욕망, 담론도 함께 수입되었다. 현대적인 것은 언제나 서구적인 것과 겹쳐 있었다. 이것은 이국 취향과도 밀접하게 관련되는 것이었다.66)

1930년대 대표적 시인 김기림, 김광균 등의 작품도 많은 부분 이국 지향의 엑조티즘에 기대고 있다. 이들의 작품에 그려지는 서구적 정취는 자연스럽게 서구어와 결합되면서 외래어, 문명어, 신어들이 등장한다. 이러한 언어들은 이국 취향과 섬세한 감수성의 면모를 나

---

64) 이효석, 「계절」, 『메밀꽃 필 무렵-한국문학대표작선집24』, 문학사상사, 2005, 15면.
65) 전봉관, 「30년대 조선을 거닐다- 욕망의 해방구, 해수욕장」, 〈조선일보〉, 2005, 11, 19.
66) 이경훈, 「식민지의 '트라데 말크'」, 『오빠의 탄생』, 문학과지성사, 2003, 79~82면.

타낸다.

외래어는 일상어에 수용되어 있는 외래어와 문학적 표현을 위해 의도적으로 사용하는 외래어로 구분할 수 있다. 모더니스트들은 외래어나 문명어, 신어들이 새로울 뿐만 아니라 그들 작품의 특색이라고 생각하였다. 모더니스트들은 이질적 언어인 외래어를 사용하여 문명 속에서 형성된 새로운 감각과 정서를 표현하고자 하였으며, 독자에게 심미적인 반응을 남길 수 있으리라 기대하였다. 또 이러한 독자의 반응을 통해 독특한 시적 특성과 질서를 찾고자 하였다. 이 시기 모더니스트들의 서구 취향은 내면적이고 필연적인 결과물이라기보다 화려한 수사나 의관 취미와 같은 외형적인 것에 머물렀다.

당시 지식인들 사이에는 영어를 섞어 쓰고 서양 말을 인용하는 '영어(또는 일본어) 노출증'이 일반화된 경향이었다. 이들은 상대가 쓰는 영어 단어로 수준을 파악하였다. 심지어 외투 호주머니에 반쯤 밖으로 나오게 접어 넣은 영자 잡지로 몸치레를 하는 식의 영어 패션까지 등장하였다.67) 식민지에서 영어나 일어 능력은 신분 상승의 발판이며 지적 능력과 기타 모든 능력을 가늠하는 척도가 되었다. 영어는 식민주의적 엘리트 체제 속으로 편입되는 데 필요한 공식 기제이자 매개였다.68) 그러나 모더니스트들이 시적 출발로 삼은 이러한 언어들은 그들이 시적 대상으로 삼은 근대 도시를 파악하는 힘을 가지기에는 역부족이었다.

서구적 정취를 드러내는 외국어 및 외래어 사용, 서양 모방은 당시 구미나 일본에서 유학을 하고 온 이들의 가치 지향의 실체를 함

---

67) 이광수, 「해삼위로서(海蔘威露西)」, 『이광수 전집18』, 삼중당, 1962, 211면.
68) 응구기 와 씨옹오, 이석호 역, 「아프리카의 문학어」, 『탈식민주의와 아프리카 문학』, 인간사랑, 1999, 43~44면.

축적으로 드러냈다. 또한 김기림의 주장처럼 '시대의 말', '탄력과 생기에 찬 말'을 쓰는 것이 모더니스트의 의무라 생각한 나머지 이들은 이국정서를 풍기는 지명이나 서양 근대문명이 가져다준 외래어를 감각적인 언어로 단정하였다. 외래어는 말의 뜻보다 문명 속에서 형성된 새로운 감각적 정서와 참신한 이미지로 작용하였다. 송욱은 이러한 모더니즘 시의 지나친 이국취미를 '모던 보이의 모더니즘'이라고 지적하였다. 외래어는 신문물, 신학문을 인지하고 있다는 '차이 기호'가 되기도 하였다. 이는 일종의 '새 문자'에 대한 탐닉이었다. 새 것은 좋은 것이며 새것을 찾아가는 것은 가치 있는 태도라는 인식이 담겨 있었다.

조영출의 시에는 서구문화와 인명, 외국어와 외국의 낯선 지명들이 등장한다. 그 역시 모더니스트로서 서구의 신화와 배타적 언어가 가져다주는 찬신함에 편향되어 새 언어를 찾아가는 일이야말로 가치 있는 일이라는 당시의 통념에 사로잡혀 있었다.

> ⅰ) GO STOP—
> 　(그러나 그것은 均衡을 일헛사외다)
> 　거리는 W·E·N·S—
> 　한끗은 『벨사이유』宮殿에로
> 　<u>쏘한끗은</u> 『시베리야』牢獄에로……
>
> 　『네파―트』는 부질업는 虛榮에 고개를 힘껏처들엇고
> 　下水道는 원통한줄임에 힘업시 누엇사외다
>
> 　摩天樓에 벽ㅅ돌을 싸어올린손들은 무엇을하노
> 　人造人間의 GO·STO·은 미들것이업사외다
> 　　　　　　　　　　　　　- 「GO STOP」[69] 부분

---

69) 趙靈出,〈朝鮮日報〉, 1933, 12, 2.

ii) 『곳드』의 銅像이 下水道로 굴러갓거든
　　오! 네마음ㅅ들창을열고 太陽을 바더 드릴줄 니젓느냐
　　×살스런 『팟시스트』는
　　머리에 가시冠을 트려 소래처 부르짓는다

　　自由란 거미줄에얼킨 나븨의 깃이외다
　　正義란 ××에피는 붉은꼿송이외다
　　奴隷解放은 欺瞞의붉은술ㅅ잔에 쌔저죽고
　　肉慾은
　　저울ㅅ대 우에 黃金을 올려노코
　　偉勳의 月桂花는
　　悲鳴을 알외우고 넘어진 兵丁의 풀은歎息에 시드러 지외다

　　黎明—
　　抵抗과 피의 긴밤이 샐째
　　밝는 새날의 鋪道우에
　　젊은詩人의붓꼿과 凱歌를아로삭이노니
　　歎息의 구름다리는—
　　褐色『샤쓰』의 그림자는—
　　亡命의 埠頭의 붉은 가죽가방은 어둠에잠겨 이고장 關門
　　을 써나가고
　　先驅者의 塑像은
　　젊은市民의 힘찬노래에 빙긋이 웃사외다
　　　　　　　　　　　　－「젊은詩人의 狂想曲」70) 부분

iii) 에레베타의 젊은 꿈이
　　비누ㅅ물 방울을 타고 풀은 가슴에 날른다

---

70) 趙靈出, 〈朝鮮日報〉, 1933. 9. 10.

마네킹의 바닷빛 스카―트

아스팔트엔 많은 屍體들이 굼을걸인다
　　　　　　　　　　　- 「危險信號」71) 부분

ⅳ) 오!타임의 속임없는 航海여
　　　　　　（중략）
밤― 열두時가 넘은거리
魔手의狂亂이 굵은리즘의 세레나드를 짓밟는 거리
이거리에도 잠의 폭은한것은 덥히여가외다
不安의벼겟모수리에 安息의꿈은 엉기여가외다
　　　　　　- 「都城의 밤에 異狀잇다」72) 부분

　「GO STOP」의 거리는 아스팔트로 포장된 문명 도시이다. 도시는 근대성의 체험장 역할을 하였다. 'GO STOP'과 'W·E·N·S'는 교통 상황을 통제하고 방향을 지시하는 표지판이다. 이 시에서는 네파―트 W·E·N·S, 벨사이유 궁전, 시베리아의 감옥 등의 새 언어가 등장한다.
　자화상을 그려놓은 듯한 「젊은詩人의 狂想曲」에서도 새 문자가 드러난다. '곳드의 동상이 하수도를 굴러갓거든', '×살스런 『팟시스트』는/ 머리에 가시冠을 트려 소래처 부르짓는다', '正義란 ××에피는 붉은꽃송이외다/ 奴隷解放은 欺瞞의붉은술ㅅ잔에 쌔저죽고/ 肉慾은/ 저울ㅅ대 우에 黃金을 올려노코/ 偉勳의 月桂花는/ 悲鳴을 알외우고 넘어진 兵丁의 풀은歎息에 시드러 지외다', '抵抗과 피의 긴밤이 샐째' 등에는 신의 죽음을 외치는 서양철학과 당시 유럽에서 전모를 드러내던 히틀러나 무솔리니 같은 파시스트 정권의 등장을 보여준

---

71) 趙靈出,〈朝鮮中央日報〉, 1934. 4. 7.
72) 趙靈出,〈刑象〉, 1934. 2.

다. 또한 저울대를 가늠하는 정의의 여신과 승전 소식을 전하고 죽어 간 고대 그리스의 병사 등 서구의 역사와 문화에서 차용한 비유들이 나타난다. 이는 다양한 근대적 제도의 운용과 함께 전통적 유교의 공자 맹자 대신 서양적 패러다임과 시각으로 시대 현실이 규율됨을 의미한다.[73] 조영출은 서양 역사와 문화에서 비롯하는 비유들을 통해 근대 도시를 살아가는 지식인들이 추구하는 방향성을 보여준다.

조영출은 단순한 서구 추수주의에 머물지 않고 영어와 서양의 신화, 사건들을 적절히 인용하고 채택하여 근대 도시의 부정적인 현상을 밝힌다. '自由란 거미줄에얼킨 나븨의 깃이외다/ 正義란 ××에피는 붉은꼿송이외다'의 부분에서는 일제 치하에서 획득할 수 없는 자유와 정의에 대한 태도를 나타낸다. 이국취미, 서구적 정취는 내면적 투쟁의 결과물이라 할 수 없다. 조영출은 여기에 머물지 않고 서구의 역사 현실을 통해 근대 도시 경성의 현실을 읽으려 하였다. 시인은 상실감을 극복할 원동력을 찾아 '褐色『샤쓰』의 그림자'인 망명객이 되어 '가죽가방'을 들고 '이고장의 關門'을 떠난다. 망명은 식민지 현실을 상징적으로 보여주며 탈출하고자 하는 욕망과 극복하려는 욕망을 동시에 드러낸다.

시의 후반부에서는 여명과 선구자를 기다리며 살아가는 시민들의 모습이 등장하며 암흑의 시대에도 희망을 간직할 것을 주문한다. 이는 시대의 좌절상을 보여주면서도 발전적 미래를 기대하는 시인 의식의 한 단면이다.

「젊은詩人의 狂想曲」은 월북 후 북한에서 발간한 『조령출시선집』에 같은 제목으로 실려 있으나 개작 과정에서 완전히 다른 작품으로 변모되었다.[74] 개작 작품은 서구 취향을 버리고 신의 존재와 자

---

73) 이경훈, 앞의 책, 189면.
74) 젊은 시인은 생각한다/ 자유를 기다리는 사람들을-// 삶에 힘 지치지 말라/

본주의를 부정하며, 사회주의 체제와 인민들의 승리를 찬양하는 구체적이고 확신 넘치는 작품으로 변화하였다. 또 '~ㄴ다', '~외다' 등의 동사형이 '~말라', '~알라', '~하리라' 등의 명령형과 미래에 대한 예언적 언술로 바뀌어 낙관적 소망과 염원을 담고 있다.

외래어는 조영출에게도 문명의 상징과 같은 것이었으며 진보와 문화의 결정체처럼 보였다. 개화기의 문인들과 마찬가지로 새것 콤플렉스는 모더니즘 시인인 조영출에게 양상을 달리하며 그대로 나타났다.75) 외래 언어의 사용은 변화하는 세계를 적극적으로 인식하고 있다는 긍정적인 측면으로도 받아들일 수 있다. 김기림의 시, 「시론」(1931)에 나타나는 '날뛰는 명사'와 '꿈틀거리는 동사', '춤추는 형용사'는 아니지만 모더니즘이 강조하는 문명에 대한 감수성과 도시성에 대한 감각을 지향하고 있기 때문이다.

「危險信號」와 「都城의 밤에 異狀잇다」에 나타나듯 자본주의 문명의 소산인 '에레베타'와 모던 걸이 입고 다니던 '스카—트'는 외래어이기 전에 새로움을 환기하는 세련되고 감각적인 당대의 언어였다. 그러나 '오!타임의 속임없는 航海여' '魔手의狂亂이 굵은리즘의 세레나드를 짓밟는 거리'처럼 도시의 기괴한 밤을 표현하는 데 있어

오 하늘을 우러러 합창을 말라 /신의 동상은 하수도로 굴러갔으니// 마음의 창문을 열고/ 붉은 태양을 받아들일 줄 알라// 자유란 거미줄에 얽힌 나비가 아니다/ 정의란 혁명에 피는 붉은 꽃/ 노예의 해방은?/ 오 언제나 언제나 축배를 들 것이냐// 자본주의 사랑은/ 저울대 우에 황금을 올려놓고/ 훈장의 월계화는/ 쓰러진 병사의 탄식에 시들어지고// 오, 려명이여/ 저항과 피의 긴 밤이 샐 때/ 밝은 새날의 거리 우에/ 젊은 시인은 승리의 노래를 부르리니// 탄식의 구름다리도/ 파시스트의 무리도/ 짓눌린 생활의 푸념도/ 어둠과 더불어 쫓겨 간 거리에// 그때 선구자의 동상은/ 젊은 시인의 힘찬 노래에/ 빙긋이 미소하리라
「젊은 시인의 광상곡」,『조령출시선집』(조선작가동맹출판사), 1957.
75) 이숭원,「김기림 시의 실상과 허상」,『현대시와 삶의 지평』, 시와시학사, 1993, 53면 참고.

외래어는 신파조에 이르거나 독자와의 소통을 방해하는 원인이 되었다.

조영출의 외래어는 근대문명을 표현하기 위해 도입한 수단이자 현대적인 언어의 모색이었다. 조영출은 이러한 언어를 통해 식민도시의 병폐와 비인간적이고 암담한 현실을 타개하고자 하였다. 새로운 언어에는 서구적 배경과 서구적 문물이 겹쳐 있었다. 이러한 점에서 그의 외래어는 일종의 사회적 방언의 성격을 지닌다고 할 수 있다.

제3장. 모더니즘 시학과 작가 의식

 민족 문학과 계급 문학의 전개는 1935년 카프 해체에 따라 극도로 위축되는 국면을 맞이하였다. 전망 부재의 상황에서 지식인들은 자기 반성이나 내면 의식에 침잠하게 되었고 모더니즘은 이러한 시대 의식과 밀접하게 연결되어 등장하였다. 문인들은 부일·친일의 길을 걷지 않기 위한 방법으로 모더니즘으로 기울어갔다. 식민지 현실 아래 문학 지식인들에게 요구되는 것은 치열한 현실 인식과 민족에 대한 비전의 제시였다. 시인의 깨어있는 자각과 역사적 안목은 작품의 성격을 규정짓는 근본적인 잣대가 되지 않을 수 없었기 때문이다. 문학은 독립적으로 존재하는 것이지만 시대의 소산이며 사회·역사적 상황을 떠나 존재할 수 없다. 그러한 의미에서 당대의 식민지 현실은 뿌리의 상실이라는 측면에서 개인적 상실감과도 긴밀하게 연결되었다.

1. 식민도시의 우울한 풍경

 1930년대 한국의 모더니즘은 인공의 산물인 도시 풍경과 관련된 모더니즘이다. 1930년대 한국의 모더니즘은 이전 시대와 달리 도시성이라는 새로운 모습을 보여주는데, 단순히 소재적 측면뿐 아니라 미학적 측면에서 접근하는 도시 미학으로서의 모더니즘이다. 모더니즘의 반 전통성과 근대성의 인식 여하를 물을 때 '도시'는 중요한 인식론적 대상이 된다. 도시는 자본주의의 산물이기 때문이다. 모더니스트들은 급격한 도시화의 과정에서 성장한 세대들로 이들은 자신들의 체험 내용에 형식상의 새로운 감각을 결합하려는 시도를 하였다.

1930년대 모더니즘의 생산 환경은 향토적 자연이 아닌 대도시 경성이었다. 도시는 혼란과 유동성의 감각적 경험을 수용하는 미적 형식의 출처라는 점뿐만 아니라 공공의 삶을 향한 욕망과 투쟁의 장소라는 점에서 모더니즘의 핵심적인 공간이다.76) 도시 감각은 연속성과 동일성의 자연 체험과 달리 그것을 파괴하는 단절과 소외, 아이러니를 유발한다. 도시 곳곳에 난무하는 혼란과 휘황찬란한 네온, 뒷골목의 어두움, 어지러움 등은 근대적 감수성을 자극하는 매체가 된다. 도시는 물질적 토대이지만 이를 통해 근대적 사유를 가능케 하는 정신적 범주가 되는 것이다. 따라서 모더니즘 문학에서 찾아볼 수 있는 도시 공간에 대한 묘사도 근대 도시의 내부에 존재하는 무언가를 찾는 작업이다.

　　명치유신 이후 급격히 성장한 일제는 조선에 대한 시장 확대책으로 도시화 정책을 추진하였다. 일본인들의 거류지인 충무로, 진고개(本町通) 일대에는 대규모 신시가지가 조성되었으며, 일본의 대기업과 중소기업들이 진출하여 상권을 장악하였다. 일본 상품이 진열되고 인파가 모여들면서 진고개는 번화가가 되었다. 조선인들이 상권을 장악하고 있던 종로 북촌(北村) 일대도 화신(和信)백화점을 비롯한 빌딩들이 들어서면서 변화가 생기기 시작하였다. 이러한 도시화는 식민지인들의 희생과 사회적 불균형 속에서 타율적으로 감행된 것이었다. 외면적 화려함의 이면에는 도시화가 동반하는 어두운 부산물들이 놓여 있었다.

　　누구는 폭은한 寢臺에 누어자고 그 누구는 길가 쓸어기통
　　압헤서 쑴을 맛는다고 하는 머리 압흔 矛盾덩어리의 話題는 덥

---

76) 황종연, 「모더니즘의 망령을 찾아서」, 『모더니티란 무엇인가』, 민음사, 1994, 210면.

허놋코 (중략)
二十世紀의 機械文明을 自慢하는都市의에로景은 電光이눈을쓰는 째로부터開幕이된다『네온싸인』이 머리를 헤트리고잇는『애스펠트』우으로 小市民의令孃들의굽놉흔신이뒷둑거리며내가고 짝을지어가지고단니는젊은사람들의크림냄새가풍긴다
카페에선 째즈 가흘어나오고『웨트레스』의음탕한 노래가흘러나온다
都大體 에로그로에都城
이조그마한 長安을통트러보면얼마나만흔犯罪의물결이氾濫하랴
그러고이검은밤에도 雙色의굵은 線이 對峙하고 잇슴을볼것이다 룸팬의慘憺한場面도이밤이래야 비로소열리는 것이다
오호 밤의複雜함이여!
밤이여! 어서물러가라 그리하야來日의黎明을가져오라

- 「밤」77) 부분

 근대화란 과학적 발견, 생산의 산업화, 인구 변동, 도시의 팽창, 대중 매체의 성장, 자본주의 시장의 성립 등 일군의 사회적 과정을 말한다. 조영출의 경우 '식민지적 근대'라는 현실에 대하여 다른 모더니스트들과 변별되는 자세를 보여준다. 1932년 5월 4일자 〈조선일보〉 학생란에 투고한 이 작품에서 그는 일제에 의해서 주도되는 강제적 근대가 파괴와 유린으로 이어지는 위험을 안고 있다고 판단하였다.78) 또한 근대적 삶의 양면성이 야기하는 불안정성과 개인의 소외, 식민 주체의 착취와 소외된 자들에 대한 무관심 등 근대의 어두운 측면에 관심을 가졌다.

 조영출의 시적 공간은 도시라는 인위적 공간이며 이는 모더니스

---

77) 趙靈出, 〈朝鮮日報〉, 1932, 5, 4.
78) 이동순 편저, 앞의 책, 686면.

트로서 도시성을 자각한 중요한 증거이다. 학승이자 학생인 그의 시선에 들어온 경성은 이질적이고 충격적이었다. 그는 모더니즘 형식을 창출하기 위해 자신의 도시 체험을 시 속에 끌어들였다. 도시는 혼란과 모순, 충격의 장소이자 욕망과 투쟁의 장소이며 자기 정체성을 상실한 익명의 개체들이 살아가는 공간이다. 도시 속의 자아는 군중과 매개하는 끈이 없다는 점에서 도시 체험은 단절 체험이다.

　소외와 단절은 인간 정신의 자기분리, 자기 극복의 필연적인 계기이며, 자기 부정을 매개로 하지 않는 창조적 주체성, 자유의 인격체로서의 인간은 존재할 수 없다. 이러한 자기분리는 자기 확장이요, 자기실현의 발돋움이며, 이러한 자기분열이 주는 이화(異化)의 고통은 새로운 자기 통합 또는 동화를 위한 자기 초극이다.[79] 단절은 자신의 존재 의미에 대해 예민해지고 더 많은 것을 기대한 나머지 기대와 성취의 차이에서 소외감은 깊어진다.

　도시와 현대문물을 소재로 한 조영출의 의식은 다양한 모습을 보인다. 골방에서 자신만의 깊고 어두운 자의식을 개발하고 있던 자들과 달리 조영출은 경성의 거리로 나와 도시공간이 외설적이고 도발적으로 드러내고 있는 유혹을 직시한다.

　조영출은 식민적 근대를 「밤」으로 규정한다. 「밤」은 식민 도시공간의 사회적 풍토를 여실히 보여주는 전형성을 지닌다. 1930년대는 근대화라는 미명 아래 파괴적인 도시계획이 실시되었고 물질 숭배주의라는 가치 중심에 따라 기회주의와 황금만능 풍조가 확산되었다. 일본에서 생산된 신문물이 대량 유입되었으며 소비를 촉진시키는 광고와 각종 충동에 도시인들은 휘말려들었다.

　도시는 빈곤과 가족 해체, 매춘, 실업, 노숙, 범죄 등의 사회 병리

---

79) 정문길 편, 『疎外論』, 문학과 지성사, 1984, 36면.

적 문제를 양산하는 곳으로 삶의 모순이 응집된 모더니즘의 핵심적인 장소이다. 산업자본주의는 인간의 영혼까지 물화시키며 개인을 압도하는 힘을 발휘하였다. 식민지라는 불가항력적인 현실 앞에서 개인은 결핍, 공허, 패배감과 같은 감정에 쉽게 매몰된다. 이러한 상황은 「밤」에 드러나듯 어둠의 이미지를 극대화한다.

식민시대란 암흑으로 착색된 파괴와 혼돈의 부정적인 시대이다. 조영출은 「밤」에서 문명과 관능성을 동일한 기호로 풀어낸다. 시인은 자기 상실감을 체험하고 이러한 부정적인 이미지가 극대화될수록 에로스적 본능도 강해진다. '에로그로에都城'은 보들레르[80]가 노래했듯이, 혼돈과 욕망의 도시로 범죄와 원색적 에로스의 본능을 자극하며 급하게 변해간다. '에로그로'는 에로티시즘과 그로테스크를 줄여 만든 말로 민감하게 변화하는 도시의 육체성에 대한 발견이었다.[81] 후일 와세다 대학 유학을 통해 상징주의 문학의 세례를 받고 돌아오게 되는 조영출에게 근대 도시의 발견은 보들레르의 우울한 파리 발견과 같은 것이었다.

'파리에는 거리들과 기념비들, 최근의 폭동이 할퀴고 간 보도와 환락가의 밤 속에 삶에 대한 막연한 좌절감이 서려 있다. 파리는 인류의 과거 전부를 대변하는 상징이며 '타락한 동물'인 인간의 서식지이다. 보들레르는 대도시의 현실과 맞서는 것을 스스로 자신의 임무로 삼았으며 현실의 삶에 파고들어 그것을 벌거벗기는 것을 자신의 과제로 삼았다.'[82]

---

80) "도시의 형태는/ 아! 인간의 마음보다 더 빨리 변하는구나" -『악의 꽃』제2장 「파리 풍경」 중 「백조」.
81) 김진송, 앞의 책, 311~312면.
82) 윤영애, 「대도시의 테마와 현대성의 문제들」, 『파리의 시인 보들레르』, 문학과지성사, 1998, 25~26면.

발터 벤야민은 보들레르의 「파리의 우울」에서 산책자의 개념을 설정해 냈다. 산책자는 군중과 무위도식자 사이에 놓여진 지극히 불안정한 존재이며 동시에 세계를 보는 방법의 원칙들을 지닌 존재들이다.83) 군중 속에서 변화하는 도시의 삶을 관찰하는 고독한 산책자는 물신화된 도시에서 소외된 수동적이고 고독한 존재이다. 밤의 화려한 네온사인과 백화점의 쇼윈도우 앞에서 느끼는 비애감은 이러한 소외의식을 일상화하여 산책자의 열패감을 증대하는 작용을 한다.

봉명학교의 학승들이 불교 계통의 학교에 진학한 것과 달리 조영출은 경성의 보성학교로 진학하였다. 어린 나이에 출가하여 금강산에서 생활해 온 시인이 맞닥뜨린 근대화된 도시 경성은 낯설고 충격적이며 모순으로 가득 찬 곳이었다.

'二十世紀의 機械文明을 자만하는 都市의에로景'과 '『네온싸인』이 머리를 헤트리고잇는『애스펠트』', '令孃들의굽놉흔신이뒷둑거리며지내가고 짝을지어가지고단니는젊은사람들의크림냄새'에는 '『웨트레스』의 음탕한 노래'가 더해지며 관능성이 배가한다. '웨트레스'는 자본주의 상품 신화를 대변하며 '웨트레스'의 관능성은 도시의 화려함과 현란함에 대한 비유적 이미지가 된다.84) '電光'이나 '네온싸인'은 자본주의의 완성을 보여주는 상징물로 광고는 소비를 부추기며 물질적 욕망의 노예가 되기를 강요한다. 이는 정신적 황폐를 상품의 구매를 통해 치료하는 자본주의식 미덕이기도 하다.

밤의 '네온싸인'에 극명하게 대비되는 것으로 어둠 속에 드러나

---

83) 발터 벤야민, 반성완역, 「보들레르의 몇 가지 모티브에 대하여」, 『발터벤야민의 문예이론』, 1983, 140~141면.
84) 전미정, 「한국 현대시에 나타난 에로티시즘의 세 가지 양상」, 『한국 현대시와 에로티시즘』, 새미, 2002, 61면 참고.

는 '룸팬의慘憺한場面'이 있다. 룸펜(lumpen)은 누더기, 넝마라는 뜻으로 지적 노동에 종사하는 지식계급을 의미하며 이들의 본질적인 속성은 반항과 불안, 무기력 등이다.[85] 룸펜의 배회는 스스로 버려지고자 하는 심리이며 동시에 삶을 강하게 욕망하는 양태이기도 하다. 「밤」의 서두에서 조영출은 이들이 '길가 쓸어기통압헤서 쑴을맛는다'고 쓴다.

식민지 조선의 교육열은 남달라 땅을 팔고 굶주려 가며 자식을 학교에 보냈다. 그러나 세계대공황의 여파로 극심한 경제난을 겪고 있던 1930년대에는 살인적인 입시경쟁을 뚫고 전문학교, 대학교를 졸업해도 취직할 곳이 없었다. 전문학교 이상의 지식 계층이 1년에 400~500명 정도 배출되었지만, 식민지 관료나 학교 선생이 되지 못하면 고등실업자가 되었다. 가난한 식민지 조국은 그들을 먹여 살리기 힘들었나. 극심한 취업난을 반영하듯 1935년 58명을 뽑는 보통문관(오늘날 7급 공무원) 시험에 1816명이 응시하였으며 조선인 합격자는 34명이었다 청년의 실업 대책은 전적으로 사회의 몫으로 떨어졌지만 식민지 사회 역시 속수무책이었다.[86]

'雙色의굵은線이對峙하'고 있는 도시의 밤거리에 드러나는 '룸팬의慘憺한場面'은 고등교육을 받았으나 이상과 현실의 괴리를 극복하지 못하고 방황하는 무기력한 지식인의 모습이다. 이들은 가난 속에서 자족하지만 절망과 자기혐오에 매몰된 병적인 인물들이다. 도시의 밤거리를 배회하는 이들은 물질적 소외뿐 아니라 스스로를 부정하고 왜곡하는 정신적 소외까지 경험하고 있었다. 소외는 무력감으

---

85) 전혜자, 「한국 근대문학에서의 도시와 농촌」, 『한국근대문학의 쟁점 Ⅱ』, 정신문화연구원, 1992, 130면.
86) 전봉관, 「30년대 조선을 거닐다-〈3〉엘리트 지식청년의 취직난 」, 〈조선일보〉, 2005, 10, 22.

로 표현되며 의식의 분열로 이어진다. 이 소외는 부가 균등하게 이루어지지 않는 근대 도시의 단면을 드러낸다. 부의 불균등과 사회의 불평등에 좌절하고 회의에 빠지게 된 이들은 스스로 사회주의자임을 자처하였다. 사회주의는 당시 지식인 사이에 하나의 유행이었다.

근대 산업자본주의 사회에서 화폐는 삶의 질을 결정하는 절대적 수단이며 이러한 사회에서 경제적 능력을 상실한다는 것은 치명적인 결함이다. 급격한 근대화가 이루어진 일제강점기 사회구조 속에서 룸펜들은 경제 능력 상실로 인한 인간관계의 사물화까지 극단적 소외를 동시에 체험하였다. 화폐 논리는 인간 존재뿐 아니라 그와 관련된 모든 것들에 영향을 미치면서 한 개인을 황폐화하고 자멸감 속으로 빠뜨렸다. 그들은 스스로 회의와 불안의 밀실 속에서 모더니티를 깊이 체험하고 있었다.[87] 일제의 억압은 이들의 절망과 고립감을 중층시켰다.

룸펜은 근대 도시의 불균형이 고조된 외재적 양태이며, 이 도시가 균형을 찾아가기 위해 몸부림치는 모습이기도 하였다. 병리적 개인은 근대 자본주의의 비인간화를 적나라하게 노출하며 모더니즘 문학이 탐구하고자 하는 미적 근대성의 한 양식을 보여준다. 지식인이 잉여 인간으로 취급당하는 것은 시대적 비극으로, 「밤」은 이러한 병리가 개인의 문제가 아니라 도시 전반에 확장된 사회적인 문제라는 점을 인식한다. 이처럼 조영출의 시에 나타나는 어둠은 근대의 물질주의에 의해 야기된 것으로 탐욕은 개인뿐 아니라 사회 전체를 타락시키고 있었다.

재즈가 흘러나오는 '카페'는 일탈과 욕망의 공간이다. '모던 걸'과 '모던 보이'가 드나들고 룸펜이 종일 자리를 차지하고 있는 곳이자

---

[87] 김진송, 앞의 책, 131면.

정보를 교환하고 회합을 즐기던 공간이었다. 이 카페에서 흘러나오는 재즈와 재즈 취미는 당시 현대인의 병적 향락 생활로 비판받았다.88) 카페는 퇴폐적 일본문화가 가장 먼저 침투한 곳으로 '웨트레스'는 음성적으로 성을 제공하던 근대식 매춘녀였다.

「밤」은 식민지 자체의 어둠이기도 하다. 시인은 '밤이여! 어서물러가라 그리하야來日의黎明을가저오라'고 외친다. 파편화된 근대의 혼탁한 밤은 결국 내일의 여명을 위한 하나의 과정임을 알 수 있다.

    ―世紀는 죽엇다
    ―죽은 世紀의 송장을 내노라.

    검은 굴쑥―
    이거리 心臟우에 샢리를 박은 굴쑥.
    煙氣는 離叛者의 휫파람을 치며
    同志인 하늘의구름을 차저가외다
    (보기실흔 五色『네온』을 暴風雨는 휘갈겨 버릴 터이지)

    GO·STOP―
    (그러나 그것은 均衡을 일헛사외다)
    거리는 W·E·N·S―
    한끗은『벨사이유』宮殿에로
    쏘한끗은『시베리아』牢獄에로……

    『네파―트』는 부질업는 虛榮에 고개를 힘씻처들엇고
    下水道는 원통한줄임에 힘업시 누엇사외다

    摩天樓에 벽ㅅ돌을 싸어올린손들은 무엇을하노
    人造人間의 GO·STOP· 은 미들것이업사외다

---

88) 이서구, 「경성의 짜스」, 〈별건곤〉, 1929, 9월.

『아스팔트』를 다지던 억센 발들은 무엇을 하노
××『라디오』의 放送은 듯기도 실사외다

오즉 溶解가 잇슬뿐이니
再結晶이 잇을ㅅ분이니
(先驅者의試驗管은 벌서그것을證明해 노앗다)
얼싸진『라심판』을 十字街에 못박자
　　　　　　　　　　　　　　　- 「GO STOP」[89] 부분

'世紀는 죽엇다/ 죽은 世紀의 송장을 내노라'고 절규하는 「GO STOP」은 어둡고 비관적이다. 이 시에도 내재화된 도시 경험이 나타난다. 도시는 범죄와 광기, 죽음과 타락의 공간이자 어둠의 공간이다. 문명화된 도시에 대한 탐구는 도시 문명에 대한 저항의 태도를 보여준다. '보기실은 五色『네온』을 暴風雨는 휘갈겨 버릴 터이지', '××『라디오』의 放送은 듯기도 실사외다' 등의 노골적인 표현이 그것이다. 「GO STOP」에 나타난 도시는 실제 풍경을 바탕으로 한 관념 속의 풍경이다. 그의 시는 식민적 현실의 부정에서 출발하고 시대 현실과 정황을 파악한다. 밀집된 건물과 군중들, 복잡한 거리는 개인에게 익명성을 부여한다. 이 익명성은 무관심과 군중 속의 고독을 수반한다. 도시는 검은색과 회색, '네온싸인'으로 칠해진 어둡고 모호한 밤의 도시이다.

거리의 산책자는 도시의 미로 속에 놓인 사물들과 왜소화된 군중들을 관찰하고 그것을 내면화한다. 산책자는 방황을 통해 거리를 둠으로써 도시의 삶이 갖는 피상성과 인간성 해체의 문제를 직시한다. 또 기계에서 노동자가 겪는 체험에 상응하는 군중 속의 행인이 겪는 충격의 체험[90]을 통해 근대를 사유한다. 이러한 체험은 자기 상실과

---

89) 趙靈出, 〈朝鮮日報〉, 1933. 12. 2.

영혼의 사물화 등으로 나타나고 산책자는 격리된 자로서 부정화된 사회의 고발자라는 의미 있는 존재가 된다.

'GO STOP'과 'W·E·N·S'는 생소한 외국어가 주는 이미지가 근대도시의 서구적 모습을 환기한다. 1930년대 경성에는 '이거리心臟우에 쌕리를 박은 굴쑥'에 나타나듯이, 공장과 현대식 역사(驛舍), 호텔, 백화점, 은행이 들어섰으며 화려한 조명이 비치는 아스팔트 위에 외제 자동차가 거리를 누비고 있었다. 그러나 조영출의 작품에 나타나는 서구적 도시는 불안정하다. '부질업는 虛榮에 고개를 힘씻처들엇고/ 下水道는 원통한줄임에 힘업시 누'워 있다. 거리의 아웃사이더인 지식인은 거리의 모순을 사심 없이 관찰한다. 산책자는 방황하는 것처럼 보이지만 비판자로서 냉정함을 견지한다.

원통한 주림에 누워있는 실체는 '摩天樓에 벽ㅅ돌을 싸어올린 손들'이며 '『아스팔트』를 다지는 억센 발'이다. 이늘은 노동으로 도시를 건설한 역군들이지만 도시 저변을 형성하고 있는 소외계층이다. 이것은 도시의 한끝이 '『벨사이유』宮殿'을 향하고 있지만, 또 한 끝은 정반대의 대척점인 '『시베리아』窄獄'을 향하고 있다는 구절에서도 나타난다. '그것은 均衡을 일헛사외다'라고 외치듯이 도시의 화려함 뒤에는 혼란과 무질서, 빈부격차, 실업 등의 문제가 심각하였다.

도시는 모순의 집결지이다. 이러한 불균형은 진고개를 중심으로 한 일본인 거주지 남촌과 하수구가 막히고 일본인 순사의 발길질이 난무하는 조선인 거주지 북촌과의 차이에서도 뚜렷이 나타났다. 또 전근대적인 생활방식과 근대적인 생활방식의 공존, 몽상적이고 화려한 꿈과 현실이라는 장면을 통하여 근대 도시의 이중성을 배가시켰다.[91]

---

90) 발터 벤야민, 반성완 역, 앞의 책, 145면.
91) 신명직, 앞의 책, 15면.

도시는 욕망의 장소이며 화폐 가치가 인격을 대체하는 곳이다. 인간이 자연을 파괴하고 세운 근대 도시에서 인간은 철저히 파괴당하고 해체된다. 산책자 시인은 식민도시의 현실에 대해 구체적이며 심층적인 거부 의사를 나타낸다.

마지막 연에서 시인은 '오직 溶解가 잇슬쑌이니/ 再結晶이 잇슬 쑌이니/ (先驅者의試驗管은 벌서그것을證明해 노앗다)'고 황폐한 것들을 모두 용해하여 재결정(再結晶)하는 일만이 도시를 재건시키는 일임을 천명한다. 산책자 이방인은 도시를 탐구하고 관찰하며 혼란과 무질서를 비판하고 거부한다. 그는 도시의 찬란한 불빛과 네온사인에 현혹되지 않고 그 이면에 있는 불균형과 어둠의 실체를 인식한다.

그러나 동시에 조영출의 작품은 현학적인 시선으로 대상을 포착하고 과포화 상태의 의식 과잉과 이미지의 소용돌이에 말려들고 있다. 이는 그의 문체적·기질적 성향으로 파악할 수 있는데 절제가 부족하며 기교적인 측면만 강조된 느낌을 준다. 따라서 강렬한 인상을 주면서도 관념에 머문다.

밤—
조그만섬들의 無數한 燈臺ㅅ불
難破를몰으는 船夫의꿈은 아루코—루에서젖어 오늘도
鋪石우에 밋글어저 흘러 가느니
바다의妖婦는 풀은팔과 붉은팔들을 내저으며 蠱惑의휘파람을 치위다
차듸찬 石膏像의女人을안고 心臟을비어내는 이바다의 젠틀맨
『마—스』의奸夫를둔 自稱마리아들의 高潔한 貞操
오!成吉思汗의검은피가 용소슴치는 손박만한 版圖여
都城의검은怪物은 무엇을싫고 달음질 치는가
아 우리들의님은 어느길에서 튀어저나오려노

밤— 열두時가 넘은거리
魔手의狂亂이 굵은리즘의 세레나드를 짓밟는 거리
　　　　　(중략)
높다란빌딍 음전스러운巨軀도 검은 그림자를 넘겨틀인채 잠들어 가느니

- 「都城의 밤에 異狀잇다」[92] 부분

「都城의 밤에 異狀잇다」는 「GO STOP」과 마찬가지로 도시공간의 암담하고 방향을 가늠할 수 없는 미몽(迷夢)의 현실을 보여준다. 조영출은 어둡고 처절한 식민지 근대의 속성을 병적이고 불안한 빛깔로 읽어낸다. 이것은 시인의 비관적인 물질관과 세계관을 보여주는 방증이다.[93] 산책자는 근대 도시를 '떠나온港口도없'고, '떠나갈 浦口도 없'는 고립된 섬으로 치환한다. 도시는 단절된 밤의 공간으로 '조그만 섬늘'은 비인간성과 정신적 불모성을 보여주기 위한 장치가 된다. 그가 불안한 눈길을 보내고 있는 도시는 알콜에 젖은 선부가 '차듸찬 石膏像'과 같은 위선에 찬 마리아를 안고서 심장의 뜨거움을 느끼려 하는 암울한 거리이다.

'自稱마리아들'은 매음녀들이다. 대중문화가 생성되고 증폭되는 과정에서 새롭게 등장한 대중적 공간에는 이들이 있었으며 이들은 대중문화의 핵심을 장악하였다. 봉건의 잔유물로서 오락과 유흥을 매개하는 화류 인생인 이들은 도시의 발달로 인한 서비스업의 증가로 다방이나 바, 카페 등 새로운 직업의 중심에 섰다. 이들은 1930년대 도시화 과정에서 주변인으로 몰락해 가는 것이 아니라 문화적 주체로 전환되었다.[94]

---

92) 趙靈出, 〈形象〉, 1934. 2.
93) 이동순 편저, 앞의 책, 684면.
94) 김진송, 앞의 책, 219~220면.

음성적으로 성을 제공하던 근대식 매음녀는 퇴폐의 현장을 부각하는 매개체로, 시인은 타락하고 불결한 매음녀들을 마리아에 비유하며 신성을 모독한다. 유혹의 대상은 신격화될수록 치명적이다. 이는 매음녀들의 관능성을 강조하는 수법인데 관능성이 강조될수록 죽음에의 유혹도 증폭된다. 근대성의 경험을 양가적 욕망의 재현이라 할 때 성모와 창녀, 신성과 세속의 양가적 욕망은 근대의 속성에 기인하는 것이다.95) 이처럼 구속과 생명 부재로 표상되는 식민도시는 인간의 에로스 본능을 자극하기 쉬운 환경96)으로 도시의 타락은 성에 의한 것임을 알 수 있다. 성은 도시의 무질서를 상징하는 대표적인 매개물이 된다.

'차듸찬 石膏像의女人'은 생명성이 결핍된 불임의 여인이다. 성적 타락은 불임이라는 부정적인 기호로 나타난다. 성적 타락은 죄의식과 불안 심리를 가중하고 실낙원 의식과도 맞물린다. 체온이 느껴지지 않는 차디찬 여인의 모습은 영혼이 죽어있음을 의미하는 것으로, 타락한 여성의 몸을 통하여 시대상을 전달하고자 한다. '妖婦', '차듸찬 石膏像의女人', '『마―스』의 奸夫를 둔 自稱마리아' 등의 여성상은 일상적 가치 영역을 결여하고 있는 존재들이다. 이 여성들은 끊임없이 남성을 유인하는 존재로 죽음, 소모, 퇴폐라는 공식으로 공고하게 자리 잡는다. 권태에 빠져있던 남성 지식인은 이 유혹의 공간에 기꺼이 이끌린다.

죄성과 죽음을 노출하고 있는 '都城의 검은 怪物', '魔手의 狂亂', '검은 그림자'는 제국주의 근대이며, 타락한 도시 문명과 부패의 상징적 인물들인 '妖婦'와 '奸夫'는 식민지의 여성과 지식인들이다. 균

---

95) 조영복, 「1930년대 문학에 나타난 근대성의 담론」, 서울대 박사논문, 1996, 86면.
96) 전미정, 앞의 책, 42면.

형을 잃어버린 GO STOP의 거리와 마찬가지로 시인의 눈은 이러한 도시에 이상이 있음을 발견한다. 근대성의 이중적 체험은 과학기술과 합리주의로 설명되는 근대의 이면에 도사린 인간 소외와 인간관계의 사물화 등을 동시에 체험하는 것이다. 그러나 1930년대 조선의 근대화는 이중성의 체험 위에 일제의 억압적 체험이 중층적으로 내포되어 있었다.97) 결국 산책자 시인이 말하고자 하는 '都城의 밤'이란 본질적으로 힘의 우위에 의해 이루어지는 식민 지배의 현실이다. 식민 지배란 금고를 부수는 강도와 같이 도덕적 목적이라고는 전혀 없는 것으로 조영출은 이러한 현실 속에서 고통스러워하는 지식인의 절망과 비극을 나타낸다.

조영출의 도시성은 동시대의 도시 시인인 김기림이나 김광균, 정지용과는 확연히 다른 모습을 보인다. 당시 도시 모더니즘을 대표하는 시인들 중 김기림의 시는 철저히 서구 지향적이며 현대 지향적이다. 김기림의 도시성은 감상을 배제한 명랑성과 건강성의 추구로 나타난다.

「汽車」,「호텔」,「아츰 飛行機」등 김기림의 시는 도시와 기계문명의 숭배로 가득 차 있다. 자동차, 기선, 비행기를 노래하는 그의 시 속에는 문명에 대한 낙관론이 나타나며, 그러한 문물은 합리적 이성으로서의 역할을 맡는다. 연구자들은 김기림의 시를 문명비판의 시로 규정하고 있으나 대표작 『太陽의 風俗』을 비롯한 장시 『氣象圖』에 나타나는 김기림의 지향은 조영출과는 다른 모습을 취한다. 김기림은 모더니즘이 현실 사회에 적극 관심을 가져야 한다고 주장하면서도, 식민지 근대문명의 우울한 내부를 문학적 공간으로 이입하는 데는 실패한다. 산책자의 모습에서도 부정적인 도시를 명료하게 인식하지

---

97) 한만수, 앞의 책, 41~42면.

못하며 문명비판은 지식인의 감각적인 발설에 그친다.

「屋上庭園」에서는 메마른 현대를 드러내며 파편적이고 고립된 이미지를 보여주지만 이러한 모순 인식을 해결의 방향으로 발전시키지 않고 새로움으로 받아들인다. 『氣象圖』에서는 서구 우월주의, 이성 중심주의 및 제국주의와 근대국가가 지니는 권위를 조롱하며 종교가 더 이상 인간을 구원할 수 없다는 것을 풍자와 냉소를 통해 비판한다. 그의 시 세계는 적극적으로 서구 문명을 흡수해야 가능한 세계이며 그러한 세계로 나아가기 위한 방법론이었다.

「市民 行列- 氣象圖 2부」[98]에 나타나는 문명비판은 유기적 관계를 이루지 못하는 정보와 이미지의 배열로 텍스트들의 나열을 뚫고 시학으로 승화하지 못한다. 이는 식민지 현실과 유기적 상관관계가 고려되지 않은 것으로 세계적 시야의 확보가 아니며 일정한 가치에 의해 현대를 비판하는 것이 아니었다.[99] 또한 민족 현실의 극복을 서구 문명과 세계주의에서 모색한다는 것은 일제를 그 해결의 지원자로 호도시킨다[100]는 데 문제점이 있었다. 김기림은 『氣象圖』를 비롯한 작품들에서 식민지적 모순을 극복하려는 의지보다 근대 지향과 식민지 현실 사이에서 방황하며 역사적 인식에 한계를 드러낸다.

---

[98] '넥타이'를 한 힌 食人種은/ '니그로'의 料理가 七面鳥보다도 좋답니다./ 살갗을 희게 하는 검은 고기의 偉力./ 醫師 '콜-베르'氏의 處方입니다./ '헬메트'를 쓴 避暑客들은/ 亂雜한 戰爭 競技에 熱中했습니다./ 슾은 獨唱家인 審判의 號角 소리./ 너무 興奮하엿습으로/ 內服만 입은 '파씨스트'./ 그러나 伊太利에서는/ 泄瀉劑는 일체 禁物이랍니다./ 畢竟 洋服 입는 法을 배워 낸 宋美齡女史./ '아메리카'에서는/ 女子들은 모두 海水浴을 갓스므로/ 빈집에서는 望鄕歌를 부르는 '니그로'와 생쥐가 둘도 없는 동무가 되엇습니다./ 巴里의 男便들은 오늘도 차라리 自殺의 衛生에 對하야/ (중략) 祈禱는 罪를 지을 수 잇는 口實이 되엇습니다./ 감사합니다./ 아-멘/ (후략) -김기림, 「市民 行列- 氣象圖 2부」 부분.

[99] 이숭원, 「김기림 시의 실상과 허상」, 『김기림』, 새미, 1999, 138~139면.

[100] 이남호, 「현실과 문학과 모더니즘-김기림론」, 『김기림』, 새미, 1999, 63면.

김광균의 시는 많은 부분 도시 이미지 속에 투영된 자신의 정체성을 묻는다. 도시 문명에 대한 그의 고뇌는 감상적이다. 도시의 모습들은 구체적으로 형상화되지 않고 풍경의 스케치에 머문다. 김광균의 시에 나타나는 애상은 식민지 현실이 아니라 사적이고 개인적인 비애이다. 그의 시는 도시가 지니는 문제의식이나 긴박한 삶의 현장이라기보다는 하나의 정지 화면 또는 회화 속의 시각적 구성물로 존재한다.101) 「瓦斯燈」을 비롯한 여러 시편에서 그는 방황하는 도시인과 현대 문명 속의 사물들을 끌어들이지만 세계 인식으로 나가지 못하고 묘사를 통한 회화적 가능성에 머문다. 의미나 사상이 배제된 풍경 이미지는 근대 도시의 사회·역사적 맥락과 심층적 의미를 담아내기에 허약하였다.

또한 이국정취가 미화된 것은 식민지 현실과 연관이 없는 것으로 작품의 한계를 드러내는 데 일조한다. 날 것 그대로의 이국적인 풍경은 근대문명을 보는 신념과 사상, 감각의 통합된 훈련이 결여되어 있었기 때문이다.102)

정지용은 「카페― · 프란스」103)와 「아스팔트」, 「파라솔」 등에서 문명의 문제를 다룬다. 「카페― · 프란스」는 고뇌하는 젊은이의 상실감을 그리지만 문명은 소재 이상의 역할을 하지 못한다. 이 시에는 역사적 현실을 타개할 비전과 용기를 가지지 못한 지식인의 자의식이 분열되어 나타난다. 「아스팔트」, 「파라솔」 등에서도 도회적 감각과 이미지를 그려낼 뿐 문명비판은 보이지 않는다.

---

101) 이성욱, 「한국 근대문학과 도시성 문제: 도시화를 중심으로」, 연세대 박사논문, 2002, 52면.
102) 문덕수, 「결론」, 『한국모더니즘시연구』, 시문학사, 1992, 333면.
103) 나는 子爵의 아들도 아모것도 아니란다/ 남달리 손이 희여서 슬프구나!// 나는 나라도 집도 없단다/ 대리석 테이블에 닿는 내 뺨이 슬프구나!// 오오 이국종 강아지야/ 내발을 빨어다오./ 내발을 빨어다오.― 정지용, 「카페 프란스」 부분.

김기림을 비롯한 김광균, 정지용의 시에 나타나는 도시성은 방법론상의 자각을 보였으나 언어의 기교에 치중하여 세계관으로 확대되지 못하였다. 이들은 도시성의 현장에 뛰어들어 왜곡된 현실을 발견하고도 도시의 매력에 이끌렸다. 도시는 이들에게 소외와 억압을 가져오지만 동시에 생명력을 불러일으키는 공간이었다. 양가적 반응은 이들의 공통된 시적 경험이었다. 이것은 당대 식민지 현실 속에서 지식인으로서의 투철한 시대 인식이 결여하였기 때문이다.

모더니즘 문학은 근대 자본주의 사회의 성립에 따른 미학적 반응의 소산이며 근대화 체험을 반영하는 사유체계의 양식이다. 한국의 모더니즘은 여기에 일제에 의해 타율적으로 건설된 도시 체험이라는 특수성을 갖는다. 급격한 도시화 과정에서 모더니스트들은 온몸으로 식민지 근대를 부딪히며 체험해 나갔다.

조영출은 다른 모더니스트들과 달리 식민도시의 타락과 진부함, 불행을 상징적이고 관념적인 언어로 재현하였다. 식민지 근대에 대한 통찰을 통해 도시의 이면과 도시 자체의 속성에 관심을 가졌으며 근대성을 획득한 시 작품들을 남겼다. 이런 의미에서 조영출의 시는 문학의 본질적인 요소들을 능동적으로 찾아가는 시대 인식을 갖추고 있었다. 그는 경성의 내면 구석구석을 느끼고 가장 짙은 체험을 한 시인이었다. 그의 시는 '거대한 창녀'[104]처럼 악이 득실거리는 도시이지만 이 도시를 사랑하고 여기에서 영원히 살아갈 사람의 애정과 집착이 담겨 있다.

2. 지적 허무주의와 데카당티슴

1930년대는 일제 식민 통치를 전면적으로 받으면서 여기서 벗어

---

104) 보들레르, 윤영애 역, 「에필로그」, 『파리의 우울』, 민음사, 1979, 241면.

나고자 하는 민족적 열망이 어느 때보다 팽배해 있었다. 그러나 나라의 운명에 대해 명확한 미래성을 제시할 수 없었던 전망 부재의 시기였다. 이러한 시대 분위기는 지식인들을 자기반성이나 내면 의식에 침잠하도록 이끌어갔으며 이러한 시대 의식과 밀접하게 연결되어 발전한 것이 모더니즘 시운동이었다.105) 이러한 방향 상실의 시대에 조영출은 봉건사의 지원을 받아 산사 생활을 접고 1930년 보성고보에 진학하기 위해 경성으로 온다. 그는 낯선 도시의 모습에 당혹감을 느꼈으며 불안과 자의식의 갈등 속에서 방황하였다.

  시인의 의식은 1930년대 모더니즘의 대표적 특징인 허무와 불안으로 나타난다. 허무는 상실감에 기인하는 것으로 조영출 작품에서 개인적 상실감은 식민지라는 거대한 문맥과 분리하기 어렵다. 또한 식민자본주의하에서 일부 지식인에 의한 데카당문학과 도피적인 전원문학의 출현은 필연적인 결과였다. 아래 「밤-1935년도 저물다」는 조영출이 보성고보를 졸업하고 와세다 제2고등학원에 입학한 후의 작품으로 식민지인이라는 불가항력적 현실 앞에서 시인의 고독감은 점차 허무주의에 매몰된다.

      구즌눈에 깊어온 밤이어니
      내 방문을 두달이는이 누구뇨

      내 가슴이 어름처럼 식어진 밤이어니
      무엇을찾어 내 방문을 두달이나뇨

        환한 등불도없고
        빠알간 숯불도없는 밤.

      어느 나라의 婦人인지

---

105) 윤여탁, 앞의 책, 285면.

國旗없는나라의 설움을 아시나뇨

　　　가스이소—
　　　내몸은 온갖武器에 病들엇나이다

　　　오호그대는 우시나이까
　　　눈물로 문고리를 녹이시려나이까
　　　　　　　　　- 「밤--九三五年도 저믈다」106) 부분

　　조영출의 시에는 병과 죽음의 이미지가 자주 등장한다. 식민지 상황은 타나토스를 극대화하는 기제가 된다. 자기 의지와 상관없이 외부의 힘에 의해 파괴되는 식민지의 상황은 죽음의 상황이다. 죽음이란 유한성을 표현하는 개념이며 죽음을 통해 시인은 암담한 사회 현실과 식민지인이라는 피할 수 없는 제약을 실감한다.

　　데카당스의 체계는 세계의 종말과 종말 이후의 세계라는 두 지점을 중심으로 끝없이 순환하는 역사철학적 환상이다. 데카당스에는 몰락의 다른 이름인 재생이라는 강력한 이념소가 존재한다. 데카당스는 언제든 재생의 장소로 이동한다. 데카당스가 당대적 현실 진단의 핵심 방법론으로 차용될 때 한 시대나 문화의 몰락/재생을 상상하는 실제적 틀이 형성될 수 있다.107)

　　조영출의 데카당스는 식민지 조선의 근대 인식과 자기의식의 문제를 모두 포괄한다. 죽음은 개인을 보다 근원적이게 만든다. 병과 죽음의 인식은 개인으로 하여금 존재를 겸허히 받아들이게 하며 희망 없는 삶을 변혁하는 계기가 된다. 또한 죽음에 대한 인식은 식민지 공간이 내뿜는 불건전한 징후에 대한 매우 정확한 관념적 투

---

106) 趙靈出, 〈東亞日報〉, 1935, 12, 19.
107) 김예림, 「데카당스의 역사철학과 문학적 상상력」, 『1930년대 후반 근대인식의 틀과 미의식』, 소명출판사, 2004, 35면.

사108)가 된다.

        ×

  千키로혹은 萬키로 메―돌
  깊이몰을海底에 움직이는 電車 自働車
  잡혀온 捕虜들인 電信柱의 行列
  유리알같이 말간肉體 크레오파토라의 後裔들
       ×

  오라잇 ·············· 天堂
  오라잇 ·············· 地獄
       ×

  지금 스팔타의勇士들은 二十世紀 바―에서 流行歌를불은다
  이곳은 熱病에 죽어넘어진 太陽의붉은얼골이 높달안 굴뚝끝에 걸여있다
       ×

  붉은 꽃
  푸른 꽃
  海底에沈沒된 뭇船舶―빌딍의 몽농한骸骨들
  幽靈의 輕快한노래가 海氣의닢々에 무지개를 박느니
  驚異의 이끝에도 虛僞가 숨어흘은다
      (중략)

  오라잇― 세기말
  오라잇― 오오 피묻은 創造의손들이 祝杯를드는酒幕
  이렇듯 海底의動物은 죽은太陽의 世界에서 逃避를의논한다
  오오, 灰色빛 神經質에 呻吟하는
  都城의 幻像이여

      ― 「海底의 幻像」109) 부분

---

108) 이동순 편저, 앞의 책, 683면.
109) 趙靈出, 〈刑象〉, 1934, 3.

조영출의 시에는 죽음과 관련된 어휘와 색채들이 끊임없이 등장한다. 죽음은 존재 탐구의 본질적인 것으로 시간이 인간에게 미치는 절대적인 영향이다. 죽음이란 시간의 지배로부터 자유를 획득하든지 그 굴레에서 소멸하든지 택일을 강요한다. 인간은 존재 안에 자기소멸의 계기를 안고 있다. 반성적인 의식이 자신을 응고시키는 것도 소멸이며 타인에 의해 대상으로 전락하는 것도 일종의 소멸이다.

조영출의 시에 나타나는 죽음은 식민도시의 세기말적 상황에 대한 우회이며 절규이다. '송장, 무덤, 묘지, 상복, 검은 그림자, 망령, 해골, 마녀, 시체, 죽은 태양' 등 어두운 이미지의 배면에는 식민사회의 세기말적 징후와 죽음에 대한 강박관념이 자리한다. 이는 헤쳐 나갈 수 없는 시대의 막막함이며 식민치하라는 막다른 골목에 이른 지식인의 고뇌이다. 이러한 절규와 고뇌가 적극적인 저항과 투쟁의 장으로 나아가지 못한 아쉬움이 그의 시 곳곳에 드러난다. 그의 태양은 열병에 죽어 높다란 굴뚝에 걸려있고 시공간적 배경도 해저이거나 밤이 대부분을 차지한다.

「海底의 幻像」은 암담한 사회현실을 비유한다. 식민지 민중들은 전신주에 비유된 포로이며 죽음의 쇠사슬에 묶인 죄수들이다. '깊이 몰을海底'는 몰락하고 파멸한 식민사회의 풍경이다. 식민지 민중들은 착취당하는 피억압자들이며 식민제국주의를 지탱하는 근거이다. 이들은 밀려오는 현실에 전신주처럼 피동적으로 서 있을 수밖에 없는 무기력한 집단이다. 전신주는 근대의 상징이기도 하지만 동시에 근대의 파괴력에 노출된 채 도피할 길 없는 민중이며 시인 자신이다. 또한 이러한 현실의 속내를 모르는 군상은 '유리알같이 말간 肉體 크레오파토라의 後裔들'로 나타난다.

'熱病에 걸려 죽어넘어진 太陽'이 '높달안 굴뚝끝에 걸려있'는 환상은 희망이 사라졌음을 알린다. '海底에沈沒된 뭇船舶'과 '빌딍의 몽농한骸骨들'은 세기말적인 죽음의 도시를 보여준다. 조영출은 일본 제국주의를 '海底의動物', 짐승으로 판단하며 그들의 죄성을 강력하게 노출한다. 짐승이란 야만성과 공격성을 드러내는 기제이다. 동물적 행위는 난폭함과 잔인성이다. 동물화는 인간이 오성(悟性)의 범주에서 벗어났음을 의미한다.

조영출은 시의 후반부 '오라잇— 世紀末/ 오라잇— 오오' '海底의動物은 죽은太陽의 世界에서 逃避를의논한다'라는 구절을 통해 일제의 야만적 침략 정책과 대동아공영권은 환상이며 망상이라는 사실을 규정한다.110) 시의 전반부 '오라잇……………天堂/ 오라잇…………… 地獄'과 후반부의 '오라잇— 世紀末 오라잇— 오오'는 반복을 통해 균형을 유지하는 수미상관을 보여준다. 조영출은 허무의식을 통해 근원적인 물음에 부딪이면서 사회적·역사적 존재로서의 계기를 획득한다.

  좀먹은 薔薇의 한닢 두닢
  부스러진 太陽의 한쪽 두쪽
  녹쓴 琵琶줄의 藝術의 斷片
  放浪의 나그네는 오늘도 裟婆의 寢床에서
  眞理의試驗管을 골으다 힘지처누었읍니다

  풀은 무덤
  붉은 무덤
  墓地의밤은 女神의살결같이 보드랍건만
  온갖魔呪에썩어진 묻骸骨들의 풀은 노래들이
  白痴와같이 變節을몰으는 달빛알에 수산하게도흩어집니다

---

110) 윤여탁, 앞의 책, 285면.

검은그림자의 洪水
軍神의晩餐會에 招待받은 젊은兵士의여윈亡靈들의 行列
「하느님」의 屍體하나 路邊에 뒤둥그러저 있으니
오오 敗殘한 歷史 쓸아린幻像의 끊어진 토막토막이어
― 「斷片」111) 전문

「斷片」은 부패하고 죽은 사회의 단면을 드러낸다. 장미는 한 잎 두 잎 좀이 슬고 태양은 조각이 나 부스러진다. 장미는 화려함과 유혹적인 에로스의 지표가 된다. 태양과 여성은 모든 생명의 근원이며 새로운 생명을 낳는 산실이다. 조영출은 아름다움과 생명을 탄생시키는 긍정적인 의미소에 '좀먹'고 '부스러'지는 병적 관능, 죽음의 부정적인 의미소를 대입하여 병성(病性)을 환기한다.

비파 줄은 녹이 슬고 나그네도 진리를 찾다 지쳐 눕는 이곳은 예술과 진리가 죽은 곳으로 죄성으로 가득 찬 곳이다. 조영출은 에로스적 상상력을 동원하여 허무와 죽음의 심리를 표출한다. '풀은 무덤/ 붉은 무덤/ 墓地의밤은 女神의살결같이 보드랍건만'에는 죽음에 대한 의식이 확대될수록 에로스의 본능이 강하게 나타난다. 성이란 불안하고 쫓기는 상황, 자신의 유한성과 왜소함을 인식할 때 더 고무되는 본능이다. 타나토스에 깊이 연루될수록 에로스의 본능은 강화된다. 성은 생명보다 죽음이라는 부정적 기호를 더 강하게 환기한다.

조영출은 '墓地의밤'을 보드라운 '女神의살결'에 비유하며 썩은 해골들의 푸른 노래가 흐르는 그로테스크한 상상력을 펼친다. 이러한 상상력은 거리를 가득 메우고 있는 시민들의 행렬을 '검은그림자의 洪水'로 발전시킨다. 시인은 당시 사회기류를 문학적으로 정확하게 측정한다. 조영출은 식민지 운영 주체자들을 '軍神의晩餐會'로 나

---
111) 趙靈出, 〈中央〉, 1934. 4.

타내며 절망의 극단으로 치닫는 사회 분위기를 극명하게 보여준다.112)

'群神의晩餐會에 招待받은 젊은兵士의여윈亡靈들의 行列'은 '온갖 魔呪에썩어진 묻骸骨들의 풀은 노래'와 조응한다. 이 도시는 '「하느님」의屍體'가 '路邊에 뒤둥그러저 있'는 세기말의 지옥도를 보여준다. 하느님의 시체는 타락한 도시에 대한 비유적 표현이다. 하느님은 신화적 존재로 순환적인 시간의 현현이다. 이 신은 언젠가 다시 살아나고 죽을 수 있는 시적 역설이며 이미지이다.

신을 죽여 농락할 정도로 부패한 도시에서 죽음은 초월적인 것이 아니라 거리에 뒹구는 일상적인 것이다. 죽음은 근본적이고 존재론적인 사실이지만 「斷片」에서는 시인의 세계 인식과 관련한 죽음이며 상징적 차원으로 발전된다. 죽음은 실재에 대한 어떤 지시적 의미를 넘어서는 모더니즘의 수사학이 되고 있는 것이다.113) 조영출은 쓰라린 환상을 통하여 '敗殘한 歷史'와 우울한 식민치하에서 고뇌하는 자의 언어를 보여준다.

   죽엄, 너는 人間을 씹어먹는 惡魔.
   骸骨을안고 히히웃는 너의웃음은 薔薇의 것이라 더라.

   太陽의 스펙톨을 너는 지극히미워하더라 그래도 너는 非戰論者의 화살을 꺾는 革命家의 안해더라.

   暴風이친다 내조고만집의 기둥이 문허진다
   星辰의退却, 日記帳의 平和가 책갈피에서 솔이처 운다.

   가여운 나의處女는 구름을안고 얼골을갈인채 歸鄕을 한다.

---

112) 이동순 편저, 앞의 책, 685면.
113) 이미순, 「조향 시와 죽음의 수사학」, 『한국 현대시와 언어의 수사성』, 국학자료원, 1997, 286면.

싫은 離別에 눈물도없이 노래도없이 조그만 未練의 발자욱도 없다.

너는 그때 角笛을불며 서서히 걸어가더라 두갈래 길에서.

喜와悲의 競賣는 가장 어리석은것만 人間은 으흐 해골과 薔薇. 꽃닢이 푸들들 들나르는 火葬場이여! 世紀여!

- 「骸骨과薔薇」114) 전문

역사 현실의 미래를 예측할 수 없는 시기, 죽음은 시인에게 새로운 시적 모색이었다. 해골은 죽음의 지표이며 장미는 관능성의 지표이다. 「骸骨과薔薇」는 죽음과 관능성, 양극단을 대비한다. 죽음은 생명의 근원인 태양을 미워하고 비전론자의 화살을 꺾는다.

'꽃닢이 푸들들 들나르는 火葬場'은 세기말의 초상이다. 화장장은 꽃잎을 만나 관능성, 생명을 얻는다. 화장장에 나부끼는 꽃잎은 「骸骨과薔薇」의 관능성을 배가한다. 장미 역시 해골, 화장장 같은 죽음의 이미지들과 만나 그 속에 감춘 무절제함, 욕망 등을 확대한다. 매혹성이 강할수록 유혹은 증폭된다.

마지막 연에서 해골과 장미는 '喜와悲의 競賣'로 치환된다. 「骸骨과薔薇」는 허영과 퇴폐의 시간 뒤에 닥쳐오는 죽음이라는 명제를 상기시키며 관념적인 시간성을 내포한다. 또 어떤 전망도 없이 몰락에 침잠하는 시점에서 이루어지는 재생의 역설적 가능성을 보여준다.

幻滅의 촉臺에서 무수히 흩어진 枯葉의꿈
枯葉의꿈은 밤으로 뀌어들고 三十三天을 올으날이다

철늦인 貨幣처럼 쓸데없는 希望의喪章

---

114) 趙靈出,〈新東亞〉, 1934, 6.

깊은 가을의가슴을 휩쓰는 枯葉의꿈은 二十八宿를거처오고

임이 사람은 없어지고 남은것은 한켜레 구두

碑銘을 쓰자고 물결이 海岸으로 달려왔다
素服한 騎士들이 港口밖으로 달려갔다

알라스카의 處女
朝鮮의 마담

嗚呼
또 産婆를 불으자
晩餐보다 寢室을 먼저 準備하자

고―랑은 한번도 읽어본일이 없으나
한나라의 設計를 위해서는 극히 필요한 일이다

棺은 子宮이니

(중략)

碑銘은 「碑銘」이 써라
이미 사람은 없어지고 남은것은 大地와 蒼穹

-「遺言書」115) 부분

죽음은 자기 정체성을 구현하는 하나의 방편이다. 육체의 죽음은 생물학적 종말을 뜻하며 유아기의 전 상징적 공간으로 회귀하는 것이기도 하다.116) 「遺言書」는 1940년에 발표한 작품으로 현실에 대한 환멸과 허무주의가 얽혀 나타난다. 시적 자아는 외부 세계에서 자기 실현의 가망성을 상실하였다. 1930년대 후반 등장한 환멸은 무엇을

---

115) 趙靈出, 〈草原〉, 1940, 3.
116) 피터 브룩스, 이봉지 외 역, 「서사물과 육체」, 『육체와 예술』, 문학과지성사, 2000, 32면.

위해 살아가야 할 것인가를 판명해 줄 정신적 지주가 붕괴된 극단적 자기 환멸을 보여준다. 조영출의 환멸과 허무주의는 상징주의적 방법론을 취한다.

「遺言書」에 나타나는 죽음은 비가시적이고 비현실적인 죽음이다. 죽음은 제의적 속성을 지니며 생명과 죽음을 동시에 환기한다. 에로스와 타나토스의 긴장은 이러한 제의적인 모습으로 극대화한다. 죽음은 존재의 가장 고유한 가능성이다. 초월의 경험이기에 이 '살인' 행위는 도리어 불멸성에 대한 갈망이 된다. 「遺言書」의 죽음 또한 근원적이고 완전한 삶을 발견하고자 하는 욕구의 표출이다. 죽음과 삶은 모순관계가 아니라 죽음을 통해 죽음을 극복하는 역설의 원리가 지배하는 세계이다. 죽음은 현상적 의미에 머물지 않고 생명이라는 반대항을 강하게 끌어당기며 새로운 세계의 통로가 된다. 죽음은 또 다른 삶의 시작이다.

성은 생명의 에너지이다. 타나토스와 대립하여 조화와 질서, 창조의 의미로 사용되며 생과 사의 이중적 의미를 공유한다. 「遺言書」에도 에로스와 타나토스가 공존하는 성의 모순적 특징이 나타난다. 성은 생명의 본능이면서도 모순되게 죽음의 본능 쪽으로 기울어진다. '嗚呼/ 또 産婆를 부르자/ 晚餐보다 寢室을 먼저 準備하자'에서 침실은 관능성을 환기한다. 이 관능성으로 인해 죽음은 보다 화려한 효과를 거둔다. 에로스와 타나토스는 양면적인 관계로 시인은 허무 속에서도 존재의 연속성과 불멸성을 믿는다. 따라서 관은 죽음이며 동시에 죽음은 자궁 곧 생명 탄생의 장소가 된다.

조영출은 죽음이란 신생을 위한 과정임을 역설한다. 죽음을 의식할수록 삶의 에너지가 더 방출되는 것과 같은 이치이다. 죽음은 소멸의 지점으로 끝나지 않고 생명의 문턱이나 통로가 된다. 이처럼 성은 제의성을 지니며 생명과 죽음을 인식하는 매개가 된다. 종족 보존의 의미를 떠나 인간의 성은 그 자체 내에 정신적 양상을 띠고 있어 존재의 의미를 묻는 실존적 문제로 확산된다. 성은 표면에 나타나는 성, 자체로서가 아니라 이를 통해 다른 의미를 도출해 내는 영역이다.

「遺言書」의 죽음은 역설적이고 상징적인 사건이 된다. 식민지 현실과 결부하여 이 죽음은 '속죄의식'으로 연결될 수 있다. 시인 자신이 죽음을 통해 자기를 정화하고자 하는 의식이다. 정화의식은 곧 생명 회복의 전제가 된다. 조선이라는 나라를 잃었지만 언젠가 자궁인 관 속에서 소생할 것이라 믿는 불멸성이야말로 「遺言書」가 획득하는 소득이다.

「遺言書」의 마지막 연 '임이 사람은 없어지고 남은것은 大地와 蒼穹'에는 색즉시공 공즉시색(色卽是空 空卽是色)의 불교적 사상이 깔려있다. 이 외에도 제석천이 다스리는 이상세계인 '三十三天', 28개의 별자리로 이루어진 '二十八宿' 등이 불교적 세계관을 드러낸다. 조영출의 데카당스적 환상은 하나의 거대한 역사적 단위가 붕괴되고 있다는 몰락의 상상과 이를 계기로 새로운 역사 전개를 기획할 수 있다는 재생의 환상으로 나타난다.

이 외에도 「GO STOP」에서 '世紀는 죽엇다/ 죽은 世紀의 송장을 내노라.', 「危險信號」에서는 '아스팔트엔 많은 屍體들이 굼을걸인다'와 같이 식민지인들을 시체로 표상하며 죽음의 존재로 극단화한다. 환멸과 허무주의 시들은 파괴와 몰락의 징후를 보여주며 쇠락과 재생에의 욕망이 혼재하는 양상을 나타낸다. 당시 조선 지식계에는 문화적·문명적 대전환의 혼란이 일어나고 있다는 위기감이 돌았다. 조영출의 테카당스는 이에 대해 식민 근대의 종말, 식민 자본주의의 종말이라는 이념적 진단을 하였다. 몰락의 서사가 정점에 이르면 종말론은 곧 재생의 서사로 전환된다.

데카당스는 상징주의의 하위 개념으로, 위기의식이 고조된 상태에서 발생하는 불안, 병약함, 무기력을 특성으로 하며 종말론적 성격을 지닌다. 세계의 종말이 다가오고 있다는 전망 속에서 데카당스는 불안, 자기 검증 등의 욕구를 산출하며 시간 의식의 극적인 증대로 귀착한다. 데카당스는 몰락, 황혼, 노쇠, 고갈, 유기체의 소멸, 부패와 같은 통념들과 나란히 한다. 동시에 그것들의 반대에 있는 발생, 여명, 봄, 젊음, 발아 등과 연결된다. 이처럼 데카당스는 자연의 순환이라는 생물학적 비유와 친화성을 가지는 것이다.117)

진보의 결과물들은 상실감과 소외감을 만들어낸다. 그러나 기술적 진보와 데카당스는 서로를 긴밀하게 함축하고 있으며 데카당스는 정지가 아니라 운동 속에 존재한다는 사실을 보여준다.118) 조영출의 시에 나타난 관능성 또한 데카당스에 속하며 이 역시 하나의 방향성을 보여준다.

몰락/재생의 데카당스적 구도는 제국의 식민논리가 내면화되는 지점을 관통하며 일제 파시즘에 대한 '저항/협력'의 구도를 재생산하고 있다는 의심을 사기도 한다.119) 그러나 조영출의 데카당스는 종말의 시나리오를 넘어선 새로운 전망을 지향하고 있다는 점에서 역사 혁신과 전진을 기획하고 있다.

3. 무한성을 향한 동경

존재라는 말의 무게에는 나의 존재를 찾는 것과 구체적인 현 상황 속에서 나의 정착에 대한 확신을 발견하고자 하는 물음이 들어있

---

117) M. 칼리니스쿠, 이영욱, 백한울, 오무석, 백지숙 역,『모더니티의 다섯 얼굴』, 시각과 언어, 1993, 189~195면.
118) 위의 책, 189~195면.
119) 김예림, 앞의 책, 38~41면.

다. 존재에 있어서는 일체가 순환이고 둘러감이며, 돌아옴과 계속되는 담론이고, 일체가 이어지는 체재(滯在)들이다. 존재의 상황은 애매성을 내포하는 것으로 존재는 어떤 표현으로도 정착되지 않는 그 무엇이다.

우리는 존재의 중심에 다가가 그것을 확고하게 발견할 것을 확신할 수 없다. 자신 속으로 '되들어감'으로써 자신에 더 가까이 있게 되었다고 확신할 수 없다. 존재의 중심에서 존재는 방황한다. 오히려 자신의 밖에서 존재는 확고함을 경험한다.[120]

제한된 세계 속에서 존재는 꿈을 꾼다. 존재가 꿈꾸는 공간은 자신을 구속하는 골방이다. 이러한 응집은 세계를 부정하는 거부의 징후를 띠지만 조영출은 이 구석에서 자신의 내밀을 느끼고 세계를 향해 몸을 연다. 내밀함은 무한함을 동반한다. 무한함은 응집된 존재의 내부로부터 나오는 것으로 존재는 고독한 응집을 통해 에너지를 얻는다.

ⅰ) 淸風이 層層이 層岩을 기어올라 하늘이 이마에 스친 四面石壁으로 째인 이 淸風의 箱子는 뚜껑이 좋다, 고리 장식 거머리 모두 없는대신 시시로 맑고 시시로 흐리고 노을섰다 銀河— 寶石이 총총했다, 쪼각달이 귀 끝에 붙기도 한다.

어느 仙女의 잃어버린 寶物이뇨 色色이꽃 色色이 나비 다람쥐 상수리 오란도란 사는 이 箱子안엔 나 또 그림의 神仙처럼 와 머물러 風致에 골몰했다.

千年을 두고 봐라 눈먼天使 않인담엔 집어갈 푼수없는 이 孤獨한 箱子다, 어느 太古에 누가 담은 造化이뇨 뚜껑을 열고 작고 나가고 싶다.

---

120) 가스통 바슐라르, 곽광수 역, 「안과 밖의 변증법」, 『공간의 시학』, 동문선, 2003, 357~360면.

時間이여 이 孤獨의 나이를 써라 네 재주 임이 하나의 靑春에도 餘白을 주지않은 歲月 밖에 오호 風致야 너는 이 텅비인쩍 많은 箱子안에 새끼를 치고…….
　　　　　　　-「淸風의 箱子 - 內金剛 古菴子에서」121) 전문

　ii) 층운이 층층이 층암을 기여 올라 하늘이 이마에 닿은 사면 석벽으로 째인 이 산협, 이 청풍의 산협은

　시시로 맑고 때때로 흐리고, 노을 섰다 무지개 흐르고, 은하 보석이 총총했다 쪼각달이 산끝에 뜨기도 한다.

　어느 선녀의 잃어 버린 보물이뇨, 색색이 꽃, 색색이 나비, 울창한 숲, 솔, 잣, 노가지 향나무 상수리 단풍나무, 다람쥐 꿩 두견이 딱따구리 모두 오란도란 정다이 사는 이 풍치 안에

　푸른 절벽에 폭포는 걸려, 눈가루 구름가루 피여 오르는 그 아래, 나 또 그림의 초부처럼 옥류에 발 잠그고 금강 풍치에 취한다.

　억 년을 두고 봐라 어느 천사도 어느 폭군도 이풍치는 훔치지 못하리라. 어느 태고에 누가 만든 조화이뇨 산을 열고 하늘을 열고 나가고 싶다 아아 세상 리치가 알고 싶다.

　금강이여, 네 먹은 나이를 일러 다오, 하나의 젊음에도 여백을 주지 않은 세월이여… 오오, 풍치여 너는 이 산협 안에 너의 아름다움을 자꾸자꾸 더 낳아 다오.
　　　　　　　　　　　　　　　　-「청풍의 산협」전문

　조영출은 와세다 대학 유학 중에도 방학이면 건봉사에 돌아와 독

---

121) 趙靈出,〈人文評論〉, 1939. 12.「淸風의 箱子」는 1957년 북한에서 발간한 『조령출시선집』에서 「청풍의 산협」으로 개작되었다.

서반을 구성하고 강연회, 토론회를 여는 등 봉명학교 후배들을 지도하는 데 성의를 다하였다. 건봉사는 금강산 감로봉 동남쪽에 자리 잡고 있어 오랫동안 '금강산 봉건사'로 불리어 왔다. 따라서 이 작품의 장소성은 시인의 성장에 미친 정신적·정서적 기반을 가장 잘 드러내는 지점에 있다.

금강산은 백두산과 더불어 조선의 대표적인 경관으로 식민 시기 서양 문물이나 일본풍에 맞서 민족혼 찾기와 국토 사랑의 일환으로 문학작품에 자주 등장해 왔다. 또 생전 한 번은 올라야 할 곳으로 간주되어 최남선(「毘盧峯에서」), 이광수(「祈禱-금강산비로봉에서」), 이은상(「金剛을 바라보며」), 박종화(「毘盧峯」) 등을 비롯한 많은 시인들이 금강산에 관심을 보였다. 그러나 대부분 금강산의 압도적인 경관에 눌려 특별한 체험이나 깨달음을 보여주지 못하고 영탄과 상찬을 앞세우는 추상적인 통념의 수준에 머물렀다. 금강산 자락에서 금강의 정기를 받고 성장해 온 조영출의 작품은 이들과 변별되는 개성적 표현과 구체적인 묘사, 금강산에 대한 남다른 시적 통찰을 보여준다.

산협(山峽)은 산의 골짜기로 좁고 밀폐된 내적 공간의 이미지이다. 모더니즘 시인들의 작품에서 발견되는 '방'과 같은 고립감과 소외를 형성하는 소재이다. 산은 남성적 이미지이다. '층암', '석벽' 등은 상승과 수직의 이미지를 환기하는 생동감 있는 어휘들로 날카롭고 웅혼한 기상을 나타낸다. 이 수직적 구조는 은하 보석과 색색이 꽃, 색색이 나비, 다람쥐, 상수리, 꿩, 두견이, 딱따구리 등의 다양한 보물들을 품는다. 보물들은 산협의 날카로운 이미지와 대조되는 화사하고 부드러운 이미지이다.

정지용의 「海峽」[122]에서도 어느 정도 영향을 받은 듯 보이는 이

---

122) 해협은 김기림과 정지용의 시에 자주 등장하는 소재로 정지용의 「해협」은 다음과 같다. 砲彈으로 뚫은 듯 동그란 船窓으로／ 눈섶까지 부풀어 오른 水平이 엿

시는 안과 밖 두 공간에 의해 구축된다. 공간을 분절하는 동시에 대립시켜 의미를 생생하게 만들고 산협을 상자로 꽃, 나비, 다람쥐 등을 그 안에 담긴 보물들로 치환한다. 조영출의 상상력이 생산한 이 보물들은 정지용의 「海峽」에 나타난 '하늘이 함폭 나려 앉어 큰악한 암닭처럼 품고 있는' 알과 '透明한 魚族이 行列하는 位置'를 연상시킨다. 산협을 '海峽'과 마찬가지로 폐쇄된 공간인 '孤獨한 箱子'로 설정한 점, '時間이여 이 孤獨의 나이를 써라'는 정지용의 '海峽午前二時의 孤獨은 오롯한 圓光을 쓰다'를, '네 재주 임이 하나의 靑春에도 餘白을 주지않은'은 '나의 靑春은 나의 祖國!'과 유사한 구조와 형태를 보인다. 「淸風의 箱子」는 1939년 12월 〈人文評論〉에 발표된 작품으로 김기림의 『氣象圖』 중 「세계의 아침」 1, 2연[123]과도 일부분 비슷한 구조를 보인다.

이 시에서 주목할 것은 고독에 대한 태도이다. 「海峽」과 마찬가지로 시적 자아는 젊음의 열정과 설레임으로 외부로 나가고 싶은 욕망을 느끼지만 자연 속에서 고독을 미화하고 자족한다. 이것은 텅 비인 적 많은 상자(산협) 안에 아름다운 보물을 많이 낳아달라고 주문하는 낙관과 긍정의 태도로 알 수 있다. 이 알들은 새끼를 쳐서 더 아름다운 풍광을 낳는다. 금강산의 신비로운 경관을 영속화하고자

보고, // 하늘이 함폭 나려 앉어/ 큰악한 암닭처럼 품고 있다.// 透明한 魚族이 行列하는 位置에/ 홋게 차지한 나의 자리여!// 망토 깃에 솟은 귀는 소라ㅅ속 같이/ 소란한 無人島의 角笛을 불고- / 海峽午前二時의 孤獨은 오롯한 圓光을 쓰다./ 서러울 리 없는 눈물을 少女처럼 짓쟈.// 나의 靑春은 나의 祖國!/ 다음 날 港口의 개인 날세여!// 航海는 정히 戀愛처럼 沸騰하고/ 이제 어디메쯤 한밤의 太陽이 피여오른다. - 정지용, 「海峽」 전문

123) 비늘/ 돋힌/ 海峽은/ 배암의 잔등/ 처럼 살아낫고/ 아롱진 '아라비아'의 衣裳을 둘른 젊은 山脈들// 바람은 바다ㅅ가에 '사라센'의 비단 幅처럼 미끄럽고/ 傲慢한 풍경은 바로 午前 七時의 絶頂에 가로누웟다. - 김기림, 「世界의 아츰」 부분

하는 시인의 의도이다.

　내금강의 수려한 경치를 벗 삼아 고적한 암자에서 지내는 심사를 그리는 이 시는 조영출의 특징인 영탄과 호격조사, 화려한 수사에도 불구하고 '층층이', '시시로', '총총', '색색이', '오란 도란'과 같은 의성어와 의태어를 사용하여 여타의 시들에서 보여준 관념성을 벗어난다. 또한 생동감 있는 표현으로 통일성을 갖추며 금강산 시의 새로운 품격을 얻는다.

　「淸風의 箱子」와 「청풍의 산협」은 조영출 자신의 내부를 탐험하는 작품이기도 하다. 이러한 공간에서는 유폐, 파편화, 외부와의 단절성이 형성되기 마련이지만 이 고독의 공간은 황폐하지 않고 자연의 보물들이 풍부한 조화로운 세계이다. 이 세계는 조영출을 외부와 분리하지만 그만큼 시인의 내면을 성숙시키는 공간이 된다.

　　　　하늘이 하도높아 땅으로만 기는
　　　　강안두칡 넝쿨이
　　　　절간 종소리 숙성히도 잘아났다

　　　　멧뚝이 벳쨍이 들이
　　　　처가ㅅ집 문ㅅ지방처럼 자조넘는칡넝쿨

　　　　넝쿨진 속에 季節이 무릎을 꿇고 있다
　　　　여름의 한나절꿈이 향그럽다
　　　　줄ㅅ이 벋어간 끝엔
　　　　뾰죽∧ 연한 순이 돋고

　　　　어린 少女의 사랑처럼 온칡
　　　　몰으게 몰으게 茂盛해 간다

　　　　袈裟를 수한 젊은 女僧이

혼자 단이는 호젓한 길몫에도
살금ㅅ 기여가는 츩넝쿨이언만

해마두 오는 가을을 넘지몯해
목을 움츨리고 뒷거름을치는 植物.

―츩넝쿨이 안보히면
먼뎃절엔 燈ㅅ불이 한개 두개 열닌다

- 「츩넝넝」124) 전문

  조영출의 대표적 작품으로 거론할 수 있는 「츩넝넝」은 향토적 서정성이 돋보이는 수작으로 절제된 수사와 비유로 작품성을 높인다. 「츩넝넝」에는 대상에 대한 시적 화자의 더할 나위 없는 애정이 드러난다. 초기 시와 달리 주체를 제한하고 객체의 내면을 통해 대상을 형상화한다. 이는 객체에 자신을 동화하고 객체의 목소리에 귀를 기울이는 객체가 중심이 되는 방식이다. 시인은 츩넝쿨에 다가서서 내면과 영혼을 깊이 들여다본다. 사랑하는 사람에 대해 갖는 심정으로 츩넝쿨과 츩넝쿨을 닮은, '목을 움츨리고 뒷거름을치는 植物'인 여승의 내면을 느낀다.

  「츩넝넝」은 대상을 회화적으로 제시하며 직접적인 감정 표출을 자제한다. 그러나 일방적으로 그려지는 시각적 묘사와는 다르다. 객체와 주체는 밀착되어 있으며 츩넝쿨을 들여다보는 시인의 심상에 '여승'이 중요한 비중을 차지한다. 객체는 다면적 속성을 지닌 강인한 잡초이지만 '해마두 오는 가을을 넘지몯해 목을 움츨리고 뒷거름을치는' 모습에는 식민치하를 살아가는 민중과 연약한 여승의 모습이 겹쳐 안타까운 심정을 자아낸다.

---

124) 趙靈出, 〈朝光〉, 1936. 11.

여름을 형상화하는 '무릅을 꿇고 있다', '향그럽다'와 칡넝쿨을 형상화하고 있는 '어린 少女의 사랑처럼 온', '몰으게 몰으게', '혼자 단이는 호젓한 길몫', '목을 움츨이고 뒷거름을치는' 등은 젊은 여승의 이미지나 행동과 일치하는 것으로 여운을 던져준다. 이들은 수줍음이라는 유사성을 지니며 젊은 여승과 유기적 결합을 이룬다. 시인은 이 속에 자신의 의식을 투영하여 서정성을 극대화한다. '줄攵이', '뽀죽ㅅ', '몰으게 몰으게', '살금ㅅ'과 같은 의태어 또한 시의 서정성과 형상화에 기여한다.

「칡넝넝」은 일찍이 어머니와 함께 함경도 석왕사와 금강산 봉건사로 출가해 승려 생활을 한 조영출의 심상에 오래도록 자리 잡고 있던 내면 풍경이라 할 수 있다. 시에는 불교적 세계관이 배면에 드리운다. 생의 열망을 향해 뻗어나가는 칡넝쿨이지만 '가을을 넘지몬해', '뒷뒷거름을치는' 모습은 함축된 의미망을 드리내며 여승과 식민지 민중의 한을 형상화한다. '칡넝쿨이 안보히면/ 먼뎃절엔 燈ㅅ불이 한개 두개 열닌다'는 마지막 연에서 조영출은 숨겨두었던 자신의 의지와 열망을 나타낸다.

1연의 '절간 종소리'와 마지막 연의 '燈ㅅ불'은 수미상관으로 화답한다. 절간 종소리가 등불로 자리바꿈하는 마지막 연은 청각과 시각의 교차 효과로 시의 울림을 지속한다. 칡넝쿨의 보랏빛 꽃과 절간 종, 등불은 매달린다는 속성을 지닌 것들로 공감각적 효과를 확장하며, 평면구조의 「칡넝넝」을 입체적인 구조로 전환한다. 또한 시인이 동경하는 높은 세계와 사색자의 모습이 배면에 깔려 있어 작품의 깊이를 더한다.

「칡넝넝」은 음향적 이미지와 회화적 이미지로 시화일여(詩畵一如)의 경지를 보여준다. 객체에 자신을 동화함으로써 주체와 객체의 거리를 허물고 민족과 자신의 내면세계를 발견하여 시적 의미를 심화하며 하나의 통일된 세계로 나아간다.

  ⅰ) 眞紅댕기가 풀 풀
    五月ㅅ바람이 집신거리는 琉璃層階로
    새애파란 꿈이 透明했다

    보히지않는 肉身이 어른거리는
    아카시아 香내 香내

    아폴로의 다사로운 손끝이
    紫色 乳房ㅅ꼭지를 튕기고

    摩詞懺悔를 잊은 이 房안엔
    世紀의 멩랑코리가 阿片을 머금었다

    행길은 四方에 있고
    빛은 四面에 騷亂코

    綠色이 철철 흘으는 植物우에
    交感을 갖는 蒼空의 垂直

    총알에 뚫닌 心臟처럼
    季節의 興奮은 슬퍼

    오오, 透明한房의 한壁을 넘어서
    후랑스領事館은 작고 三色旗ㅅ발을날린다
          - 「琉璃의房-歸鄕詩抄」125) 전문

  ⅱ) 빗방울에 어더맞는 琉璃廠—
    琉璃廠은 反抗도 없다
    차듸찬 유리에열린 透明한 열매는

---

125) 趙靈出, 〈人文評論〉, 1940. 5.

따먹을 틈도없이 옥글어져 흘으네

浴室같이 홀인 風景속
마을 停車場의 연지ㅅ빛 燈ㅅ불만이
바다ㅅ속 珊瑚처럼 寂寞을 호사식히네 그려
                    -「마을停車場」[126] 전문

'房'은 고립감과 소외감을 형상화하는 대표적인 소재이다. 방은 외부와 개인을 분리하지만 동시에 개인을 지키고 내면을 형성하는 공간이 된다. 세계와의 단절, 세계와의 불연속성 속에서 '방'은 시적 화자의 고립감을 강화하지만 한편으로 화자의 내면세계를 확장 심화하고 정리하는 역할을 한다. 내밀한 공간에 감싸이듯 있을 때 안온함과 평화로움을 느끼는 것이 요나 콤플렉스이다. 요나 콤플렉스는 어머니의 태반 속에 들어있을 때 무의식 속에 형성된 이미지로[127] 특히 골방은 구석진 곳이지만 세계를 형성하는 우주적인 장소가 되기도 한다. 방은 은둔처이자 몽상을 지켜주고 보호한다. 몽상의 무대가 되는 방의 포근한 품속에 시인은 숨는다.

고향시초라는 부제가 붙는「琉璃의房」[128]은 투명하지만 밀폐된 방으로 대립과 단절의 공간이다. 유리는 공간을 구획하는 차단성과 소통성을 가지는 복합체로서 모순구조를 가진다. 유리의 차단성과 창이라는 상통성은 인간의 모순, 이율배반의 구조이기도 하다.[129] 창은 벽과 달리 통로로서의 의미를 가지나 드나듦의 용도는 폐기되어

---

126) 趙靈出,〈朝光〉, 1936, 9.
127) 가스통 바슐라르, 앞의 책, 11면.
128)「유리의 방」은 새 출발의 밝은 색조로 표상되는 김기림의 시,「旗빨」의 부분(1연)을 연상시킨다. '파랑 帽子를 기우려 쓴 불란서영사관 꼭댁이에서는/ 삼각형의 기빨이 붉은 금붕어처럼 꼬리를 떤다.'
129) 이진홍,『한국 현대시의 존재론적 해명』, 홍익출판사, 1995, 218면.

있다.
「琉璃의房」은 창문이 가지는 시선의 힘을 느끼게 한다. 시인은 유리의 방에 갇혀 고요한 안과 대비되는 역동적인 밖을 본다. 안과 밖은 밝음과 어둠, 소리와 적막을 구분하듯 서로를 대립시키고 예와 아니오의 자르듯 분명한 분단을 보여준다. 창 안에서 밖을 본다는 것은 외부공간의 의미를 한층 강화한다.

밖이 긍정적일수록 '世紀의 멩랑코리가 阿片을 머금'은 방안은 부정적인 공간이 된다. 구석은 삶을 숨기고 제한하며 세계를 부정한다. 구석은 스스로를 응집시키는 곳으로 거부의 징후를 지닌다. 시인은 폐쇄된 구석에서 진홍 댕기와 오월 바람, 행길과 소란한 빛, 녹색이 철철 흐르는 식물, 휘날리는 프랑스 영사관의 삼색 깃발을 내다본다. 유리창을 통해 세계의 광대한 공간을 바라본다. 밀폐된 공간은 외부의 생기가 공급되어 내부의 생명력을 강화한다. 밀실과 광장 사이 경계가 되는 유리는 밝은 세계로 넘어가고픈 소통의 욕구를 가로막는 장벽이다. 스스로를 폐쇄시킨 구석에서 시인은 자아를 발견하며 소외를 극복해 나간다.

「마을停車場」은 밤의 풍경이다. 어둠은 현존재에 대한 위협이자 불안 요소이며 단절과 고립감을 나타낸다. 소외는 근본적으로 자기 소외이다.[130] 소외는 태어나면서부터 느끼는 실존적 소외의식과 사회구조와 상황에서 오는 사회구조적 소외의식이 있다. 「마을停車場」은 둘 다를 포함한다. 시적 화자는 유리창 안에 갇혀 어두운 창밖을 내다본다.

안과 밖은 둘 다 내밀하다. 이 둘은 비슷한 모습을 지닌 것이어서 대립하지 않고 도치되고 교환될 수 있다.[131] 창밖의 정거장 풍경은

---

130) 원명수, 『모더니즘詩 硏究』, 계명대학교출판부, 1987, 40면.
131) 가스통 바슐라르, 앞의 책, 363면.

시적 화자의 내면 풍경을 확인하며 외부공간을 빌어와 폐쇄된 내부를 탐험한다. 단절된 자아는 갈증에 시달린다. '차듸찬 유리에열린 透明한 열매' 빗방울은 '따먹을 틈도없이 옥글어져' 내린다.

빗방울에 얻어맞고도 반항 없는 유리창이나, 욕실같이 '흐린 풍경'은 불확실한 식민지 사회에 대한 비유이며 시인의 내면 풍경이다. 소외와 불안으로 시인의 존재론적 의미는 더욱 확실해진다. '浴室같이 흘인 風景속'에서 시인은 낯설고 근원적인 물음에 봉착하며 존재자로서 실존의 계기를 획득한다. 이처럼 응집의 태도는 응집 자체에 의해 의미를 얻는다.

마지막 2행, '마을 停車場의 연지ㅅ빛 燈ㅅ불만이/ 바다ㅅ속 珊瑚처럼 寂寞을 호사식히네 그려'는 적막한 밤의 정거장 풍경과 등불을 깊은 바다와 산호에 비유한다. 산호는 비실용적인 것으로 일상성을 뛰어넘으며 사물적 순수성을 갖는다. 이 순수성은 일상성을 깨트려 자아를 각성하는 계기가 된다. 마을 정거장의 등불은 범람하는 어둠을 비춘다. 조영출은 마지막 행에서 색채 이미지를 부각하며 시대의 불안과 적막 가운데서도 일말의 희망적 기대를 타진한다.

> 人造絹 문의 가티
> 하―얀 어름꽃이 피는 琉璃廠―
>
> 陸路 二千里를 한밤에 주름잡고
> 北行하는 『히까리』 어름꽃은 작고작고 茂盛해지다
> 鄕愁에 貞操를 빼앗긴 憂鬱― 나의 손끗이
> 어름ㅅ꽃을 띄고긁는 音響에
> 까아만 밤의吸盤은 흰빛을 밀치고와붓다
>
> 나라도업는 집씨의 子孫들이
> 깍고점이는 沙果의 빨간 皮膚―

情熱을 벳기고 차운 愁哀를씹는 나의 祖國이여

풀은 港口의行列 꿈들의 陳烈
쫏기는 마음의安息이다 疲困은 얼골을 나려덥고
湖水처럼 소란한 音響을 헤치며 沈默은 층층 괴어 들다

呼吸의 高低, 부풀어올으는乳房은
愛戀의 불꽃을 튀기고
그女人은 하이한 목도리를쓰고 도라눕다

밤 밤의 吸盤은 車窓에서
보―얀 얼음을뒷고 밋글어저 가나니

어름ㅅ꼿은 나븨도업시 피여나고
나의靑春은 戀愛도업시 健康해지다

－「北行列車」[132] 전문

　　북행 열차는 열악한 삶을 개선하고자 만주와 연해주로 흩어져 가는 이주 농민들의 모습이 담긴다.「北行列車」에는 민족의 현실과 시인의 정신적 허기와 갈증이 중첩되어 나타난다. '情熱을 벳기고 차운 愁哀를씹는 나의 祖國이여'에는 열차에 실린 고단한 얼굴들에서 나라 잃은 슬픔을 읽는다. '어름ㅅ꼿'과 '어름ㅅ꼿을 띄고긁는 音響' '까아만 밤의吸盤'이 '휜빗을 밀치고와붓'는 시각적, 촉각적, 청각적 이미지들은 당시 사회적 현실과 시인의 내적 상태를 드러낸다. '陸路 二千里'를 북행하는 밤 열차 속에서 존재에 대한 위협과 두려움은 광물성인 유리를 만나 불안의식이 상승한다.

　　'나라도업는 집씨의 子孫들', '情熱을 벳기고 차운 愁哀를씹는 나의 祖國'에는 고향을 등진 민중의 무기력하고 우울한 정황이 드러난

---

132) 趙靈出,〈朝鮮日報〉, 1936, 3, 3.

다. '풀은 港口의行列 꿈들의 陳烈/ 쫏기는 마음의安息이다 疲困은 얼골을 나려덥고/ 湖水처럼 소란한 音響을 헤치며 沈默은 층층 괴어 들다'의 4연은 미래에 대한 불안과 일말의 희망이 교차하는 대상에 가까이 접근한다. '까아만 밤의吸盤은 흰빗을 밀치고와붓다'에서 '밤'은 일체의 사물을 삼키고 무화시키며 북행하는 열차 속 민중의 존재를 위협한다.

시간적 배경인 밤은 모든 유채색을 흡수하는 것으로 일체의 색과 존재에 대한 위협이며 죽음의 상징이다.133) '呼吸의 高低, 부풀어올으는乳房은/ 愛戀의 불꽃을 튀기고/ 그女人은 하이한 목도리를쓰고 도라눕다'의 5연과 '어름ㅅ꼿은 나븨도업시 피여나고/ 나의靑春은 戀愛도업시 健康해지다'의 마지막 연은 화려한 비유와 수사 때문에 기대와 불안을 안고 북상하는 유이민들의 모습이 구체적으로 다가오지 않는다. '戀愛'가 능장하는 것도 돌출적이다. 그러나 1930년대 신식교육을 받은 젊은이들에게 연애는 일종의 문화 구호이며 가치였다는 점으로 미루어 '연애'는 당대 지식 청년의 문화적 코드로 이해할 수 있다.

1932년, 일본이 만주국 건립을 선포한 후 조선에는 만주 이민 열풍이 몰아쳤다. 1932년 60만 정도였던 만주 거주 조선인은 1942년 150만을 돌파했다. 당시 2400만 인구 중 100만 이상이 빠져나간 셈이다.134) 초기 방랑과 유랑의 길이었던 만주 이민은 점차 '낙토를 찾아 떠나는 모험'으로 변모하였다. 그러나 토착민 중국인과 조선인의 갈등은 피바람을 일으켰으며, 남의 땅에 세운 기반 때문에 이들은 해방된 조국으로 쉽게 돌아올 수도 없었다.

---

133) 이진홍, 앞의 책, 230면 참고.
134) 전봉관, 「30년대 조선을 거닐다-⟨6⟩'낙토(樂土)만주' 이민 열풍」, ⟨조선일보⟩, 2005, 11, 12.

「北行列車」는 관념 지향과 현실 지향이 대립 교체한다. 인간은 예외 없이 사회적·역사적 조건 아래 놓여 있으며 현실에 반응하면서도 관념을 추구하는 이원적 존재이다. 관념주의는 현실주의의 상대개념으로 구체적·객관적 현실보다 추상적·주관적 세계에 치중한다.135) 「北行列車」에 나타난 관념 지향과 현실 지향은 공존하며 상호작용을 한다. 시인은 북행 열차에서 사회 현실을 읽으며 일제강점기라는 시대 조건과 검열의 제약이라는 외적 요인을 의식한다. 「北行列車」136)는 관념과 현실의 양극단을 달리지만 이 양극은 민족에 대한 애정에 의해 시적 균형을 가파르게 유지한다.

「北行列車」는 정지용의 「琉璃窓 1」과 「琉璃窓 2」의 심상과 구조에서 부분적인 영향을 받았다. 1연과 2연의 '하―얀 어름꽃이 피는 琉璃廠―'은 '琉璃에 차고 슬픈것이 어린거린다.'를, '어름꽃은 작고작고 茂盛해지다'는 '길들은양 언 날개를 파다거린다'와 「琉璃窓 2」의 '잣나무가 자꼬 커올라간다.'를, '나의 손끗이/ 어름ㅅ꽃을 띄고긁는 音響에'는 '지우고 보고 지우고 보아도'를 의식한다. '까아만 밤의吸盤은 흰빗을 밀치고와붓다'는 '새까만 밤이 밀려나가고 밀려와 부디치고,'를, 후반부의 '부풀어올으는乳房은/ 愛戀의 불꽃을 튀기고'와 마지막 연 '어름ㅅ꽃은 나븨도업시 피여나고/ 나의靑春은 戀愛도업시 健康해지다'는 「琉璃窓 2」의 '머언 꽃! 도회에는 고흔 화재가 오른다'의 전개 구조에서 영향을 받았다고 할 수 있다.

---

135) 김은철, 『한국 근대시 연구』, 국학자료원, 2000, 24~27면.
136) 1936년에 발표된 이 작품은 월북 이후 「북행 렬차」로 개작되어 『조령출시선집』에 재수록 되었다. 개작된 작품은 수사와 관념적인 비유들을 제거하고 힘 있는 어조로 주제 의식을 분명하게 드러내고 있어 원작에 비해 원숙한 모습을 보여준다.

언 琉璃廠에 볼을 비비며
담을곳업는 나의 情熱을 식히노니
능금도 石榴도 이밤엔 맛이업고나

房帳을 나리고 燈불을 끄고
한아름 孤寂을안고 눕는 나의靑春이여

까아만 물결을헤치고 피여올으는 蓮꼿 人魚의 하이한 비늘
　　　　　　　　　　　　　　－「第三海峽」137) 부분

　　조영출은「第三海峽」에서도 정지용의「琉璃窓 1」과「琉璃窓 2」,「海峽」의 정서와 심상을 어느 정도 모방한다.「琉璃窓 1」의 '밤에 홀로 琉璃를 닥는것은/ 외로운 황홀한 심사 이어니,'와「琉璃窓 2」의 '나는 熱이 오른다./ 뺌은 차라리 戀情스레히/ 유리에 비빈다,' 또는 「海峽」의 '透明한 魚族이 行列하는' '나의 靑春은 나의 祖國!'등과 유사한 시적 형태와 심상을 드러낸다. 시인은 심리적으로 제한된 상황에서 의지나 행동이 수반되지 않은 막연한 동경을 통해 고독감과 상념을 달랜다.
　　해협은 좁고 긴 바다로 외해와 연결되는 샛바다이다. 조류가 빠르고 유속이 변하기 쉬운 곳으로, 시인의 변화무쌍한 내적 고뇌를 표현하기 적절한 객관적 상관물이다.「第三海峽」은 제3이라는 말의 어감처럼 어디에도 소속되지 않은 장소에 은둔한 고독한 존재자의 모습을 가리킨다.

---

137) 趙靈出,〈朝鮮日報〉, 1936, 1, 25.

제4장. 전통성과 풍속의 부각

1. 전통성과 모더니즘의 결합

　프로문학은 1920년대 후반부터 1930년대 초반까지 민중예술이라는 측면에서 대중화 문제에 관심을 보였다. 박영희에 의해 제기된 '대중화 논의'는 대중의 마음을 울릴 수 있는 시를 강조하며 민중 의식을 부각시키는 방향으로 나아갔다. 이러한 논의는 김기진, 박완식 등에 의해 발전적으로 전개되었다. 이들은 민중들의 취향을 따르고 민중 의식을 부각하면서 가장 대중적이며 예술적인 시를 지향하고자 하였다. 대중화 문제와 관련하여 대즁에 합당한 양식을 가져야 한다는 자각은 시가 양식에 대한 논의로 진행되었다. 김기진은 단편서사시 양식을 제기하였으며 민요시는 김동환과 박완식 등에 의해 제기되었다. 또 다수의 대중인 농민들에게 관심을 보이면서 '농민시'가 활발하게 논의되었다.138)

　민요시란 명칭은 김소월의 「진달래꽃」에서 비롯되었다. 그러나 소월뿐만 아니라 서구문학을 도입하고 순수문학을 편향하던 김억, 김동환, 주요한, 홍사용 등이 전통문화에 대한 탐구와 그 일환으로 민요적 시와 시론들을 발표하면서 민족주의 문학관을 명백히 하였다. 김동환은 민요를 민중의 공통된 노래로 의식하여 프로문학적 이념을 추구해 나갔으며, 서구문학 경험에 철저했던 주요한과 김억 등은 조선의 향토성을 강조하며 민요 시론을 펼쳤다.

　이는 서구 지향의 시단에 대한 비판과 자기반성이며 문학의 주체

---

138) 백운복, 「현개시론의 형성과 전개」, 『한국현대시론사 연구』, 계명문화사, 1993, 78~83면.

성과 전통의 계승에 대한 자각이었다. 또한 민중 의식을 고수하고 서구문화에 대한 민족주의 이념의 실천이라는 점에서 긍정적인 가치를 지닌다. 이러한 자각은 민요시 운동과 시조시 운동으로 더욱 구체화되었다.

시조시는 가장 조선적인 문학 양식이라는 인식과 시조의 부흥 운동 차원에서 이루어졌다. 시조시는 시 속에 담겨있는 조선적 내용뿐만 아니라 조선어의 음률을 토대로 조선적 시형을 탐구하고자 하였다. 최남선은 시조를 조선 민족의 독특한 산물로 조선의 시경(詩境)과 시맥(詩脈), 시체시용(詩體詩用)을 지닌 세계문학에서 빠지지 않는 조선국민문학으로서의 시조를 강조[139]하였으며 염상섭, 조운 등이 시조 부흥의 필요성을 강조하였다.

조영출은 이러한 민요시 운동과 시조시 운동의 연결 선상에서 민요와 시조에 관심을 가지고 전통적 율격을 연구하였으며 이를 통해 현대시의 새로운 시형을 탐색하였다. 이는 전통을 부정하는 모더니즘의 특성과 변별되는 점으로 그는 세계문학의 보편성 위에 우리 개성에 충실한 문학[140]을 산출하고자 하였다. 민요시와 시조시 형태를 지향하는 그의 작품들은 전통적 율격과 소재를 사용하며 외래어와 한자어의 사용을 피하고 순수한 우리말과 쉬운 말의 사용에 역점을 두었다.

漢陽城 옛터전
    옛날이 그리워라
無窮花 가지마다
    꽃닢이 집니다

---

139) 최남선, 「조선국민문학으로의 시조」, 〈조선문단〉 16호, 1926. 5.
140) 백운복, 앞의 책, 130면.

漢江물 푸른줄기
　　　五百年 꿈이자네
앞南山 烽火불도
　　　꺼진지 오랩니다
鐘소리 슬어진밤
　　　나그네가 웁니다
밤거리 서울거리
　　　네온이 아름답네
街路樹 푸른닢에
　　　노래도 아리랑—
사롱 레스토랑
　　　술盞에 띠운 꽃닢
옛날도 꿈이어라
　　　追憶도 쓰립니다
꽃피는 三千里
　　　잎 트는 三千里
亞細亞의 바람아
　　　서울의 꿈을깨라

- 「서울노래」141) 전문

　　민요는 민중의 노래로 어울림의 노래이다. 민요는 주체자가 개인이 아닌 집단이며 이 집단은 관(官)에 대한 민(民)으로서 민요가 백성의 노래와 소리라는 의미를 강조하고 있다.142) 반면 민요시는 개인의 창작시이며 민중과 집단의식을 강조하더라도 그 바탕에는 개인의 의식과 주관이 깔린다. 조영출은 이러한 형태를 소곡(小曲)으로 규정하고 있는데 이는 시와 대중가요의 중간적 양식으로서 의의143)가 있다.

---

141) 鳴巖〈東亞日報〉, 1934, 1, 3.
142) 진순애,「민요시의 문체 연구」,『한국 현대시와 정체성』, 국학자료원, 2001, 131면.

조영출의 작품 중 전통 음률 감각이 나타나는 작품으로는 「思君」, 「눈물의 埠頭」, 「南浦의 悲歌」, 「國境의 小夜曲」, 「銀河水」, 「서울노래」, 「靑春曲」, 「鴨綠江」 등이 있다. 이런 부류의 작품들, 특히 「서울노래」, 「靑春曲」[144] 등은 의성화와 음운 효과를 확보하며 노래를 염두에 두고 만든 것으로 가요시 형태의 효시가 되는 작품이며 조영출이 애착을 갖고 본격적으로 가요시 창작 활동을 펼쳐가게 되는 시발점에 놓여있다.[145]

「서울 노래」는 4음보의 규칙성을 지닌다. 일정한 규칙성은 시적 긴장 효과를 나타낸다. 이 시는 '서울거리 네온', '街路樹 푸른닢', '사롱', '레스토랑' 등 근대문명과 근대거리를 배경으로 한다. 「서울노래」는 민요 형태를 지향하면서도 근대 도시를 살아가는 대중의 실제 생활과 감정을 표출하여 가요풍의 묘사법을 보여준다.

조영출은 모더니즘 시에서 보여주던 상징적이고 관념적인 창작 기법과 전혀 다른 대중적 소재와 이미지를 사용하여 접근성을 높인다. 또 시인의 주관적 표현보다 대중의 감정을 울릴 수 있는 시를 지향하며 당대의 역사 현실을 통해 민중적 공감대와 민족 정체성을 고양한다. 민중의 보편적이고 소박한 경험을 주제로 하는 이러한 시적 태도는 프로시의 '대중화 논의'와 민요 시론에서 영향을 받은 바가 크다.

시의 후반부에서는 '꽃피는 三千里/ 잎트는 三千里'의 동일한 의미어를 반복하며 '亞細亞의 바람아/ 서울의 꿈을깨라'는 청유형 구절

---

143) 정우택, 『조영출 전집 2. 시와 산문』, 소명출판, 2013, 642면.
144) 「개벽」사 주최 유행소곡 공모 입선작으로 병치구조가 돋보인다. '젊엇을째여 즐거워라/ 三千里하눌에 붉은피 흐른다/ 이 가슴에/ 아 북소리 둥 둥 둥/ 노래하자/ 해쓰는東方에 우슴이 오련다// 젊엇슬ㅅ대여 질거워라/ 三千里 하눌에 무지개 흐른다/ 이 마음에/ 아 鐘소리 딍 딍 딍/ 노래 하자/ 꼿피는 이짜에 사랑이오련다' - 趙靈出, 〈別乾坤〉, 1934. 4.
145) 이동순 편저, 앞의 책, 687면.

로 희망적인 미래를 설계한다. 이 시는 개사하고 곡을 붙여 음반으로 제작 발매되었다.146)

> 東籬에 숨은 菊花 피어다시 시들만것
> 옵아 가신님은 千里박 구름임을
> 바람에 꽃입이지자 내눈물도 지읍네
> 　　　　　○
> 그山이 千이런들 그물이 萬이런들
> 기럭이 등을밀어 가자면 못가련만
> 지척에 둔님이오라 이애더욱 어이네
> 　　　　　○
> 삽작문 고히열고 드시는 님에반겨
> 맨발로 뜰에날여 덤비다 꿈을쌔어
> 쌘쑴이 안탁가운마음에 벼개안고울엇네
> 　　　　　　　　－「思君」147) 전문

「思君」은 시조의 정형률과 슬픔, 이별, 눈물 등 전통적인 한의 정조를 담았다. 각 연의 끝마다 동일한 어미를 사용하여 압운의 효과를 노린다. 이 압운은 반복을 통해 리듬을 형성하며 음악성을 통해 기억을 용이하게 하는 수단으로 기능148)한다. 음악성을 확보한 이러한 어미는 비구체적인 세계를 그리는 데 효과적이다. '그山이 千이런들 그물이 萬이런들'은 병치 구조로 단순 반복에 비해 복합적인 형식미를 제공한다.

이 작품은 향토적 세계를 배경으로 님과의 불행한 사랑을 표현하

---

146) 이 작품은 개작되어 안일파 작곡, 채규엽 노래의 음반으로 제작 발매되었다. 1934년, 콜롬비아, 40508.
147) 趙靈出,〈萬國婦人〉, 1932, 10.
148) 이경수, 앞의 책, 61면.

는 여성 편향적 성격을 나타내며 소박하고 소극적인 세계에 머무른다. 구체적인 대상을 노래하기보다 관념 속의 이상향을 추구하며 집단 대중의 보편적이고 일반적인 자연과 고향, 님을 노래한다. 이는 조영출이 민중 의식과 대중성을 지향해 나가는 한 모습이다. 또한 시조가 보편적인 서민양식의 시조시로 수용되고 있음을 보여준다. 염상섭은 시조가 과거의 시대정신과 생활 의식을 표현하는 것이지만 현재의 모태가 될 수 있다고 전제하였다.149)

> i) 비에 저즌 海棠花 붉은 마음에
> 　맑은 모래 十里ㅅ벌 追憶은 이네
>
> 　한 옛날에 가신님 행여 오실까
> 　비나리는 埠頭에 기다립니다
>
> 　저녁바다 갈매기 쑴가튼 울음
> 　배ㅅ沙工의 노래에 눈물집니다
> 　　　　　　　　　　- 「눈물의 埠頭」150) 부분
>
> ii) 國境에 밤이짓터 江물이 자네
> 　스산한 밤ㅅ바람에 달빗도 자네
>
> 　江건너 마슬의 개울음도 슯흔밤
> 　나그네 외론넉이 눈물에 젓네
>
> 　南쪽은 내고향 北쪽은 異域
> 　國境에 지는쑴은 스산도하네
>
> 　님실고 살아진배 물새가 울면

---

149) 염상섭, 「시조에 관하여」, 〈조선일보〉, 1926. 12. 6.
150) 趙靈出, 〈新女性〉, 1933. 9.

離別이 눈물이라 수건이 젓네

가을ㅅ밤 지는님은 이마음이지
외로움에 울며불며 江물에 쓰네

國境에 밤이지터 총ㅅ소리 잘째
異域의 안악네의 꿈결이 곱네
- 「國境의 小夜曲」151) 전문

「눈물의埠頭」와 「國境의 小夜曲」은 민요시 형태를 취하며 대중적 정서를 나타낸다. 다소 신파조인 주제와 가요적인 리듬은 조영출이 대중가요 가사 창작으로 나아가는 발전적 토대가 된다. 두 작품은 민요와 서정시의 복합체로 3음보와 4음보의 규칙성을 나타낸다.

「눈물의埠頭」는 님과 이별한 처지를 비관하며 과거는 행복했으나 현재는 적막하다는 과거지향적 감상주의의 단면을 드러낸다. 부두는 여성성의 전형적인 상징이며 이별을 표상하는 장소이다. 이것은 개인의식이 투영되지 않은 집단상징으로 근대적 사랑과 이별, 전통적 한의 모티브가 상호 연결되어 나타난다. 한은 앞으로 나아갈 수도 뒤로 돌아올 수도 없는 자기모순의 감정152)으로 한의 정서는 우리 시가와 구비문학의 두드러진 현상이다.

이처럼 민요적 시가 민족주의 운동과 결합하면서도 부정적인 면을 수반할 수밖에 없는 까닭은, 작품의 생산이 식민 시기와 연관되어 도피적 형태로 나타났기 때문이다. 부정적 현실을 타개하기보다는 과거나 고향, 자연으로 퇴행함으로써 자신을 방어하고자 한다. 이 시에 나타난 '님'은 일제강점기라는 배경 아래 다의적으로 해석할 수 있다.

---

151) 趙靈出, 〈新女性〉, 1933, 10.
152) 김혜니, 「1920년대의 시문학」, 『한국 근대시문학사연구』, 국학자료원, 2002, 138~139면.

「國境의 小夜曲」에는 근대 현실을 배경으로 식민지인의 삶에 밀착된 의식이 나타난다. '국경', '총소리' 등에 나타나듯 직접적인 공간을 배경으로 하며 공간의 평면적인 확대에 그치지 않고 농토와 고향을 잃고 만주와 연해주로 떠도는 조선인들의 애환이 평이한 언어 속에 드러난다. 김동환이 민요를 '학대받는 사회민중의 공통한 노래'153)로 파악한 것처럼 조영출의 민요시에는 시대의 위기를 문제화하고 그것에 소극적으로나마 저항하며 시화하려는 의지가 드러난다. 이는 모더니즘 시가 가지는 전형적인 태도이다.

각 연의 어미(語尾) '~네'는 「思君」과 마찬가지로 민요시의 동사 처리 방법을 보여주며 향토적인 정조와 부드러운 가락을 돋보이게 한다. 또한 '~네'는 청자들을 향한 소리로 낭송이나 말의 호흡에 맞춘 구술적인 특징을 보이며 여운을 빚어낸다. 3연의 '南쪽은 내고향 北쪽은 異域'은 반대의 뜻을 가진 방향지시어가 배열되어 의미를 대비 강화한다. 민요 형식의 소박한 시들은 일제강점기라는 특수한 상황 아래 민족의 처지와 신산한 감정을 달랠 수 있는 출구 역할을 하였다.

  九萬里 한을에 銀河水 구비 흘러
  烏鵲橋 설흔다리가 해마다 노입니다
  엉야라 덩야라 다리가노입니다

  七夕날 한밤이 百年만 같고지고
  구름재(嶺) 열두고개를 님찾어왔읍니다
  엉야라 덩야라 님찾어왔읍니다

  離別이 설어워 보슬비 오락가락

---

153) 김동환, 「조선민요의 특질과 기장래」, 〈조선지광〉 82호, 1929, 1.

손잡은 牽牛織女의 눈물이 흘읍니다
엉야라 덩야라 눈물이 흘읍니다

가슴에 설인한 올올이 풀어다가
銀河水 흘으는물을 한平生 막어보리
엉야라 덩야라 한平生막어보리

- 「銀河水」154) 전문

「銀河水」는 전통 민담을 소재로 민족 공동체 의식과 고유의 서정적 정서를 살려낸다. 이 작품은 시인의 개성보다 대중의 보편적 주제와 정서를 일반적인 어법으로 노래한다. '엉야라 덩야라'의 후창은 흥겨움과 역동성을 더한다. 선창과 후창의 이어짐은 민요의 특징을 보여준다. 후창이 삽입됨으로써 노래는 정서적 활기와 생명력, 호소력을 얻고 시간성과 음악성을 추가하여 희노애락의 응어리 진 한을 고조한다. 각 연과 행에서도 '노입니다', '왓습니다', '흘읍니다'의 '~ㅂ니다'는 어미 반복으로 시의 리듬감 형성에 기여한다.

'구름재(嶺) 열두고개'와 '銀河水'는 집단의식이 무의식적으로 반영된 전형적인 남/녀의 상징이다. 또한 님과의 사이에 놓인 현실적, 공간적 장애가 된다. '銀河水 흘으는물'은 이별과 눈물로 표상된다. 이별 눈물 위에 세워진 오작교는 견우와 직녀뿐 아니라 조선의 모든 청춘남녀가 만나는 장소로써 유토피아적 공간으로 승격된다.

이 작품의 신화적이고 토속적인 소재는 논리의 비약이 특징인데 이것은 평이성을 벗어나 상징성을 가지는 계기가 된다. 은하수를 사이에 두고 님을 그리워하는 심사는 식민지의 청춘남녀뿐만 아니라 대중의 공통된 소망으로 확산된다. 님은 '봄'과 함께 광복과 독립을 상징하는 중의적 성격을 띠는 것으로 식민지 근대를 살아가는 대중

---

154) 趙鳴巖, 〈東亞日報〉, 1934, 9, 7.

의 소망이 반영되어 시대적 공감을 얻는다. 「銀河水」에 나타나는 세계는 현실에 부재하는 추상적인 관념의 세계이다. 조영출은 부정적인 식민현실과 긍정적인 관념의 세계를 대치하며 양자의 갈등을 통해 현실에서 탈출하고자 한다.

민요시가 민족의 보편적 이념을 표상하는 민중의 노래라면 시조는 가장 조선적인 시형의 문학 양식이다. 조영출은 과거의 문학 형태를 안이한 수용에 그치지 않고 창조적 정신에 입각하여 전통적 율격과 정조, 사상을 계승한다. 이는 서구 지향의 시와 시론이 만연한 당시 시단에 대한 비판적 진단을 수용한 태도이며 전통성과 모더니즘의 결합을 통한 서구 극복 의지와 문학 주체성의 확립을 보여준 예이다. 조영출은 이러한 작품들을 통해 대중의 욕망을 재배치하고 새로운 심미적 세계를 창조[155]하며 대중가요의 낭만적인 문법을 만들어 나가게 된다.

2. 회복의 공간성과 에로티시즘

고향은 자아실현의 장소이며 결핍을 충족으로, 분열을 합일로 이끄는 원초적 질서를 회복하는 공간이다.[156] 그리움과 상실감으로서의 고향은 식민지 지식인의 망국 의식에 따른 보편적인 시적 인식으로 나타났으며 민족적인 의미로 확산되었다. 조영출의 시에는 고향이나 부모, 형제, 누이, 이웃과 같은 과거의 기억과 이와 얽힌 추억들이 등장하지 않는다. 생활인으로서의 갈등이나 개인사의 노출도 없다. 유년기 부친의 죽음으로 인한 소멸 체험과 가족 해체는 끈질기게 과거 되새기기를 할 만한 빌미가 될 수 있으며, 격리된 산사의 생활

---

155) 정우택, 앞의 책, 649면.
156) 전미정, 앞의 책, 227~228면.

과 보성고보, 와세다대학 유학을 통해 느낀 소외의식은 친족과 고향에 대한 그리움으로 나타날 법하지만 그의 작품에는 이러한 의식이 거의 보이지 않는다.

조영출의 시작품 중 유일하게 유년의 이야기가 나오는 「運命章」이 있으나 단편적인 회고에 불과하며, '歸鄕詩抄'라는 부제가 붙은 「琉璃의房」은 고향과 거리가 먼 프랑스 영사관의 삼색 깃발이 휘날리는 도시 풍경이 펼쳐진다. 의식적이든 무의식적이든 고향과 피붙이들을 기억 속에서 제거해 버린 조영출은 이를 대신할 만한 대상을 젊은 여성에게서 찾는다.

'짓밟힌 女人', '驚異의 나라에 팔려온 가여운 賣春婦의 行列', '마리아', '魔女', '輕薄한 女人', '아라스카의 處女', '마담', '비너스', '가여운 나의 處女', '길 잃은 캐라방의女人', '내 마음의 孤寂의 딸들', '하얀 목도리를 쓰고 돌아눕는 女人', '虛榮의 베일을 쓴 女人', '아크로폴리스의 女神', '옥난간에 기울인 淸楚한 女人'등과 같이 그의 시에 등장하는 여성들은 그가 전혀 알지 못하거나 어렴풋이 아는, 닿을 수 없는 곳에 있는 인물들이다. 그가 갈망하는 여성들은 개별적 특성을 지닌 여인들이 아니라 보편적 선입견으로 굳어진 일반화되고 대중화된 이미지의 여성들이다. 시의 낭만성을 더해줄 수는 있으나 따뜻한 피와 살이 느껴지지 않는 추상적인 인물이다. 이는 조영출이 민요시와 시조시에서 보여주었던 '보편적이고 일반적인 자연과 님'이라는 비구체적인 시적 태도와도 일치하는 부분이다.

이는 소박한 세계 인식에서 출발하는 것으로 대중성을 확보하고자 하는 의도로 볼 수 있다. 또한 모더니즘 문학이 전형적인 인물 대신 개별화되고 파편화된 개인을 다루는 점과 달리 조영출은 모더니즘의 이념에 갇히지 않고 있음을 알 수 있는 지점이다. 이처럼 조영출의 시에는 가족 모티브 대신 여성이 대거 등장하는데 여성의 육체

특히 유방에 집착하고 있음을 알 수 있다.157)

프로이드에 의하면 유방은 포근한 평화이며 대지의 품과 같은 아늑한 기쁨이다. 유아는 이것으로 충만한 육체적·정신적 일체감과 만족감을 얻는다.158) 유방에 대한 조영출의 집착은 오이디푸스 콤플렉스의 모습을 부분적으로 드러낸다. 어머니에 대한 남자아이의 욕구는 아이의 의존, 요구, 보호의 필요에 의해 연결되는 것이며 여자에 대한 욕구로 변형된다.

아버지가 부재하는 상황에서 어머니와 출가한 조영출은 산사의 엄격한 생활을 통해 어머니에 대한 애정과 집착이 강화되었을 것으로 짐작할 수 있다. 어머니와 적절히 분리되어 있었지만 그의 의식 속에서는 모성적 육체를 완전히 제거할 수 없었다. 어머니의 육체 중에서도 젖가슴은 상징화의 원초적 대상이다. 시인의 자아는 갈등을 경험하며 어머니를 서서히 일반적이고 보편적인 여성으로 대상화해

---

157) '귀먹은 港口의 젖가슴—/젖가슴에 부여앙긴 아스팔트의私生兒들은 虛榮의 젓꼭지를 밟니다'-「歎息하는街路樹」, '世紀여 너는 너의診斷의손으로 날개를편 水仙花들의가슴을 어루만저보라/ 銀盤우에달리는 人魚들의 힌 두乳房 사이를 더듬어보라/ 아! 나는 가슴을 조인다'-「銀盤우에 날개를 편 젊은 人魚들」, '잠든少女의가슴과도같이 都城의 그어느곳에도 뛰는곧이 있나니'-「都城의 밤에 異狀잇다」, '墓地의밤은 女神의살결 같이 보드랍건만'-「斷片」, '오! 새벽입니다 / 눈뜬 어린이에게 젓을주어야 할 새벽입니다'-「埠頭업는 새벽의港口」, '아라스카의 處女여 네乳房의□과가튼 깨끗한 純感에로 함께 돌아가자'-「黙禱」, '기름진 乳房』 네 아름다운 蠱惑이 얼마나 많은피를 졸랏더뇨'-「平原」, '松茸 냄새를 맡아 가을의 젖꼭지를물고'-「Nostalgia」, '呼吸의 高低, 부풀어올으는 乳房은 /愛戀의 불꽃을 튀기고/ 그女人은 하이한 목도리를쓰고 도라눕다'-「北行列車」, '風浪은 人魚의乳房을 얼마나 아푸게 했든고'-「붉은날개의傳說」, '투명한 유방에 어린 것처럼 매어달려라'-「목련」, '□한마디 실없은 『사랑』 처럼 하마 乳房우에 찍힌 指紋이여 쓰라린 뜸이어라'-「冥想하는조약돌」, '香내 담긴 어느 하렘속 사내냄새 풍긴 보드런 乳房에 앉어 너는 몇번이나 興奮에 겨운쩍 있늬 (중략) 醉한 모기하나 촛농을 찌른 갸름한 입술은 어느 또 마담의 하이얀 젖을 吐함이뇨'-「白燭의深夜」 등
158) 권택영, 『프로이드의 성과 권력』, 문예출판사, 1998, 12면.

나간다.

　　지나간날의 눈물과 웃음의 꿈 쪼각들이
　　밤의面紗布를 드리운 거리우에 흐들흐들덜어집니다

　　머—언 航路.
　　港口의구차한손님— 街路樹 여윈팔우에 안기느니 늙은 鐘 귀
　　먹은 港口의 젓가슴—
　　젓가슴에 부여앙긴 아스팔트의私生兒들은 虛榮의 젓꼭지를 밟
　　니다
　　憂鬱을몰르는 조용조용한시냇물의이약이도업고 풀은뫼울창한
　　森林의神祕를傳해주는
　　조그만 새색기도 업습니다
　　밤마다散步의풀은언덕길을걸어오는별들의　銀빗놀애를눈감고
　　생각하느니
　　恍惚한 일뉴민에이손의 가느단팔들이
　　街路樹 호리호리한허리를휘감고
　　술盞에빠저죽은 사랑의청승마즌놀애와 양키들의
　　光跡인째쓰의 어질어운交響이 날애를 폅니다
　　　　　　　　(중략)
　　情熱에불붓는 都城의 無數한 눈들
　　—그러나 철업는 젊은樂天者의淫奔한눈들
　　오오 地獄과天堂의 入場券을 파는 무수한 눈들은
　　구차한 抒情詩人— 街路樹의 기—ㄴ行列미테 구비처 흘읍니다
　　街路樹— 그는 그들의 故鄕에서쫏겨난 가련한 族屬입니다
　　쇠로만든怪物들이미처날뛰는 驚異의나라에팔려온 가여운 賣
　　春婦의行列입니다
　　—아프리카를 떠나간 니그로
　　　　　　　　　　　- 「歎息하는街路樹」159) 부분

조영출은 「歎息하는 街路樹」를 통해 자연을 잃어버린 삭막한 도시를 비판한다. '조용조용한시냇물'과 '조그만 새색기', '별들의 銀빗놀애'가 사라진 도시에는 '狂的인째쓰의 어질어운交響이 날애를 펴'고 '地獄과天堂의 入場券을 파는 무수한 눈들'과 '쇠로만든怪物들이 미처날뛰'고 있다.

도시는 '怪物들이미처날뛰는/ 驚異의나라'이며 천당과 지옥이 공존한다. 시인은 도시의 가로수를 '故鄕에서쫓겨난 가련한 族屬', '驚異의나라에팔려온 가여운 賣春婦의行列', '아프리카를 떠나간 니그로'로 치환한다. 가로수는 자연이 제거된 삭막한 도시에서 성을 제공하는 '賣春婦'가 되고 노동력을 제공하는 '니그로'가 된다. 허영의 젖꼭지를 빠는 '아스팔트의私生兒'들은 물질문명에 도취된 퇴폐적이고 자유분방한 젊은이들로 '情熱에불붓는', '철업는 젊은樂天者'들이다. 문명 도시에서 나타나는 결핍은 대상을 육체화, 여성화한다. 이는 근원적인 것의 상실을 말한다.

> 네 가슴에 굽이굽이 돌아간 길
> 그길을맑아 異國의 쓰거운 흙내음새를 맛고간 나그네
> 이제 黃昏의女神이 밭고랑에서 灰色빛 날개를 펴련다
> 그의 애틋한音律의 구름쪼각이 갈아앉은곧도
> 밭고랑이란다
>
> 기름진 乳房
> 네 아름다운 蠱惑이 얼마나 많은피를 졸랏더뇨
>
> 좁은가슴을 찌개여 그대앞에 울고십다

---
159) 趙靈出, 〈朝鮮日報〉, 1934, 1, 25.

가깝한 삶에 부닥긴 마음의 입술을 平原의가슴에다대이고 부
비노니
소스라처 뼈끝에 사모치는 옛날이 꿈같다
그대를 잃은 可憐한 族屬의末路가 이제 黃昏에 묻기련다
- 「平原」160) 부분

대지는 모태와 같은 것으로 조화와 질서, 고향의 상징적 공간으로 작동한다. 대지는 최초의 여자인 어머니를 대신할 기제로 원초적 고향이며 어머니의 자궁이다. 조영출의 시에 등장하는 '平原'은 자궁이나 고향 같은 근원적인 것에 대한 기억으로 나타난다. 자아정체성은 대지인 어머니의 존재와 결속되는 것으로 삶의 핍진과 근원적 상실의 문제를 대지로 표상되는 육체, 유방에 집착하는 회귀본능을 통해 해소·충족하고자 한다.

'밭고랑', '기름진 乳房', '네 아름다운 蠱惑' 등은 전형적인 여성성으로 욕망과 풍요의 상징이며, 이러한 것들을 응축하는 장소가 된다. 여성의 몸은 비유적·상징적 장소이며 자아가 거주하는 정신적 장소로 다양한 의미를 내포하는 기제가 된다. 따라서 삶과 죽음, 존재와 부재, 결핍과 충족에 대한 갈등은 몸에 대한 관심으로 나타난다.

살窓밖에 바람이 손님같은 이 洋燭타는밤은 어린 昆蟲이 窓戶紙에와 날개 파르르 떨고 줄타고 나려온 거미 經文 우에 한참 서슴었다 瞬間에 없어지고 파리한 손등에 모기 하나와 앉으니 이 무삼 深夜의 賞罰이뇨, 한점피에 젖는 날카로운 입술의 恍惚한 작난이여 두 잠자리의 희롱처럼 모기 날개는 陶醉에 파르르 떨고 나는 따끔한 忍慾에 한동안멍—하니 어즈럽다

---

160) 趙靈出, 〈中央〉, 1934, 7.

香내 담긴 어느 하렘 사내냄새 풍긴 보드런 乳房에 앉어 너는 몇번이나 興奮에 겨운쩍 있늬 네치 洋초가 두치두 않남어 촛농은 찌르르 흘너 愛人 없는 한間房이 슬퍼다고 우나보다 철알고 허어연 목에 매 달려 동백내코끝에 알싸하든 그밤엔 촛불이 대고 미웠드니……

앵— 하는 深夜의交響, 쓰러질번한 촛불에 어느새 넘어진 醉한 모기하나 촛농을 찌른 갸름한 입술은 어느 또 마담의 하아얀 젖을 吐함이뇨 죽음의 興奮이 火熱밑에 포들대는 肉身의 날개 - 임이 압상스의 陶醉는 싱겁기 짝이없다

오오 뉘위침에 짬 없는 形ㅅ불이여 탈레스여 심지에 피는 이 파아란 불을 꺼 주시라

- 「白燭의深夜- 僧房에서」161) 전문

문학작품에 나타나는 에로스는 美의 추구이며 삶의 가치를 묻는 일이다. 에로스는 단순한 육체적 욕망의 추구가 아니라 결핍에 대한 충족 욕구이며 억압과 자연 상실에 대한 회복 욕망이다. 전통적으로 육체는 정신에 대응되는 타자였다. 정신으로부터 분리를 극복하기 위해 인간은 끊임없이 텍스트 속에 육체를 묘사하며 육체를 문화의 영역 속에 편입시키려는 시도를 해왔다. 이러한 육체의 재현은 육체가 상징의 제일차적 근원162)이기 때문이다.

「白燭의深夜」에서 시인은 분절된 좁은 승방에 갇혀 있다. 이 방은 촛불이 부여하는 협소하고 미미하지만 내밀한 공간이다. 촛불은 고독한 개별자가 놓인 공간을 센티멘털한 공간으로 만든다. 촛불은 고독한 불꽃이며 혼자 타면서 혼자 꿈꾸는 인간 본래의 모습 그 자

---

161) 趙靈出, 〈人文評論〉, 1940. 8.
162) 피터 브룩스, 이봉지 외 역, 앞의 책, 17면.

체이다.163) 승방을 두르는 배경은 어둠으로 촛불 아래서 밤의 몽상은 꼬리에 꼬리를 물고 일어난다. 촛불 속에 세계가 펼쳐지는 것이다. 「白燭의深夜」는 어둠을 대비로 빛의 섬, 빛의 무인도에 고립된 젊은 몽상가의 모습을 보여준다. 몽상가는 무인도에 고립되어 있지만 촛불을 매개로 세계와 정신적으로 교류한다. 촛불의 불꽃은 조용하며 미묘한 생의 한 전형이다.164) 산속의 승방에서 시인은 세계에 대한 허기와 갈증에 시달린다.

「白燭의深夜」는 촛불 아래 드리워진 에로스를 환기한다. '한点피에 젖는 날카로운 입술', '날개는 陶醉에 파르르 떨고', '사내냄새 풍긴 보드런 乳房', '촛농은 찌르르 흘너', '동백내코끝에 알싸하든', '마담의 하아얀 젖을 吐함이뇨' 등의 후각적·촉각적 심상은 에로스를 환기하며 육체를 욕망의 주체이자 대상으로 파악하려는 태도이다. 육체는 쾌락의 주체인 동시에 대상이며 제어할 수 없는 고통의 주체이며, 이성에 항거할 힘이며 죽음의 매개체가 되기도 한다.165)

시인의 승방으로 들어온 모기는 고혹적인 여성의 육체로 치환된다. 더위에 웃통을 벗고 있는 시인에게 달려드는 모기가 몽상의 대상이 된다. 시인은 독방의 몽상 속에서 존재의 안녕을 찾는다. 촛불 아래 몽상의 애매성은 극도에 달한다. 모기가 피를 빠는 행태에 대해 '한点피에 젖는 날카로운 입술의 恍惚한 작난이여', '香내 담긴 어느 하렘 사내냄새 풍긴 보드런 乳房에 앉어 너는 몇번이나 興奮에 겨운 쩍 있늬', '쓰러질번한 촛불에 어느새 넘어진 醉한 모기하나 촛농을 찌른 갸름한 입술은 어느 또 마담의 하아얀 젖을 吐함이뇨' 라는 성적 표현으로 에로스에 대한 도취를 보여준다.

---

163) 가스통 바슐라르, 이가림 역, 『촛불의 미학』, 문예출판사, 1975, 40면.
164) 위의 책, 41면.
165) 피터 브룩스, 앞의 책, 21면

관능성에 감추어진 입술 이미지는 탐닉을 불러일으킨다. 시인은 에로티시즘을 발견해 내는데, 심야의 승방과 에로티시즘은 갈등하고 대립하는 부조화의 세계이다. 시인은 에로티시즘을 노출하며 성(性)의 금기를 깬다. 성은 억압으로 둘러싸인 성(城)이지만 억압과 금기는 자아를 노출시키는 계기가 된다. 자연인 육체와 문화인 금기의 긴장은 에로티시즘의 이중화된 작용이다. 이처럼 고뇌와 위반 충동을 동시에 느낄 때 에로티시즘의 내면적 체험이 가능하다.

3연의 '앵— 하는 深夜의 交響', '죽음의 興奮이 火熱밑에 포들대는 肉身의 날개- 임이 압상스166)의 陶醉'에서는 성적 흥분과 희열을 표현한다. 시인은 불꽃의 상징성과 여성의 매혹성을 접합하여 시적 효과를 거둔다. '深夜의 交響'은 절정에 다다른 교성이며 '촛농을 찌른 갸름한 입술'은 성기접촉의 반영이다. '하아얀 젖을 따함이뇨' 역시 성행위의 단면을 보여준다. 불꽃 속으로 몸을 던지는 나방처럼 모기는 불꽃 아래 넘어진다. 모기는 촛불에 매력을 느껴 조금씩 다가가 불꽃의 황홀경 속에 타죽는다. 굴광성(屈光性)은 삶의 본능과 죽음에의 본능이 대립되는 엠페도클레스 콤플렉스167)이다. 존재를 태운다는 것, 나방이 불꽃에 자신을 태우듯 에로스에 의해 에로스 속에서 죽어가는 것은 에로스와 타나토스의 종합을 실현하는 것이다.168) 에로티시즘은 삶과 죽음의 동시적인 체험이다. 이것은 한순간에 고착되는 하나의 이미지이며 극화된 시공간 의식이며 탐닉이다.169)

시인은 모기를 성적 욕망에 묶여 있는 관능적 대상으로 파악한

---

166) 압상스 absence, 일시적인 의식의 혼탁.
167) 그리스의 철학자 엠페도클레스(Empedokles, B.C.493~130)의 이름에서 빌어 온 것으로 바슐라르가 『불의 정신 분석』에서 보여준 네 개의 콤플렉스 개념 가운데 하나이다.
168) 가스통 바슐라르, 이가림 역, 앞의 책, 77면.
169) 권혁웅, 『미래파-새로운 시와 시인을 위하여』, 문학과지성사, 2005, 54~55면.

다. 촛불의 황홀경에 타죽는 순간은 육체의 욕망이 정신을 초월하는 에로티시즘의 문법을 그대로 보여준다. 에로티시즘은 영혼과 육체, 성과 속의 경계를 무너뜨리며 접신(接神) 혹은 접신(接身)의 엑스터시를 보여준다. 인류 최초의 예술이 임신한 여자와 발기한 남자를 그린 것이듯 에로틱한 육체는 관념적인 시 속에 활기를 불어넣는 역할을 한다.

몽상가의 생각이 교차될 때 한 줄기 바람에 의해 '파아란 불'은 흔들리며 꺼진다. '오오 뉘위침에 짬 없는 刑ㅅ불이여 탈레스여 심지에 피는 이 파아란 불을 꺼주시라'에서 '꺼진다'는 무엇이든 죽일 수 있다는 울림을 갖는다. 마지막 연에는 삶과 죽음이 나란히 놓인다. 삶과 죽음은 잘 정돈된 대치물로 꺼진다는 동사는 에로스의 불꽃, 촛불의 죽음을 상기한다. 에로티시즘의 정점은 죽음이다. 촛불은 생성으로서 존재의 상징이었다. '꺼주시라'의 청유형은 그동안의 모든 에로스적 유혹을 일소하려는 의도이다. 촛불이 타는 승방은 가치와 반가치가 투쟁하는 방이었다.

여성의 몸에 대한 관심은 시인 자신의 자아를 획득하는 문제와 관련한다. 유방에 대한 관심은 어머니와 고향이라는 공간으로 확대된다. 어머니는 원초적 고향이며 고향은 어머니의 자궁과 모태이기 때문이다. 여성의 몸에 대한 갈망은 근원적인 것에 대한 갈망이며 회귀에 대한 욕망이다. 여성의 몸을 매개로 하는 시인의 작품에는 고향과 과거의 기억들이 폐기되지 않고 고스란히 결핍의 모티브로 작용하고 있다.

조영출의 에로티시즘은 여성의 몸과 유방을 매개체로 하여 자아실현의 장소로 완성된다. 그는 유년기의 가족 해체와 어머니와 분리되었던 성장기의 갈등을 극복하고 조화와 질서의 공간으로 나아가는 문학적 성취를 보여준다.

3. 식민지 환경과 풍속의 부각

조영출의 '民俗詩抄 남사당編'[170]은 2003년 이동순이 엮은 『조명 암시전집』에 수록되어 있지 않은 것으로 최원식이 발굴하여 〈민족문학사연구〉[171]에 발표하였다. 조영출은 도회시인으로 알려져 있으나 「남사당」, 「小鼓춤」, 「상무춤」, 「무둥춤」, 「少年」, 「風俗」 등 총 6편의 연작시는 그의 유년과 고향에 대한 기억을 소재로 한 것으로 시인의 면모를 새롭게 발견할 수 있는 작품들이다. 고향은 한 인간이 처음으로 세계와 낯을 익힌 장소이며 지극히 심정적인 세계이다. 이 작품들을 발표할 시기, 조영출은 일본 와세다 대학 문학부(불문학 전공)를 졸업한 시점이다. 그동안 근대 도시의 면모를 상징주의적 기법으로 발표해 온 조영출은 와세다대학 유학을 통해 변모를 시도한다. 그는 서구 문학사조의 모방에서 벗어나 '우리 것'에 대한 새로운 자각을 하게 되었으며 초현실수의 시들이 보여주는 언어의 시각적 구도와 공간적 배치에 관심을 가진다.

낯선 이국에서 떠올리는 남사당에 대한 추억은 조영출에게 고향이라는 뿌리의 기억과 같은 것이었다. 고향이란 생의 원점이자 귀결점이며, 남사당으로 표상되는 고향의 세계는 존재의 근원으로 현재를 지탱시켜 주는 힘이다. 유년의 고향은 언제까지나 긍정의 대상으로 남는다. 근대 도시 문명의 어두운 면을 비판해 온 조영출의 눈길은 날카롭고 비판적이었다. 그러나 유년과 고향을 배경으로 하는 남사당 연작시에 이르면 그의 시선은 부드럽고 따뜻해진다.

남사당 연작시는 1941년 〈每日新報〉에 발표하였다. 이 시는 근대화의 흐름에 따라 남사당이 사라지기 전의 생생한 현장을 보여주며

---

[170] '民俗詩抄 남사당篇'은 조영출의 연작시 6편에 대해 최원식이 그의 논문에서 임의적으로 붙인 이름이다. 원작 6편은 각각 다른 제목을 가지고 있다.
[171] 최원식, 앞의 논문, 2004, 11.

독특하면서도 전형적인 사건들을 감각적인 언어로 직조한다. 민속적 세계는 과거와 현재를 이어주는 세계이며 일제의 제도나 권력이 마음대로 손댈 수 없는 영속하는 가치의 영역이다.172) 조영출은 이러한 민속적 세계를 통해 민중적 삶의 현실과 비의를 읽어내며 민중의 하부문화를 시화한다. 이 작품들은 조영출 시의 백미라 할 만큼 삶의 깊이와 너비를 아우르는 울림을 가진다. 민중적 삶에 대한 연민과 애정뿐만 아니라 소재와 기법, 작품성에서 두루 뛰어난 모습을 보여준다.

> 남사당이 노루목 고개로 소문을 보내면
> 노루목고개로 술초롱이 넘어스면
>
> 노랑 粉板173)이 글씨가 다리를 절엇지요
> 글짜가 小鼓를들고 나섯지요
>
> 册房을 나와 浮屠쟁이로 靑솔나무 사히를
> 걸어가면 거기서 塔洞, 粉蘭이가튼 美童들을 맛나지요
>
> 五福壽 영낭174)속의 銀錢거리 서너푼
> 포르르 날리는 귀미털사히로 기여가는 숙성한 마음
>
> 그들의 行列이 내엽흘지날적에
> 나는 일허벌인 享樂에 醉하지요
>
> 蒼天이 古色을보낸 行裝이며
> 風雨가 슬픔을색인 皮膚이며
>
> 집신
> 미투리

---

172) 박태일, 『한국 근대시의 공간과 장소』, 소명출판사, 1999, 159면 참고.
173) 분판, 분을 기름에 개어 널조각에 바른 판으로 아이들의 붓글씨 연습 때 썼다.
174) 염낭주머니

초롱꽃을 밟고 지나 간 다음엔

浮屠와 碑石이 모여안즌 山허리 미테서
나는 우두머니 남사당의 碑石이 되어 하늘을 보지요
- 「남사당」[175] 전문

남사당은 전형적인 하위집단으로 팔도를 떠돌던 유랑 예인 집단을 일컫는 말이다. 6편의 「남사당」 연작시는 남사당패가 마을에 들어와서 나갈 때까지의 과정을 소상히 보여준다. 첫 편 「남사당」은 서당에 다니는 소년이 남사당이 온다는 소문에 들떠 노루목 고개로 나서는 장면이다. '글씨가 다리를 절'고, '글짜가 小鼓를 들고 나섯지요'에서 처럼 남사당이 온다는 소문에 공부에 집중하지 못하고 들뜬 소년의 모습이 묘사되어 있다. 연마다 나타나는 '~요'는 압운 효과로 유년의 세계를 효과적으로 그려낸다.

남사당의 우두머리는 모갑 혹은 꼭두쇠로 불린다. 마을에 들어가 놀이마당을 열어도 좋다는 사전 허락을 받는 자는 꼭두쇠를 보좌하는 곰뱅이쇠이다. 곰뱅이쇠가 곰뱅이(허가)를 받으면 남사당은 행진곡인 길군악을 울리며 의기양양하게 마을로 들어가는 것이다.[176] 마을에서 공연을 하려면 양반 사대부의 허락을 받아야 했는데 양반들은 남사당의 공연을 꺼렸다. 이는 덧뵈기로 불리는 탈놀이에서 양반들을 조롱하기 때문인데 특히 샌님잡이가 그런 경우이다.

소년은 신이 나서 소나무 사이를 헤치고 노루목 고개로 올라 탑동의 분란이 만큼이나 어여쁜 미동들을 보고 그들에게 매혹당한다. 미동들은 신참인 '삐리'들로 잔심부름부터 시작하여 한 가지씩 기예를 익혀 가열[177]이 되는데, 이들은 가열이 되기 전까지 여장(女裝)을

---

175) 趙靈出, 〈每日新報〉, 1941. 9. 7.
176) 심우성, 『남사당패연구』, 동화출판공사, 1974, 46면.

하고 분단장을 했다.178) '蒼天이 古色을보낸 行狀'과 '風雨가 슬픔을 색인 皮膚'는 남사당의 화려한 옷차림새와 이들의 외모를 감각적으로 표현한다. 조영출은 고향으로 상정되는 자신의 유년을 재구성하여 남사당이 마을에 들어와서 나가기까지의 과정을 총 6편의 연작시로 구성한다.

> 솜뭉치 횃불이 텀벙텀벙 기름초롱에 머리를 감는 밤이지요
>
>   열두 벙거지 구슬이 돌고
>   열두 小鼓 가랑이 춤을 추고
>
> 法界의수자리 燈 엽헤 살포시 안저
> 나는 金붕어가튼 少年만 보고……
>
> 삼팔저고리 삼팔바지 동그란 궁둥이 넘어로 검은 머리채 치렁치렁 세월이자라 기름이 도라 粉칠한 얼골의 검정눈섭이 제법 사르르 감기면
>
>   월남 쪽기 호주머니 속으로
>   葉錢이 새끼를 친다지요
>   채달린 小鼓야
>   쇠리달린 小鼓야
>
> 四面八方을 째리며 五行을 휘감어돌거든
> 乾坤을 차저다오
> 陰陽을 차저다오
>
>   - 「小鼓춤」179) 전문

---

177) 연희의 규모에 따라 해당 연희의 예능을 익힌 사람으로 그 아래 초입자인 '삐리'를 둔다.
178) 심우성, 『남사당놀이』 화산문화, 2000, 24면.
179) 趙靈出, 〈每日新報〉, 1941, 9, 9.

소고춤은 남사당의 여섯 가지 놀이 중 첫 번째 놀이인 '풍물'에 속한다. 풍물놀이는 진을 짜서 상쇠의 지휘에 따라 행진 놀이를 하는 '진풀이'와 어깨 위에 올라타고 춤을 추거나 재주를 부리는 '무동', 소고잡이가 솜씨를 보이는 '벅구놀이', 전립에 달린 채상모를 돌리며 춤추는 '채상놀이', 입창인 '선소리' 등 온갖 묘기와 소리(산타령, 새타령, 모 찌는 소리, 논매는 소리)를 동원하여 구경거리를 보여준다.

연작시 제2편 「小鼓춤」의 배경은 '솜뭉치 횃불이 텀벙텀벙 기름초롱에 머리를 감는 밤'이다. 제1편 「남사당」에서 소년 화자는 남사당의 행렬이 지날 때 향락에 취하는 심정을 말한다. 제2편 「小鼓춤」에서도 소년 화자는 '金붕어가튼 소년만 보고……'있다. 이 말없음표 '……'는 매혹되어 오래도록 고정되어 있는 시선을 가리킨다. 4연의 '동그란 궁둥이 넘어로 검은 미리채 치렁치렁', '粉칠한 얼골의 섬성 눈섭이 제법 사르르 감기면'에서도 미동의 생기 넘치는 움직임과 이것에 홀린 소년의 모습을 감각적으로 표현한다. 성적 호기심이 한껏 증폭된 부분이다.

「小鼓춤」에서는 1연의 '솜뭉치 횃불이 텀벙텀벙 기름초롱에 머리를 감는 밤이지요'와 4연의 '삼팔저고리 삼팔바지 동그란 궁둥이 넘어로 검은 머리채 치렁치렁 세월이자라'는 행바꿈을 하지 않은 개성적인 연이다. 이야기의 호흡을 끊지 않고 유연하게 이어가려는 조영출의 장치이다. 1연과 4연에서 교대로 나타나는 이러한 방식은 남사당 서사의 전달을 긴밀하게 하려는 방법으로 시의 긴장도를 상승시키는 데 기여한다. 이러한 방법은 이전의 작품에는 보이지 않던 수법으로 일본 유학을 통해 표현 기법상의 여러 방법을 모색하였음을 알 수 있는 부분이다.

2연과 5연에 나타나는 들여쓰기 기법은 시적 긴장을 유지하기 위한 장치이다. 들여쓰기는 연희자와 구경하는 민중의 거리로 작용한다. 이는 소년 화자의 느낌과 체험, 무대 위에 등장한 연희자의 모습을 실감나게 표현하기 위한 시각적 장치로 놀이 현장의 운동성과 역동성을 나타낸다. 이 거리는 연희가 진행될수록 연희자와 민중의 교감을 통해 일체가 되고 위치나 자리가 섞여 상호 교환될 수 있음을 보여준다. 표현 방법의 실험적인 확대라 할 수 있다.

마지막 연의 '四面八方을 째리며 五行을 휘감어돌거든/ 乾坤을 차저더오/ 陰陽을 차저다오'는 소고를 치며 온갖 솜씨를 보이는 '벅구놀이'를 표현한다. 시인은 이 벅구놀이가 연희로서 뿐만 아니라, 오행을 휘감고 돌아 조선의 하늘과 땅을 찾고 우주와 민족의 기운을 찾는 차원 높은 놀이로 승화하기를 바란다.

   상수180)털 벙거지 노랑구슬이 조르르 달린싯헤
   열두발 상무가 풀러면

   山川이 돌고
   八道하늘이 도라

   별은 신코에 걸리고 신발은 北斗를 결어
   삼회장 저고리 홈싹 안엇든 쑴도 쑴도
   무둥애 볼기짝 훔처 갈기든 쑴도 쑴도

   상무가 도라 상무가 도라
   三水甲山이오 멀기도 하오

    돌리러 왓다
    돌리고 가오

---

180) 꽹과리 중 상쇠를 맡는 사람.

상무잽이
상무잽이

열두발 상무끗텐
春夏秋冬이 곤두 섯소
兩班 상놈이 곤두 섯소

- 「상무춤」181) 전문

3편 「상무춤」은 고난이도의 춤을 보여준다. 상모 춤은 상모 달린 벙거지를 쓰고 상모를 이리저리 돌리며 기량을 자랑하는 놀이다. 숙련된 상쇠가 격렬하게 돌리는 12발 상모에 '山川이 돌고/ 八道하늘이' 돈다. 시인은 '열두발 상무' 끝에 '春夏秋冬이 곤두'서고 급기야 '兩班 상놈이 곤두'서는 상모 춤의 혼돈에서 현존 질서에 반역하는 하위집단의 분노를 읽는다.182) 조선을 착취하는 일제의 강제적인 식민화에 대한 시인의 부정은 인간을 억압하는 봉건적 전통에 대한 비판으로 연결된다. 평범한 풍물놀이에서도 시인은 사회·역사적 안목으로 봉건적 질서에 대한 도전 의식을 나타낸다.

「상무춤」에도 들여쓰기를 한 연과 들여쓰기를 하지 않은 연을 구분한다. 들여쓰기를 하지 않은 1연과 마지막 연은 상모 춤이 진행되는 과정의 시작과 마침을 보여준다. 격렬한 춤사위는 '山川이 돌고/ 八道하늘이 도라// 별은 신코에 걸리고 신발은 北斗를 걸어'맨다. 2, 3, 4, 5, 6연은 모두 숙련된 상쇠의 춤을 묘사한다. '상무가 도라 상무가 도라/ 三水甲山이오 멀기도 하오'에는 상모가 산천과 하늘을 돌아 별들이 신코에 닿이는 고난도의 춤사위를 신선하고 감각적으로 표현한다.

---

181) 趙靈出, 〈每日新報〉, 1941. 9. 13.
182) 최원식, 앞의 논문, 366면.

3연 2행의 '홈싹 안엇든 쑴도 쑴도'와 3행의 '무둥애 볼기싹 훔처 갈기든 쑴도 쑴도', 4연의 '상무가 도라 상무가 도라', 5연의 '돌리러 왓다/ 돌리고 가오', 6연의 '상무잽이/ 상무잽이', 마지막 연의 '春夏 秋冬이 곤두 섯소', '兩班 상놈이 곤두 섯소'로 이어지는 변형 반복과 동어 반복 등은 12발의 긴 상모가 반복적으로 그리는 큰 원의 모습 을 연상시키며 급격하고 빠른 춤사위를 효과적으로 표현한다.

> 사람우에사람이스고 사람우에사람이 서
> 아슬아슬한 쯕대기엔 노랑꼬깔이 나풀,
>
> 넘어지면 하아얀 모래알
> 저승길이 보이지요
>
> 날라리 썩겨울어 노랑수건에 쌈이흘러
> 무둥춤이 非想天183)을 쑬타가 넘어지면 골님이 귀양을 가시오리
>
> 사람우에 코달린 버선
> 코달린 버선우에 별달린 하늘
>
> 세상이 무둥을 스고
> 相思病이 무둥을 스고
>
> 그래서 남사당이 놀고난 밤엔
> 슯은 이약이가 무둥을 슨다고
>
>   - 「무둥춤」184) 전문

1연의 '노랑꼬깔이 나풀,'은 휴지부호를 사용하여 무동놀이의 아

---

183) '비상비상천'(非想非非想天)은 3계 가운데 가장 높은 천계(天界), 무색계(無色 界)의 마지막 천(天)이다. 인도 사상에서 진실한 열반처(涅槃處)라 한다.
184) 趙靈出, 〈每日新報〉, 1941. 9. 18.

슬아슬함과 높은 꼭대기에서 나풀거리는 어린 새미의 꼬깔을 감각적으로 표현한다. 무동놀이는 새미를 어깨에 올리고 노는 새미놀림, 마주 서서 하나 혹은 두 명의 새미를 연달아 올리는 맞동리, 삼각형 형태로 4명을 올려 노는 5동놀이 등이 있다.

1연의 '사람우에사람이스고', '사람우에사람이 서'에는 띄어쓰기를 생략하며 무동놀이의 수직성과 긴장성을 시각적으로 강조한다. 더불어 사람 위에 사람이 서고, 사람 위에 사람이 선다는 봉건적 사회질서의 부정적인 모습을 비판한다. 4연의 '사람 우에 코달린 버선/코달린 버선우에 별달린 하늘'에서도 역시 수직성을 강조한다. 이 또한 봉건적 사회질서의 경직성을 빗댄다.

3연 '무둥춤이 非想天을 뚤타가 넘어지면 골님이 귀양을 가시오리'는 앞의 작품과 마찬가지로 땀을 쥐게 하는 무동놀이의 긴장감을 진하며 서사를 단질하지 않고자 한다. 들여쓰기의 구분 역시 언어의 구도에 관심을 가지고 춤의 긴장을 조성한다.

1연의 '사람이스고'와 5연의 '세상이 무둥을 스고', '相思病이 무둥을 스고', 6연의 '슯은 이약이가 무둥을 슨다고'의 반복은 강조와 점층이며 놀이가 끝난 후에도 놀이에 집중했던 소년 화자의 눈에 한동안 어른거리는 춤의 매혹적인 풍경이라 할 수 있다.

「상무춤」에서와 마찬가지로 「무둥춤」에서도 시인의 사회성은 전경화된다. 5연 '세상이 무둥을 스고'에서는 지배와 피지배로 이루어진 세상에 은근한 분노를 드러내며 진취적 민중 지향성을 의미심장하게 드러낸다. 이 역시 현실의 부정적인 모습을 타개하려는 조영출의 의지를 나타낸다.

　　蛾眉山[185]ㅅ달이 쌍窓에 어렷소
　　山水 屛風을 기여넘는 아주까리 기름내

少年이 울어
少年이 울어

日月이 城隍堂의 씨저진 창호지처럼 나붓기오
八道風塵이 말귯마다 알싸하오

물명주 ㅅ듸를 풀어
살그머니 머리마테 노앗소

가슴을 만지면 地圖가 보히고
얼골을 만지면 고향인 山川이 보혀

다사로운 山脈을 더듬어
山神을 다스리며

紅燭을 살러 이밤을 아쉬릿가
太古가 비인 이 팔벼개로 새벽을 멈추릿가

달기 울어
달기 울어

훠언한 창살에 時間이 오면
少年은 또 定處없이 써나갈 창연한 風俗이요

- 「少年」186) 전문

연작시 작품에 등장하는 노루목 고개와 마을의 큰 마당은 '民俗 詩抄 남사당編'이 서술하는 공간의 영역이다. 장소가 단편적일수록 묘사자의 체험은 더욱 구체화된다.

남사당패는 꼭두쇠(우두머리) 밑에 40~50명의 패거리로 이루어

---

185) 아미산, 충남 부여군 외산면에 위치한 산.
186) 趙靈出,〈每日新報〉, 1941. 9. 20.

진 연희 집단으로 일정한 거소가 없는 독신 남자들의 남색사회이다. 이들은 여섯 가지 놀이(풍물, 버나, 살판, 어름, 덧뵈기, 덜미)를 가지고 숙식만 제공받으며 마을의 큰 마당에서 밤새워 놀이를 펼친다. 살판(땅재주), 어름(줄타기), 버나(대접 돌리기) 등의 기예를 익힌 예인이 가열인데 가열은 숫동모[187]가 되고 삐리는 암동모[188]가 되었다. 40~50명이 넘는 패거리들의 충원 방법은 빈한한 농가의 어린아이, 고아, 가출아 등이 대상이었으며 유괴를 하는 경우도 더러 있었다.[189]

남사당패는 서민들에게 환영받았지만 상류층에게는 한결같이 배척을 받았다. 남사당이 양반을 조롱하기 때문이기도 하였지만 더 근본적인 원인은 이들이 숫동모와 암동모로 이루어진 남색 사회였기 때문이다. 남사당패는 놀이판을 벌여도 일정한 보수가 없었고 하룻밤 논 다음 날 마을 사람들이 자진해서 주는 노자가 주 수입원이었다. 이 밖에 머슴이나 한량들에게 허우재(解衣債)를 받고 자신의 암동모를 빌려주는 것으로 수입원을 삼았다.[190]

「少年」에서는 소년 삐리의 남색 매춘을 서럽게 노래한다. 이는 일제의 착취와 식민지의 고통에 맞닿는 것으로 소년은 부조리한 현실의 희생자가 된다. 소년은 매춘의 과정 내내 울며 고향을 생각한다. 고향은 어머니의 품이며 소년은 어머니의 기대에 부응하지 못하는 자신을 원망한다. 그리고 상처를 어루만지고 위로해 줄 대상인 고향이 멀리 있다는 사실에 서러워한다.

'日月이 성황당의 찌어진 창호지처럼 나부끼'는 밤, 소년은 풍진에 몸을 맡기며 어찌할 수 없는 운명을 뼈저리게 실감한다. 「소년」에는 성애적 분위기가 짙다. '屛風을 기여넘는 아주까리 기름내'라든가

---

187) 남사당패에서 암동모를 거느리고 서방 노릇을 하는 광대
188) 남사당패에서 수동모를 상대하여 여자 노릇을 하는 광대
189) 심우성, 앞의 책, 23면.
190) 위의 책, 16~26면. '허우채'는 화대를 말한다. 해우차 혹은 해웃값이라고도 한다.

'말끗마다 알싸하오', '물명주 띠를 풀어/ 살그머니 머리마테 노앗소', '가슴을 만지면 地圖가 보히고/ 얼골을 만지면 고향인 山川이 보혀', '다사로운 山脈을 더듬어' 등 시 전문에는 첫날밤을 치르는 것 같은 분위기가 야릇하게 감돈다.

　7연의 '紅燭을 살러 아쉬릿가/ 太古가 비인 이 팔벼개로 새벽을 멈추릿가'에는 숙명에 순응하면서도 이를 거부하는 이중성을 내포한다. 8연의 '달기 울어/ 달기 울어'의 동어 반복에 나타나는 애잔함과 처연함은 비극적 서정성을 강화한다. 시인은 전근대적인 농촌을 배경으로 핍진한 현실 속에서 착취당하는 소년에게 연민과 동정을 보낸다. 소년의 모습을 통해 일제에 의해 억압받고 수탈당하던 민중의 모습을 발견한다. 식민정책에 동조하고 방관하던 봉건적 권위주의는 이러한 일들을 묵인하던 자들과도 관련된다.

　「少年」은 더 다양하고 섬세한 들여쓰기를 한다. 특히 4연과 5연, 6연이 그러한데 물명주 띠를 머리맡에 풀어놓은 다음, 가슴과 얼굴을 만지고 다사로운 산맥을 더듬는 성적 유희를 들여쓰기의 섬세하고 감각적인 기법으로 보여준다. 조영출은 「少年」을 통해 긍정과 부정이 동시에 존재하는 삶의 비의를 보여주며 밑바닥 집단인 남사당패의 사연을 낱낱이 보살펴 위로한다. 날이 밝아오면 남사당 소년은 또 정처 없는 먼 길을 떠나게 될 것이다.

　　　　風俗이 거러간 山ㅅ길에
　　　　天下大將軍이 腫氣를 알는 山ㅅ길에

　　　　남사당을 보내고 浮屠쟁이로 올라스면
　　　　흐릿한 碑文이 안개를 둘으지요

　　　　　남사당風俗은 여기잇고

想念이 둘은 이 슬픔의 안개는
호젓한 孤獨의 粉냄새를 흐터노니

나는 紅衣를 입고 草笠을 쓰고
지나갈 길목을 직히리다

　꼿과
　풀이
　風俗을 딿엇소―

나는하늘을보고 땅을 보고
造物의 風俗을 배우리다

　美童이여
　美童이여

― 「風俗」[191] 전문

「風俗」은 소년 화자가 아쉬움 속에 남사당 소년을 전송하는 장면이다. '風俗이 거러간 山ㅅ길', 호젓한 상념이 안개를 두른 산길에서 소년 화자는 남사당 소년의 애달픈 운명을 안타까이 전송한다. 소년 화자는 마을에 나타난 남사당을 통해 봉건적 질서와 억압 속에서도 비밀리 이루어지는 위반의 의혹들을 경험한다. 따라서 '民俗詩抄 남사당篇'은 단순한 민속시에 한정되지 않고 운명의 손아귀에 장악된 소년 남사당을 통해 소년 화자가 삶의 이면을 깨달아 가는 계기를 포착한 일종의 성장시라고도 할 수 있다.[192]

6연에는 '꼿과/ 풀이/ 風俗을' 따르듯, 소년 삐리가 아픈 풍속을 따르듯, 소년 화자 자신도 '造物의 風俗'을 배우며 살아가겠다고 독

---

191) 趙靈出, 〈每日新報〉, 1941, 9, 25.
192) 최원식, 앞의 논문, 367면.

백한다. 여기서 시인은 유년의 기억을 반추하며 식민지를 살아가는 지식인의 어두운 숙명조차 기꺼이 받아들이겠다는 태도를 보인다. 조영출은 근대화가 이루어지면서 민중으로부터도 소외되기 시작한 남사당을 연민과 안타까움으로 기억한다. 그리하여 '美童이여/ 美童이여'라고 간곡하게 부르는 마지막 연에는 美童의 애닯은 삶과 식민지 민중의 모습이 쓸쓸하게 겹쳐진다.

조영출은 민족 동일성을 확인할 수 있는 남사당이라는 가장자리 삶과 변두리 문화를 시 속에 되살리며 예속된 근대의 현실을 남사당 소년을 통해 오롯이 그려낸다. 또한 식민지라는 폭력적 현실 속에서도 유년의 체험을 바탕으로 토착 민속의 현실을 속속들이 되살려 미학적으로 가치화한다. 민중 역사의 밑바닥으로 내려가 그들의 아픔을 구체적 서사와 울림으로 만든다. 풍속은 구성원들에게 공동체적 동질감을 형성하는 것으로 풍속적 소재의 시화는 당대의 중요한 정신사적 가치를 지닌다. 이러한 풍속을 유년의 회상으로 들려주는 것은 이러한 것들이 점차 사라져 가고 있었기 때문이다.193) 시인에게 고향과 유년의 소재는 감정적 거리 두기가 어려워 좋은 작품을 만들어 내기가 어렵다. 그러나 조영출은 봉건적 질서가 남아있는 고향의 기억을 체험에 의한 묘사와 관찰, 거리 두기를 통해 감각적이고 수준 높은 작품으로 형상화하였다.

유랑하는 민중 놀이 집단은 『해동역사』, 『고려사』 등에도 기록이 남아있는 것으로 신라까지 유래가 거슬러 올라간다. 남사당놀이는 이 땅의 원초적 평등사상을 바탕으로 발아한 진보적 민중예술로 '民俗詩抄 남사당篇'은 민중의 생활 및 정신사와 맥락을 같이 한다. 조영출은 '남사당篇'에서 다양한 행바꿈과 들여쓰기 등의 실험을 통해

---

193) 이숭원, 「1930년대 후반 고향의식의 두 양상」, 『한국현대시사연구』, 시학, 2007, 265면.

감각적이고 수준 높은 시 세계를 형성한다. 그의 작품들은 같은 소재를 다룬 노천명의 「男사당」[194] 이상으로 최하위 계층인 소년 남사당에 대한 구체적인 내면 묘사와 절제된 표현으로 삶의 비의와 심오한 깨달음을 독자들의 감각 속에 생생하게 되살린다. '民俗詩抄 남사당篇'은 남사당 패거리 속에 깊숙이 들어가 정서적으로 교류한 체험을 통해 그들의 이중적 삶을 조명하고 있으며, 근대의 물결 속에 사라져 가는 민속을 사실적으로 그려내고 있어 문학적 의의가 크다.

조영출에게 고향은 오랫동안 분리되고 부정되어 온 공간이었다. 고향을 부정하는 것은 자신의 정체성을 부정하는 것이다. '民俗詩抄 남사당篇'은 식민화 정책이 노골화하던 1941년에 발표한 작품으로 이 시기 조영출은 고향에 대한 회귀본능을 통해 자신의 정체성을 찾아 나서기 시작하였다. '民俗詩抄 남사당篇'은 시인 자신의 원점인 유년과 고향에 대한 그리움이며, 시인의 자아는 오랜 부정의 과정을 거쳐 재인식된 고향으로 회귀한다. 이러한 정체성의 회복은 어린 남사당을 통해 삶의 비의를 깨닫고 어느새 성숙해 버린 그의 유년 상실을 확인하는 공간이 되기도 한다. '民俗詩抄 남사당篇'은 다양한 색채를 지닌 민족 문학의 여러 층위를 보여주며 견고한 모더니즘의 한자리를 차지하기에 부족함이 없는 작품이다.

---

[194] 나는 얼굴에 粉을 하고/ 삼짠가티 머리를 싸 네리는 사나이// 초립에 쾌자를 걸친 조라치들이/ 날나리를 부는 저녁이면/ 다홍치마를 둘르고 나는 香丹이가 된다// 이리하야 장터 어느 넓은 마당을 빌어/ 람프 불을 도둔 布帳 속에선/ 내 男聲이 十分 屈辱되다// 山 넘어 지나온 저 村엔/ 銀반지를 사주고 십흔/ 고흔 處女도 잇엇것만// 다음 날이면 써남을 짓는/ 處女야 나는 집시의 피엿다/ 내일은 또 어느 洞里로 들어간다냐// 우리들의 道具를 실은/ 노새의 뒤를 짜라/ 山딸기의 이슬을 털며/ 길에 오르는 새벽은// 구경군을 모흐는 날나리 소리처럼/ 슬픔과 기쁨이 석겨 핀다 - 노천명, 김진희 엮음, 「남사당」, 『노천명 시선』, 지식을 만드는 지식, 2012.

제5장. 맺음말

　일제강점기는 단순히 물질적 경제적 수탈뿐만 아니라 조선인의 정체성이 근본적으로 파괴된 시기였다. 모더니즘은 이 시기에 나타난 한국 문학의 근대화 운동으로 지식인들의 정신적 불안감과 새로운 세계에 대한 관심, 침체기에 직면한 문단의 활로 모색 등을 배경 조건으로 경성의 급격한 도시화 과정에서 등장하였다.
　조영출의 모더니즘은 도시 미학으로서의 모더니즘이었다. 도시는 혼란과 유동성의 경험을 수용하는 출처이며 욕망과 투쟁의 장소이다. 조영출은 1930년대를 대표하는 모더니즘 시인의 한 사람으로 식민지 도시공간을 배경으로 역사성과 사회성이 짙은 시 작품을 발표하였다. 그의 작품들은 시대 상황의 본질을 꿰뚫고 있었으며 파행적 근대화의 과정을 체험하는 과정에서 식민성을 어떻게 극복해 나가야 하는지, 일제의 식민정책에 어떻게 대항해 나가는지에 대한 문제의식을 담았다. 이는 당대 사회구조의 모순을 파악해야 구조적 병리 현상을 치유할 수 있다는 조영출의 안목과 역사적 진단에서 비롯한 것이었다. 시란 시인의 사회의식과 역사의식의 표현으로, 조영출의 문학은 시대적 구속으로부터 해방되려는 정신이었으며 일제가 건설한 식민지 도시의 불합리와 모순을 강조하고 이에 맞서는 정신이었다.
　조영출의 시는 모더니즘 초기부터 리얼리즘과 모더니즘이 병존하고 결합하는 양상을 보여주었다. 그의 시에 나타나는 주제 의식은 식민지의 살아있는 현실에서 얻어졌으며, 앞선 시대 카프의 논리를 그의 시 속에서 지속하려는 의지가 내포된 것이었다. 그는 당대 역사 속에서 자신의 역할을 찾아냈으며 리얼리즘 문학에서 소홀하게 다루었던 형식과 언어의 기교 문제를 고민하고 예술성과의 변증법적 통일을 지향하였다. 조영출의 현대시 작품 중 해방 이전의 작품을 총체적으로 분석한 결과는 다음 항목으로 정리할 수 있다.

먼저 미적 근대성의 실현 방식에서 조영출의 모더니즘은 부르주아적 근대성에서 이탈한 미적 근대성을 사회적 모순에 대한 저항으로 삼았다. 근대성이란 자기 시대의 위기를 문제화하는 의식에서 출발하는 것으로 식민지적 상황은 서구와 구별되는 한국적 모더니즘의 미학적 문제의 근원이 되었다. 화려한 수사는 도시적 감수성을 나타내기 위한 것으로 조영출 문학 이념을 드러내는 기호였다. 그는 은유를 선호하여 중복되는 은유에서 나타나는 관념성으로 인해 지적 유희성이 두드러지는 작품들을 발표하였다.

이외에도 영단과 김단의 수사를 이용하여 김동의 본질을 드러내고 낭만주의적 비장미를 나타냈다. 또 강조와 점층의 효과를 위해 반복을 즐겨 사용하였다. 조영출의 색채어는 검은색과 붉은색으로 대별된다. 이 두 색은 어둠과 죽음, 정열과 희망을 상징하는 강렬한 이미지의 색으로 작품의 주제를 구체적으로 형상화하는 데 기여하였다. 또한 문명 속에서 형성된 새로운 언어를 사용하여 감각적 세계의 강렬함과 근대 도시의 이면을 탐구하였다. 모던과의 조응은 서구와 서구 문물에 바탕하는 것으로 식민지적 조건을 잠시 망각하게 하였으나 양풍과 외래어는 그에게 근대문명을 비판하기 위한 새 언어의 모색이었다.

조영출의 시는 현실주의와 관념주의가 복합된 형태로 나타났다. 그의 시가 식민지 현실에 대한 신랄한 비판의 기조를 유지하면서도 감상적인 성격을 띠는 것은 주제에 충실하면서도 동시에 감상적 낭만주의와 예술 절대주의적 의식하에 자신의 감수성을 표현하였기 때문이다.

제3장에서는 모더니즘 시학과 작가 의식을 살펴보았다. 식민지 현실 아래 문학 지식인들에게 요구되는 것은 치열한 현실 인식과 민족의 미래에 대한 비전 제시였다. 시인의 깨어있는 자각과 역사적 안목은 작품의 성격을 규정하는 잣대가 되기 때문이다. 도시는 혼란과 모순의 장소이며 정체성을 상실한 익명의 개체들이 살아가는 공간이다. 조영출은 상징적 언어를 통해 식민도시의 우울한 이면을 그려냈으며 밤은 식민지 도시 공간의 풍토를 보여주는 전형성을 지니고 있었다.

조영출 작품에 나타나는 허무 의식은 상실감에 기인하는 것으로 식민지라는 거대한 문맥과 분리할 수 없는 것이었다. 그의 시에는 삶과 죽음의 모순 이미지가 자주 등장하는데 식민지 상황은 에로스와 타나토스의 긴장을 극대화하는 기제가 되었다. 또 데카당스는 새 생명의 발아를 긴밀하게 함축하는 것으로, 조영출의 데카당스는 식민지 조선의 근대 인식과 자기의식의 문제를 포함하며 재생의 서사로 전환되고 있었다.

조영출은 제한된 세계 속에 거주하는 자의 응집을 통해 고독한 존재자의 실존을 보여주었다. 존재를 담고 있는 내밀한 공간은 무한을 향한 동경을 통해 우주적인 장소가 되기도 하였다. 이러한 개인의 고립감을 형상화하는 소재는 '방'이었다. 밀폐된 골방은 변화무쌍한 내적 고뇌를 표현하고 내면세계를 확장하는 기제가 되었다.

제4장에서는 전통성과 풍속의 부각을 통한 서구 모더니즘의 극복에 대해 살펴보았다. 조영출은 전통적 율격과 시형에 관심을 가지고 모더니즘 문학과의 결합을 시도하였다. 이는 서구문학 경험에 철저했던 사람들의 자기반성을 수용한 태도로 조영출은 민요와 시조를 안일한 방법으로 수용하지 않고 민족의 정조와 사상을 계승하여

일제강점기라는 상황 아래 구체적인 문학으로 실천하였다. 그는 민중의 보편적인 감정에 호소하고 이해하기 쉬운 언어를 사용하여 시의 대중화에 이바지하고자 하였다. 이는 '새것'에만 집착하는 당대 모더니스트와 변별되는 점으로 모더니즘 문학의 외래지향적 성격에 대한 반성이며 민족주의의 실천이라 할 수 있다.

조영출의 시에는 친족이나 고향과 같은 과거의 기억들이 등장하지 않는다. 그는 고향과 피붙이들을 대신할 대상을 여성에게서 찾았다. 그가 갈망하는 여성은 개별성을 지닌 여성이 아니라 보편적 선입견에 의해 일반화된 대중적 이미지의 여성들이었다. 특히 여성의 관능성 중에서도 유방에 대한 집착은 그의 유년 상실과 고향상실 같은 근원적 상실에 대한 회복 욕망으로, 대지의 품과 같은 여성의 몸을 통해 정신적 안정감과 충만감을 얻고 있다. 그의 에로티시즘은 여성의 몸을 매개로 자아실현의 상소로 완성되었다.

조영출은 남사당이라는 가장자리 삶을 시 속에 되살려 예속된 근대의 현실을 남사당 소년을 통해 그려냈다. 또 유년의 체험을 통해 과거 토착 민속의 현실을 되살리며 민중사의 밑바닥으로 내려가 그들의 삶을 미학적으로 가치화하였다. 6편의 남사당 연작시는 조영출의 진취적 민중 지향성을 의미심장하게 드러내는 작품으로, 삶의 깊이와 너비를 아우르는 조영출 시의 백미라 할 수 있다. 시인의 자아는 부정의 과정을 경과하여 고향으로 회귀하는 모습을 보여주었다. 이는 내면적 갈등을 극복하고 조화와 질서의 공간을 향해 나아가는 조영출의 문학적 의지를 보여주는 것이다.

조영출의 시작품들은 현대시의 다양한 스펙트럼을 보여준다. 그의 시 작품들은 기교에 치우친 일면이 있으나 철저한 역사적 전망하에 창작된 주제 의식이 투철한 작품이었으며, 압축적으로 이루어진 식민 근대의 정신적 불모성에 민감하게 반응하는 작품들이었다. 그는 당시 모더니즘 사조의 보편성뿐만 아니라 식민지 조선 현실의 역사사회적 인식을 두루 갖추고 있었다.

　조영출의 문학적 변화는 일제강점기 모더니즘과 일제 말의 친일 작품, 그리고 해방기의 경향시와 월북 후의 수령형상화 시기 등으로 나누어 볼 수 있다. 그의 역사 인식 방법은 고정되어 있지 않고 당대의 제반 상황과 정치적 변화에 따라 생동하는 경로와 과정을 보여준다. 이러한 점에서 조영출 시에 대한 연구는 한국 문학과 한국 문학사를 연구·이해하는 데 있어서 매우 중요하고 의미 있는 지점에 놓여 있다고 할 수 있다.

조명암 시 연구

제2부

조명암의 모더니즘과 대중성 확보

조명암[1]은 모더니즘 시를 통해 예술성을 추구한 시인이면서 동시에 대중가요 가사나 희곡 같은 대중 친화적 장르에 남다른 애착과 심혈을 기울였다. 일제강점기 조명암은 550여 편에 달하는 대중가요 가사를 발표하며 식민지 대중문화 발전에 공적을 쌓았다. 그는 일찍이 대중문화의 중요성을 깨닫고 시 장르의 확장 문제, 문학을 통한 대중 문화운동의 실천 및 활성화 문제, 순수예술과 대중예술의 조화와 일치를 위해 노력을 기울였다.

대중가요는 노래라는 특수성에 의해 기록문학 장르보다 파급효과가 크며 민중의 생활 감정을 직접 반영한다. 조명암이 순수문학을 하면서 동시에 대중문화에 관심을 가지게 된 것은 근대화 과정에서 '대중'의 중요성을 누구보다 일찍이 깨달았기 때문이다. 이것은 그가 모더니즘 시에서 보여주었던 현실 문제를 직접적으로 다루고 극복하고자 했던 의도의 일환이었다. 또한 1920년대 말에서 1930년대 초반까지 프로문학이 관심을 보인 '대중화 논의'[2]의 영향에서도 무관하지 않다. 조명암에게 대중가요 가사 창작은 대중예술이라는 측면에서 대중의 취향을 따르고 대중 의식을 부각하며 대중성을 지향하기에 적합한 양식이었다.

그는 자유시 창작에 있어서는 철저히 모더니즘 정신에 입각한 식민도시의 극단적 비극성을 보여주었지만, 대중가요 창작에 있어서는 향토정서를 부각하고 잔잔한 애상을 드러내는 등 자아와 기질이 판

---

1) 순수시 창작에서는 조영출(趙靈出)이라는 본명을 주로 썼지만, 대중가요 가사 창작에 있어서는 조명암(趙鳴巖)이라는 예명을 주로 썼으며 이 외에도 금운탄(金雲灘), 이가실(李嘉實), 조영출 등의 다양한 이름을 사용하였다.
2) 조명암은 1934년부터 대중가요 가사 작품을 발표하기 시작하는데, 카프의 1차 방향 전환 이후 김기진을 중심으로 한 '형식과 내용' 및 '사회주의 리얼리즘' 논쟁은 그가 대중가요 가사 창작에 관심을 가지게 되는 직접적인 계기를 제공하였다. 또한 카프의 '예술대중화론'은 그가 순수 문학인으로서 대중가요 가사를 창작하는 데 대한 타당한 이론적 근거를 제공하였다고 볼 수 있다.

이하게 다른 모습을 나타냈다. 그의 대중가요 가사는 모더니즘의 관념성을 돌파하기 위한 대안으로 현실의 직접적인 면을 자유롭게 다룰 수 있는 정신적 출구였다. 그가 모더니즘 시인으로서 군더더기 없는 대중가요 가사를 많이 생산한 것은 이러한 양면적 경험의 조화라 할 수 있다.

조명암은 대중문화를 적극적으로 수용함으로써 소수에 의해 지배되는 문화영역이 대중적으로 공유될 수 있다고 보았다. 대중의 접근성을 용이하게 하는 일은 문학의 대중적 확대일 뿐만 아니라 계층적 분리를 극복하는 일이다. 조명암은 문학과 문화가 대중의 이익을 위해서 동등하게 기여해야 한다는 입장을 취하였다. 대중적 장르에 대한 조명암의 관심은 오랫동안 자신을 지배해 오던 모더니즘의 이념을 극복하려는 자기 갱신의 요청이며, 이론적 틀 속에 갇혀 있던 문학 양식에서 벗어나 대중에게 필요한 문화와 문학이 무엇인가를 실행하려는 의지라 할 수 있다.

조명암은 사회 속에서 공동체적 의미와 가치를 창조해 가는 과정과 삶의 양식으로서의 문화개념을 보여주고자 하였다.[3] 문화란 특정 계급이나 지배그룹의 가치를 확장하는 것이 아니라 모든 사람이 동등하게 문화적 자산을 소유한다는 개념이다.[4] 공동문화에 대한 조명암의 신념은 해방기 조선문학가동맹의 기본 노선과도 연결된다. 이데올로기를 떠나 조명암의 대중 문학관이 적시하는 상황 인식은 문학이 실제 삶에 바탕하고 있으며 문학의 현실적 지평과 방향을 제시해 준다는 점에서 높이 평가받을 수 있는 부분이다.

---

3) 이러한 의미에서 조명암 문학의 대중문화적 성격은 영국의 레이먼드 윌리엄스의 문화론을 연상시킨다. 윌리엄스에게 문화란 '삶의 양식(ways of life)'을 창조해 내는 사회적 과정으로서의 개념이며 이것은 곧 한 시대와 사회의 물적 토대를 구성하는 개념이기도 하다. (Raymond Williams, 앞의 책, 19면.)
4) Raymond Williams, Resources of Hope, London: Verso, 1989, 32~38면.

일제강점기 대중가요 가사에 대한 중요성은 조동일[5]과 조지훈[6]이 체계적인 정리의 필요성을 역설한 이래 김창남, 이영미[7] 등이 관심을 가지고 연구해 왔다. 이들은 대중가요가 민중문화라는 점에 의미를 두고 문화비평적 시각을 가지고 식민지 문화정책과 일제강점기 대중가요를 관련지어 설명하고 있다. 민족음악연구회의 노동은, 이건용[8]과 그 외의 논자들은 대중가요의 생성 과정을 엔카의 직수입으로 보고 왜색성이 재래의 전통음악을 파괴하고 있다고 설명한 바 있다.

1992년에는 박찬호가 최초로 대중가요의 역사를 정리한『한국가요사』[9]를 출간하였다. 그러나 문학적·문화사적 접근이라기보다는 대중 연예사적 성격이 강하였다. 고미숙, 이노형[10] 등의 논자들은 근대 대중가요의 출현을 조선 후기 잡가에 두고 근대 대중가요가 전통에 뿌리내린 노래라는 점을 강조하였다. 그러나 분석 대상이 잡가와 신민요, 근대민요에 국한됨으로써 일제강점기 대중가요 전반을 아우르지 못하는 한계를 가진다. 이후에도 박영호, 김억, 김능인 등 개별 작가에 대한 연구[11]가 이루어졌으며 대중가요에 대한 단행본과 논

---

5) 조동일,「시인의식론(11), 유행가 시인과 비애라는 상품」,『청맥』, 1965.
―――,『한국문학통사』 5권, 지식산업사, 1994.
6) 조지훈,「반세기의 가요 문화사」,『한국 문화사 서설』, 나남출판, 1997.
7) 김창남, 이영미 외,『노래 1』, 실천문학사, 1984.
김창남,『삶의 문화, 희망의 노래』, 한울, 1991.
8) 노동은, 이건용,『민족음악론』, 한길사, 1991.
노동은,『한국민족음악현단계』, 세광출판사, 1989.
―――,「일제하 친일 음반과 대중가요계」,『한국음반학』 6권, 1996.
9) 박찬호,『한국가요사』, 현암사, 1992.
10) 고미숙,「20세기 초 잡가의 양식적 특질과 시대적 의미」,『창작과 비평』 88권, 1995.
고미숙,『18세기에서 20세기 초 한국 시가사의 구도』, 소명출판, 1998.
이노형,『한국 전통 대중가요의 연구』, 울산대출판부, 1994.
11) 서영희,「일제강점기 박영호의 대중가요 가사 작품 연구」,『민족문화논총』 33집, 2006.

문12)이 꾸준히 출간되었다.

　조명암의 대중가요 가사를 구체적인 대상으로 진행한 것은 김효정(金孝貞)13)의 논문이다. 김효정은 대중가요 가사 분석을 통해 조명암 가요시의 대중 문화적, 민중 생활사적 의의와 일제강점기 대중가요의 현실 인식 문제를 구체적으로 다루고 있다. 이동순14)은 오랫동안 묻혀 있던 조명암의 자유시와 대중가요 가사들을 발굴하여 전집으로 묶어내는 성과를 거두었으며 장유정15)은 조영출 전집을 통해 조명암의 대중가요를 본격적으로 정리하였다.

　일제강점기 대중가요 가사는 이서구, 박노홍, 박영호, 이하윤, 구완회, 김동환, 김억, 최남선을 비롯한 기성 문학인들이 주로 창작하였다. 이들은 대중가요를 대중에게 접근하기 위한 의미 있는 문학적 전략으로 인식하고 창작에 임하였다. 이러한 조건 아래 이하윤은 노랫말인 가사를 '가요시'라 명명하였으며 본고에서도 '가요시' 또는 '대중가요 가사'라는 명칭으로 일제강점기 대중가요 가사를 포괄하기로 한다.

　한국음악저작권협회에 등록된 조명암의 작품은 550여 편에 달하나 박영호의 예명으로 알려져 논란의 여지가 있는 김다인의 작품에

　　장유정, 「안서 김억의 대중가요 가사에 나타나는 민요적 특성 고찰」, 『겨레어문학』 35권, 2005.
　　―――, 「대중가요 작사가 김능인의 생애와 작품세계」, 『한국민요학』 32집, 2011.
12) 이영미, 『한국대중가요사』, 시공사, 1998.
　　―――, 『흥남부두의 금순이는 어디로 갔을까』, 황금가지, 2002.
　　문옥배, 『한국 금지곡의 사회사』, 예솔, 2004.
　　장유정, 「일제강점기 한국 대중가요 연구」, 서울대 박사논문, 2004.
　　―――, 『근대 대중가요의 지속과 변모』, 소명출판사, 2012.
　　―――, 『근대 대중가요의 매체와 문화』, 소명출판사, 2012.
13) 김효정, 「일제강점기 조명암의 대중가요 가사 연구」, 영남대학교 석사논문, 2000.
14) 이동순, 『조명암 시전집』, 도서출판 선, 2003.
15) 장유정·주경환 편, 『조영출 전집 1 조명암의 대중가요』, 소명출판사, 2013.

대해서는 이 연구에서 제외한다. 본 연구는 『유성기 음반 가사집』16)과 『조명암시전집』, 『조영출 전집 1 조명암의 대중가요』을 기본 자료로 한다.

---

16) 한국고음반연구회 외 편, 『유성기음반 가사집』 1-7, 민속원, 1992~2008.

제1장. 조명암의 대중가요와 고향 의식

1. 머리말

　고향은 근대의 변화가 가져온 혼란의 소용돌이에서 벗어나 있는 곳으로 훼손되지 않은 공간이다. 고향은 욕망과 물질이 지배하는 도시의 대칭에 있는 순수한 공간으로, 고향의 발견은 근대 도시가 생성되던 때와 비슷한 시기에 이루어졌다. 이 시기는 일제의 대륙진출이 본격화되면서 수탈과 억압이 극렬하던 때로 토지조사업 이후 몰락한 농민들이 화전민과 도시 노동자로 전락하거나 국내외 유이민이 되어 유리하던 때와 시기를 같이 한다. 이러한 식민지 현실에서 이향과 타향살이는 문학의 본격적인 주제로 자리 잡았다. 고향은 점차 상실과 결핍의 기호로 작용하였으며, 민족의 수난이라는 역사적인 맥락 아래 님의 상실, 국권의 상실과 동질적인 것으로 이해되기 시작하였다. 고향이라는 주제는 식민지의 여러 상황을 내밀하게 파고드는 감수성의 가장 깊은 지대에 자리 잡고 있는[17] 것이라 할 수 있다.

　고향은 세계와의 합일을 지향하는 자아동일성 회복의 지점이라는 점에서 모성과 밀접한 관련을 가진다. 어머니의 자궁과 모태는 원초적 고향이며 상실과 결핍을 해소하고 충족시켜 주는 조화와 질서의 상징적인 공간으로 작용한다. 고향은 출발의 지점이며 언젠가 다시 돌아와야 할 진정한 거주지라는 점에서 실존의 장소로도 의미화된다. 또한 세계의 모든 위험으로부터 보호받을 수 있는 친밀하고 안정된 공간으로서의 의미를 지닌다. 이뿐만 아니라 고향은 이상화된

---

17) 이미순, 「오장환 시에서의 '고향'의 의미화 과정 연구」, 『한국시학연구』 17호, 2006, 102면.

공간, 잃어버린 시간과 공간을 복원해 주는 보편적 표상으로서 유토피아적 상징성을 지닌다.

조명암의 대중가요 가사에는 고향과 어머니가 주요 주제로 등장하는 것이 상당수이다. 이것은 이 시대가 상실과 부재, 궁핍의 시대였기 때문이며, 고향이야말로 민중 의식을 대표하고 대중의 공감대를 형성할 수 있는 가장 보편적인 주제이기 때문이다. 이것은 다시 고향의 자연과 님, 이별, 한 등의 모티브로 나타나는데 이 또한 과거 지향적이며 감상적인 집단 대중의 일반적 특성을 따르고자 하는 의도이다. 고향에 대한 탐색은 도시에 대한 탐색과 마찬가지로 1930년대 시문학의 주요 관심사 중의 하나였다.[18] 조명암은 모더니즘시에서 식민도시의 병리적 현실과 부정적 메커니즘을 폭로하고 고발하였다. 그리고 대중가요 가사에서는 고향 의식을 바탕으로 당대가 내포하는 문제를 풀어내고자 하였으며 대중 의식을 지향하고 민중의 감정을 위로해 나갔다.

조명암의 대중가요는 일제강점기 대중의 삶과 욕망을 드러내며 개인적 절망감에서부터 민족적인 비애까지 다양한 측면을 담고 있다는 점에서 여러 각도로 연구할 가치가 있는 분야이다. 식민지라는 특수한 상황 아래 고향은 현실의 비참함과 상실감을 드러내는 가장 일차적인 지점이 되었으며 이것은 고향상실, 가족 상실, 임의 상실,

---

[18] 고향이라는 주제에 관심을 가지고 구체적으로 접근한 것으로는 다음의 연구들을 참고할 수 있다.
한계전, 「1930년대 시에 나타난 '고향' 이미지에 관한 연구」, 한국문화 16집, 1995.
박태일, 『한국 근대시의 공간과 장소』, 소명출판, 1999.
이명찬, 『1930년대 한국시의 근대성』, 소명출판, 2000.
이미순, 앞의 논문.
고봉준, 「고향의 발견-1930년대 후반시와 '고향'」, 어문론집 43집, 중앙어문학회, 2010.

유랑 등의 구체적인 현실로 나타났다. 이 연구는 조명암의 대중가요 가사에 나타난 고향 의식을 통해 대중 정서의 깊은 곳에 자리 잡고 있는 동일화를 지향하는 욕망과 창작 주체의 현실 인식 태도를 살펴보고자 한다. 또한 고향이 지니는 당대적 의미를 알아보고 이것이 가지는 문학적, 대중 문화적 의의를 논의하고자 한다.

2. 결핍의 기호로서 고향
1) 모성과의 유대

고향은 파편화되고 분절된 근대적 시공간과 달리 자아와 삶의 원형을 그대로 간직하고 있는 장소이다. 이것은 어떠한 변화에도 불구하고 주체의 중심에 자리 잡고 있는 정체성 확인의 장소이다. 식민지적 현실에서 근대적 시공간에 적응히지 못한 미성숙한 자아는 끊임없이 고향을 지향한다. 고향은 보호해 주고 보호받는 친밀하고 안락한 공간이며 최초의 세계[19]라는 점에서 집과 동일한 의미를 지닌다. 고향의 이러한 완전한 장소감은 정신적 자양분을 제공해 주는 어머니가 있기 때문이다. 어머니는 안식처이자 존재의 근원이며 삶의 원형질로서 고향을 풍성하게 드러내는 기제로 작용한다. 고향과 집, 어머니는 내적으로 긴밀하게 연결되어 중심성을 이루며 특수한 시공간적 의미를 지닌다. 대중성을 지향하는 대중가요에서 고향은 가장 특별하면서도 통속적이며, 도식적인 틀에 손쉽게 짜 넣을 수 있는 소재가 되고 있다.

　　어머님 어머님/ 氣體候 一向萬康 하옵나잇가/ 伏慕區區 無任下誠至之로소이다/ 下書를 밧자오니 눈물이 압흘 가려/ 연분홍 치

---
19) 가스통 바슐라르, 「집」, 『공간의 시학』, 동문선, 2003, 80면 참고.

마폭에 얼골을 파뭇고/ 하염없이 울엇나이다

어머님 어머님/ 이 어린 짤자식은 어머님 전에/ 피눈물로 먹을 갈아 하소연합니다/ 전생의 무슨 죄로 어머닐 리별하고/ 꼿피는 아츰이나 새우는 저녁에/ 가슴 치며 탄식하나요
- 「어머님 前 上白」 부분,
■ 조명암 작사, 김영파 작곡, 이화자 노래, 오케 12212, 1939년.

아버님 아버님/ 목메어 불음니다요/ 낫서른 他鄕하늘/ 올 데 갈 데 업는 쓸쓸한 곳에서/ 아버님 아버님 아버님 아버님/ 불으며 헤매입니다/ 불쌍한 이 운명에 떠도는 짤자식은/ 흐득여 우나이다 대답하서요

아버님 아버님/ 어데로 가시엿나요/ 오늘도 창문 열고/ 구름 가는 곳을 바라만 봄니다/ 아버님 아버님 아버님 아버님/ 헤진지 몃 몃 햇간가요/ 세상을 몰으고서 홍석을 불이든 몸/ 봄마지 스물두 해 울엇나이다
- 「일허버린 아버지」 전문,
■ 조명암 작사, 손목인 작곡, 이난영 노래, 오케 12256, 1939.

고향의 이미지는 안전과 영속의 이미지이다. 어머니는 고향이라는 장소감의 중심에 있는 고향에 대응하는 인물이다. 고향은 남성의 원리가 지배하는 외부 세계와 달리 여성의 원리가 지배하는 세계이다. 따라서 고향과 어머니에 대한 지향은 존재의 근원을 탐구하고자 하는 의도로 규정할 수 있다. 「어머님 前 上白」과 「일허버린 아버지」는 고향을 떠난 여성 화자가 고향화된 어머니와 아버지를 통해 상실의 아픔을 노래한다. 위의 작품에서 아버지와 어머니는 등가적이다. 두 작품은 주체가 여성 화자이며 고향의 지독한 가난이 화자의 의식

에 자리 잡고 있다. 이 가난은 어머니이자 공동체의 모태인 토지를 박탈당한 식민지 대중의 공통 체험이라 할 수 있다.

「어머님 前上白」과 「일허버린 아버지」에 나타나는 여성 화자의 탄식은 절절하다. 이들은 현실에 대한 절망감을 통해 과거를 회상하고 환기된 과거 속으로 몰입해 과거를 되짚어가며 자신을 반성한다. 회상은 과거의 전모를 파악하고 과거의 체험으로부터 주체를 해방에 이르게 하는 것으로, 회상의 방법을 통해 자책과 자기 성찰로 나아가는 모습을 보여준다. '어머님 어머님', '아버님 아버님 아버님' 등의 반복은 단순한 단어 반복이지만 호소력을 지닌다. 반복되는 리듬은 점층적 성격을 지니며 점차 격앙되는 감정을 통해 대중을 시적 화자가 의도하는 방향으로 이끌어간다.

고향을 의미있는 장소로 만드는 가장 보편적인 요소는 가족의 존재[20]이다. '下書를 밧사오니 눈물이 압흘 가려/ 연분홍 치마폭에 얼골을 파뭇고'(「어머님 前上白」)와 '불쌍한 이 운명에 떠도는 쌀자식은/ 흐득여 우나이다'(「일허버린 아버지」) 등에 나타나는 가족들의 삶은 평탄하지 않다. 특히 여성 화자는 가족의 생계를 책임지기 위해 일찍이 팔린 몸이다. 부유하는 몸은 어머니와 아버지를 호명하며 결핍되고 오염된 것을 상징적으로 보상받고 싶어한다. 어머니와 아버지만큼은 고향에 머물러 있는 온전한 존재로 부유하는 자신들과는 대조적이기 때문이다.[21]

그러나 어머니와 아버지 또한 약자의 처지이다. 조명암은 여성 화자와 이들의 부모를 통해 식민지인의 애환을 총체적으로 드러낸다. 특히 가부장적 세계에서 아버지는 법과 제도 질서의 상징이지만,

---

20) 이명찬, 앞의 책, 132면.
21) 전미정, 「'어머니'- 귀속과 신생의 전환적 공간화」, 『한국 현대시와 에로티시즘』, 새미, 2002, 182~183면.

「일허버린 아버지」에 나타나듯 가장이 사라진 세계는 토지뿐만 아니라 중심을 잃어버린 사회·역사적 조건을 더욱 강하게 환기한다. 연로한 부모는 낙원과 같은 시공간적 존재로 상징적인 질서의 회복을 의미하지만 이러한 세계는 현실적으로 실현 불가능해 보인다. 고향은 상처 입은 자아를 재구성하는 회복의 장소이지만 식민지 현실은 고향의 기본적인 의미체계마저 붕괴시킨다. 어린 여성이 가족의 생계를 책임지고 고향을 떠나거나 집안의 기둥인 아버지를 잃어버리는 이러한 결손 체험은 식민권력의 근원적인 수탈 현장을 보여주는 한 단면이다. 이들은 동양척식회사의 토지정리사업과 동척이민, 산미증식계획 등 근대화라는 미명 아래 일제가 행한 약탈적 행위에 의해 내몰린 일종의 정치적, 사회적 피난민이라 할 수 있다.

　흔히 여성의 눈물은 말초적인 것을 자극하는 감상적인 경험을 제공한다. 하지만 위의 작품에 나타나는 눈물은 표피적인 정서가 아닌 독백의 형식을 통해 한 가족의 고달픈 삶의 맥락들을 풀어놓으며 응어리진 정서의 침적물들을 뒤흔들어 놓는다. 이것은 당대 현실을 바탕으로 보다 포괄적이고 보편적인 삶의 모습을 가시화한 것으로 좌절과 절망의 요소가 개입되어 공감의 성격을 강하게 띤다. 시간의 퇴행을 통해 가족에 대한 애착을 강하게 나타내는 이러한 작품들은 식민권력에 의한 이산과 가족 붕괴가 그만큼 빈번하게 발생되어 왔기 때문이다. 조명암은 애달픈 가족사를 통해 일제하 일그러진 민족의 역사적 축도를 여실히 보여주며 민족사적 의미를 담아낸다. 이것은 같은 시기 모더니즘 시를 통해 식민도시 경성의 모순 상황을 파헤치고 현실 문제에 직접적으로 개입하려 한 점과 동일한 태도임을 알 수 있는 부분이다.

　　　뚫어진 창문으로 흘기는 달빛/ 애달픈 생각 속에 감을감을 서

린다/ 지나는 바람결에 우는 문풍紙/ 울어서 내 가슴엔 눈물이 솟는다

고향이 멀다마는 생각엔 咫尺/ 情든 님 옷자락이 하늘하늘 날린다/ 눈물의 纖纖玉手 만저 보내며/ 울어서 離別한 지 몇 해나 되는가

지나친 눈물 속에 시드른 청춘/ 한 많게 보낸 님이 새록새록 그립다/ 달빛이 젖엇는가 흐리는 世上/ 사나히 긴 한숨을 그 누가 알소냐

-「望鄕曲」전문,
■이가실 작사, 이용준 작곡, 마월송 노래, 콜롬비아 44023, 1941.

「望鄕曲」에 나타난 님과의 이별 또한 고향상실이라는 점에서 모성과 긴밀하게 맞물린다. 고향은 이러한 것들을 품고 있는 장소이기 때문이다. 타향은 정체성을 확보할 수 없는 공간이다. 화자는 정든 고향에서 님과 같이 살고 싶지만 시대는 이러한 소박한 욕망의 실현조차 가로막는다. 화자는 어찌할 수 없는 현실에 압도당해 자기연민에 빠지는 소극적인 모습을 나타낸다. 이 눈물과 한숨은 회상이라는 형식을 통해 증폭되지만 유랑의 괴로움을 확인하고 이것을 지워주는 유일한 통로는 고향과 님에 대한 그리움이라는 사실을 재차 확인한다.

흔히 고향상실을 주제로 하는 곡들은 영원한 장소감을 가진 고향과 어머니에 대한 향수에 기대어 위로받고자 하는 나약한 주체의 모습을 드러낸다. 하지만 피폐해진 고향은 안정감과 영속감을 통해 시적 화자의 정체성을 회복시키는 기본적인 역할을 수행하지 못한다. 완전했던 과거의 고향은 심각한 결손의 공간으로 자리 잡고 있으며 이것은 현재의 삶을 감상적으로 재구성해 나간다.

고향상실로 인한 이별과 허무감은 개인적인 것이다. 그러나 이 상실감이 감상에 매몰되지 않는 것은 실향의 근본 원인 제공자에 대한 증오와 객지를 떠도는 자의 애환 같은 사회적 긴장감이 깔려있기 때문이다. 조명암의 작품은 눈물의 카타르시스를 통해 식민지인을 위로하며 순응하는 모습을 보여주지만 동시에 민족성을 환기하며 끊임없이 균열되고 있다. 이러한 노래들은 현실의 밑바닥에 있는 감정들을 끌어올리고 있다는 점에서 당대 대중의 공감을 얻기에 부족함이 없었다. 이러한 점에서 조명암의 눈물은 민족 공통의 언어로 격상될 수 있었다. 허무 의식과 눈물의 카타르시스는 세련된 양식은 아니지만 독특한 질감을 통해 약자로서의 동질감을 불러일으키며 식민지 대중을 위로하였다.

2) 확장된 공간으로의 도피

실향과 유랑은 일제강점기 대중가요에 집중적으로 나타나는 소재이다. 이것은 대중가요가 일제강점기라는 상황과 민중의 현실을 직접적으로 반영하고 있기 때문이다. 유랑과 방랑에는 목적지가 없는 방향성 상실이 드러난다. 이것은 잃어버린 조국과 등가물로서의 고향을 염두에 두고 있기 때문[22]이다. 고향을 잃고 헤매는 자는 미지의 세계를 향해 발전적으로 나아가는 것이 아니라 '상실'이라는 거대한 상황에 억눌려 체념하고 자학하는 패배주의적 태도를 보인다. 실향이라는 사회적 운명은 구성원들의 내면으로 침투해 무의식 세계까지 장악해버리는 심각함을 보여준다. 유랑을 주제로 하는 노래들은 이 시기 대량 발생한 국내외 유이민의 삶과 밀접한 관계를 가지는 것으로 타향에서 느끼는 절망감과 고향을 향한 그리움을 눈물

---

22) 이명찬, 앞의 책, 205면.

을 통해 해소하고 위로받는 모습을 보여준다.

천리만리 황야에 해가 점으러/ 류랑의 이 내 몸이 외롭습니다/ 써나갈 길 아득한 나그네 신세/ 누굴 딸아 이갓치 울며 헤매나

써나가면 가는 곳 그 어듸런가/ 외롭다 내 갈 길은 황야의 저 낫/ 한이 업는 설음을 풀 길이 업서/ 나그네로 한 평생 사라갑니다

강남 가에 피는 꼿 사랑의 쑴도/ 어젯 날 찬이슬에 슬어지고요/ 님을 딸아 헤매든 젊은 시절도/ 속절업는 세월에 써낫슴니다

봄바람에 써나온 이내 고향이/ 가을비 오는 밤엔 참아 그립다/ 그릴사록 마시는 술잔을 들고/ 눈물 지운 그 밤이 몃 번이런가
- 「荒野에 해가 점으러」 전문,
■ 소명암 작사, 김순영 작곡, 강홍식·김초운 노래, 콜롬비아 40705, 1936.

오늘은 이 마을에 천막을 치고/ 내일은 저 마을에 포장을 치는/ 시들은 갈대처럼 떠다니는 신세여/ 바람찬 무대에서 울며 새우네

사랑에 우는 것도 청춘이러냐/ 분홍빛 라이트에 빛나는 눈물/ 서글픈 세리푸에 탄식하는 이 내 몸/ 마음은 고향 따라 헤매입니다

불 꺼진 가설극장 포장 옆에서/ 타향에 달을 보는 쓸쓸한 마음/ 북소리 울리면서 흘러가는 몸이여/ 슬프다 유랑 극단 피에로 신세
- 「放浪劇團」 전문,

■ 조명암 작사, 박시춘 작곡, 남인수 노래, 오케 12216, 1939.

　대중가요에서 고향이라는 주제는 보편적 삶으로서의 일반화 성향이 내재되어 있다. 고향을 잃고 떠도는 유랑의 노래는 추억과 회상을 통해 끊임없이 과거의 행복했던 시절을 불러온다. 고향은 현재와는 동떨어진 과거의 한 지점에 자리 잡고 있으며 간절히 원하지만 갈 수 없는 먼 곳에 위치한다. 과거지향에는 현재의 거짓된 삶을 부정하고 과거의 진실 쪽으로 다가가고자 하는 심리가 내재된다. 상실과 결핍, 수난이라는 공동의 경험은 고향이 환기하는 맥락 아래 그리움이라는 공감의 공동체를 만들어 낸다.

　일제의 비호 아래 이루어진 동척과 동척 지주, 일본인 토지 매매업자들의 횡포는 조선 경제의 근간을 이루던 농촌을 심각하게 파괴시켰다. 그 결과 1920년대 후반에는 이농민이 속출하였으며 가까스로 연명하고 사는 세민(細民)이나 궁민(窮民), 걸인이 전체 인구의 1/4을 상회하였고 화전민의 수는 120만을 웃도는 실정이었다.[23] 조선의 궁핍한 현실은 이들을 다시 이국땅 만주나 연해주로 몰아냈다. 이 시기 만주로 떠나는 농민의 수는 급격히 증가하여 1927년에는 이주자 수가 100만에 달했다. 「荒野에 해가 점으러」와 「放浪劇團」은 이러한 진상을 여실히 보여준다.

　「荒野에 해가 점으러」에는 무한하게 확장된 시·공간이 나타난다. '천리만리 황야'는 고향과 먼 수평적이고 확산된 지점에 위치한다. 황야는 응집하는 장소가 아니라 원경으로 흩어지는 장소이다. 시적 화자가 놓인 해 저무는 시간은 상실에서 비롯한 두려움이나 슬픔이 증폭되는 시간이다. 이러한 시·공간적 배경은 가뜩이나 왜소한 화자

---

23) 이여성·김세용, 『숫자조선연구』, 1, 4집, 세광사, 1933, 50~62, 6면 참고.

의 모습을 더욱 위축시킨다. 이뿐만 아니라 '천리만리', '황야', '류랑', '외롭습니다', '나그네 신세', '울며 헤매나', '설음', '찬이슬', '술잔', '눈물' 등에 나타나는 자기연민과 허무 의식은 슬픔과 우울의 정조를 부추긴다. 이것은 당대 조선 유민의 특수한 현실에 천착하고 있다는 점에서 사체험을 공적으로 역사화하고 있음을 알 수 있는 부분이다.

일제의 약탈적 행위 아래 농민이 급속히 분해되면서 가난한 소작농의 경제적 파산은 딸을 농채와 맞바꿀 수밖에 없는 비극을 초래하기도 하였다. 조선의 딸들은 과중한 부채에 짓눌리는 가족을 살리기 위해 도회지나 만주 등지로 값싸게 팔려나갔다. 이들은 식당이나 유곽, 허술한 술막의 작부로 전락하거나 유랑극단의 단원이 되어 만주와 연해주 등지를 떠돌았다.24)

「放浪劇團」은 이러한 현실의 적극적인 반영이다. '시들은 갈대처럼 떠다니는 신세', '바람찬 무대', '탄식하는 이 내 몸', '티항에 달을 보는 쓸쓸한 마음', '불 꺼진 가설극장', '슬프다 유랑극단 피에로 신세' 등에 나타나는 쓸쓸한 정조와 기구한 가족사는 일제하 조선인의 고단한 삶이 녹아있는 것으로 식민지 수탈의 참상이 그대로 노출되어 있는 현장이며 이들의 비극적 운명은 민족 공동의 아픔에 상응하는 것이었다.

'떠다니'고 '흘러가는' 무한하고 수평적인 구조 속에서 이들은 보호받을 수도 안락을 추구할 수도 없는 외부자에 불과하다. 진정한 장소감이나 소속감, 실존적 정체성을 확보할 수도 없으며, 존재의 팽창

---

24) 1930년대 들어서 식민지 경제는 세계 경제공황의 여파에 따라 더욱 심각한 위기에 빠지게 되었다. 농촌에서는 궁핍에 못 이겨 자기의 아녀를 유랑극단이나 청루로 팔아먹는 사례가 일상다반사였으며 가난한 농촌 소녀와 유부녀를 유인해 식당이나 유곽에 팔아먹는 만행도 예사롭게 일어났다. -윤영천, 「국내 유랑민의 삶과 그 시적 형상화」, 『韓國의 流民詩』, 실천문학사, 1987, 51~121면 참고.

을 기대하거나 기획할 수 있는 것은 더욱 아니다. 이곳은 황야이고 가설극장이며, 화자는 내일이면 다시 일용할 양식을 얻기 위해 '시들은 갈대처럼 떠'나야 하는 객체에 불과하기 때문이다. 이들은 식민지 유민이라는 일차적인 조건 아래 광활한 이국의 장소에서 다시 이중 삼중의 왜소함과 공포를 느끼게 되었다. 따라서 결손은 끊임없이 고향으로의 회귀를 꿈꾸게 만들었다. 고향은 평화로운 요람이자 거대한 우주이며 내부인으로서 무의식적으로 경험하는 진정한 정체성의 장소이기 때문이다.

위의 작품 외에도 가족 공동체의 붕괴를 보여주는 것으로는 「일허버린 아버지」, 「동생을 찾아서」25), 「아주까리 등불」26), 「男妹」27) 등이 있다. 먹고 살 방도를 찾아 낯선 타관으로 흘러간 이들을 다른 측면에서 보자면 매우 적극적이고 강인한 인물들이었다. 이러한 작품의 특징은 자학하고 비관하는 가운데서도 현실적인 문제나 고난에 타협하지 않고 언젠가 돌아가야 할 고향을 고수하며 자신들을 자각시키고 있다는 점이다. 조명암의 대중가요에 나타나는 이러한 점은 시대 전횡에 압도당하는 가운데서도 끝내 포기하지 않는 정신의 굳건함을 보여줌으로써 호소력과 설득력으로 대중의 폭 넓은 지지를 얻었다.

　　푹푹칙칙 푹푹칙칙 뛰이 뛰이/ 떠난다 타관천리 안개 서린 응벌판을/ 정은 들고 못살 바엔 아 이별이 좋다/ 달려라 달려 달려라 달려 하늘은 청황적색 저녁노을 떠돌고/ 차창에는 담배연기 서릿서릿 서릿서릿 풀린다 풀린다
　　　　　　　　　(중략)

---

25) 조명암 작사, 박시춘 작곡, 이인권 노래, 오케 20029, 1940.
26) 조명암 작사, 이봉룡 작곡, 최병호 노래, 오케 K5034, 1941.
27) 조명암 작사, 이봉룡 작곡, 남인수 노래, 오케 3111, 1942.

푹푹칙칙 푹푹칙칙 뛰이 뛰이/ 건넌다 검정다리 달빛 어린 응철교를/ 고향에서 못살 바엔 아 타향이 좋다/ 달려라 달려 달려라 달려/ 크고 적은 정거장엔 기적 소리 남기고/ 찾아가는 그 세상은 나도 나도 나도 나도 모른다 모른다

-「울리는 滿洲線」부분,
■ 조명암 작사, 손목인 작곡, 남인수 노래, 오케 12164, 1938.

여기는 북쪽하늘 눈보라의 지평선/ 젊은 피가 얼어붙는 오로라의 남쪽 길/ 아아 아아 여기가 타향이냐 고향이러냐/ 갈사록 향방 없는 임자 잃은 나그네

여기는 눈썰매의 길이 얽힌 네거리/ 주막집의 등잔불도 울며 떠는 바람 속/ 아아 아아 여기가 타향이냐 고향이러냐/ 흘러서 갈 곳 없는 얼이 삐진 나그네

여기는 천리광야 거침없는 하늘밑/ 고삐 잡는 손마디가 얼어트는 눈벌판/ 아 아 아아 여기가 타향이냐 고향이러냐/ 눈물의 망토 자락 처량하게 날린다

-「오로라의 눈썰매」전문,
■ 조명암 작사, 김영파 작곡, 남인수 노래, 오케 12222, 1939.

유랑에는 북쪽으로의 지향성이 드러난다. 이것은 그 지향성만큼이나 분명한 남쪽에의 그리움을 받쳐두고 있다는 뜻이 될 것이다.[28] 이 시기는 일제가 만주국을 건립한 후 만주 이민을 본격적으로 추진하던 때이다. 「울리는 滿洲線」은 장탄식으로 이루어진다. 이 곡에는 고향을 떠나 이국땅을 향하는 이의 절망과 불안이 교차한다. 철로는 고향이라는 출발 장소와 도달 장소 사이의 긴장감을 보여준다. '푹푹

---

28) 이명찬, 앞의 책, 90면.

칙칙 푹푹칙칙 뛰이 뛰이'와 같은 의성어 반복은 국경을 달리는 기관차의 모습을 강조하며 시각적 효과를 배가한다. '차창에는 담배연기 서릿서릿 서릿서릿 풀린다 풀린다', '달려라 달려 달려라 달려', '나도 나도 나도 나도 모른다 모른다'와 같은 반복어는 문맥을 강화하며 시적 화자의 절망과 불안의 감정을 점층적으로 고조시킨다.

　북쪽은 가능성이 보장된 장소가 아니라 이들이 도피해 온 고향 이상으로 근원적이며 총체적인 수탈의 현장이었다. 이것은 '억압과 저항'의 틀이 다시 만주라는 공간으로 확장되었음을 보여준다. 위의 시는 체념의 정조를 통해 식민담론에 포섭된 주체로 때로는 저항성을 강하게 내포한 주체로 나타난다.29) 표면적으로 드러나는 정조와 달리 작품의 이면에는 식민주체의 횡포에 대항하고자 하는 에너지가 꿈틀거린다. 이는 대중의 욕망을 드러내면서 그것을 보수적이고 체제순응적인 방향으로 조정해 나가려는30) 대중가요의 기본 방향을 벗어나고 있는 지점이다. 이를 통해 조명암은 유랑이 단순히 운명 속에 체념하는 자의 수동적인 모습이 아니라는 것을 보여준다. 이것은 대중문화가 강조하는 보편성과 일반성의 틀을 벗어나고자 하는 것으로 조명암 작품의 변별된 지점이라 할 수 있다.

　「울리는 滿洲線」은 궁핍을 면하겠다는 목표지향에 따라 고향이 새로운 출발점이 된다. 모든 길은 고향에서 시작되고 이 길들은 다시 고향으로 되돌아온다. 고향은 미지의 장소를 향해 떠나는 곳이며 주체가 갖은 고생을 통해 성숙할 수 있도록 떠남을 부추기는 장소로서의 역할을 한다. 고향은 친밀하고 안정된 공간이지만 상처를 통해 성장과 발전을 기대할 수 있는 곳은 아니기 때문이다. 따라서 유랑은

---

29) 서영희, 「조명암의 가요시에 나타난 양가성 연구」, 국학연구논총, 10집, 택민국학연구원, 2012, 12, 285면.
30) 이영미, 『한국대중가요사』, 78면.

세계를 탐험하기 위해서 어머니의 품을 떠나는 것에 비견된다. 문제는 식민지 유랑자들의 현실이 낭만적일 수 없으며 일제의 강압적인 정책과 토착민들과의 마찰로 인해 이들이 고향처럼 뿌리내릴 장소를 쉽게 찾지 못하였다는 데 있다. 일제의 반강제적인 이주정책과 굶주림을 피해 고향으로부터 도피한 이들은 길 위의 삶에 지쳐갔으며 허무의식에 빠져 그들의 근원인 고향을 끊임없이 갈구하게 되었다.

「오로라의 눈썰매」에서도 출발 장소와 도달 장소 사이에서 일어나는 긴장감을 찾아볼 수 있다. '여기는 북쪽하늘 눈보라의 지평선'이며, '젊은 피가 얼어붙은 오로라의 남쪽 길'이다. 또한 '눈썰매의 길이 얽힌 네거리', '주막집의 등잔불도 울며 떠는 바람 속'이며, '천리광야 거침없는 하늘밑 고삐 잡는 손마디가 얼어 트는 눈벌판'이다. 화자가 위치한 지점은 고향과 원거리에 있는 중심을 상실한 무정향성의 세계이며 단순한 곳과 장소에 불과하다. 시적 사아는 대상의 거친 면을 통해 의식의 한쪽을 부풀리고 강조하며 본질적인 문제를 회피하지만 그럴수록 현실의 무게감은 더 분명하게 드러난다. '갈사록 향방 없는 임자 잃은 나그네', '흘러서 갈 곳 없는 얼이 빠진 나그네'가 그것이다. 근원을 상실한 자는 마침내 자탄과 환멸에 찬 탄식을 쏟아낸다. '정은 들고 못살 바엔 아 이별이 좋다', '고향에서 못살 바엔 아 타향이 좋다'(「울리는 滿洲線」), '아아 아아 여기가 타향이냐 고향이러냐'(「오로라의 눈썰매」)와 같은 구절이다.

이것은 고향화 되어가고 있는 타향을 말하는 것이 아니다. 오히려 고향에 대한 반어적이고 역설적인 표현으로 떠도는 자의 실존적 공허가 여실히 드러난다. 이 작품이 담고 있는 유랑의 현실 또한 오래도록 되풀이되어 온 지난한 것이다. 이들이 찾아가는 북국은 세계의 본모습을 전혀 드러내지 않는다. 피상적인 겉모습만 따라가는 이들의 경로는 진정한 길이라고 보기 어렵다. 이것은 고향 밖으로 버려진 이의 고통스러운 현실만을 보여줄 뿐이다. 그러나 표피적이기는 하나 이 길은 유일하게 과거와 현재, 고향과 타향을 연결한다. 근원을 향해 돌아가야 할 경로 또한 이 길이기에 시적 화자는 이 길의 고된 여정을 잊지 말아야 한다.

고향 아닌 고향의 역설은 상실과 결여의 적나라한 표출이었다. 고향은 파괴당하고 황폐한 채로 돌아갈 수 없는 먼 곳에 있으며, 시적 화자 또한 가난을 벗어나려는 소기의 목적을 이루지 못한 채로는 돌아갈 수 없는 입장이다. 이들은 쉽게 좌절하고 애써 고향을 잊고자 한다. 그럼에도 불구하고 고향 찾기는 민족적이고 집단적인 주체성을 확보하는 한 방법이었다.[31] 이들은 잊고자 하는 방법을 통해 고향을 더 간절하게 갈구하였다. 이처럼 길 위의 삶은 님의 상실, 고향 상실, 가족 상실, 방향 상실, 국권 상실과 같은 여러 의식들을 총체적으로 형상화한 것이었다.

3) 잃어버린 시공간의 복원

좌절과 치욕으로 고향을 떠났던 자들은 고통스러운 삶 속에서도 끊임없이 고향으로의 회귀를 꿈꾸었다. 이들의 의식이 회귀하고자 하는 고향은 가난에 찌들은 실재의 고향이 아니었다. 그들은 의식 속에서 새로운 고향을 창조하였다. 그것은 미화되고 다듬어진 완전한 세계, 유토피아였다. 유토피아로서의 고향은 막연하지만 정처 없이 떠도는 자들의 정체성을 실현할 수 있는 한 지점이 되었으며 고단한 삶을 지탱시켜 주는 지주로서의 역할을 수행하였다. 새로운 고향은 귀향을 바탕에 둔 의식이다. 이것은 떠도는 자들의 강렬한 욕망이 사회적 상징의 차원으로 나타난 것이다. 유토피아 의식은 과거 고향의

---

31) 이명찬, 앞의 책, 264면.

풍요로운 체험을 미래상으로 변형시켜 선취하고 그것을 보편적 표상으로 승화시킨다는 데 의의가 있다. 이때 고향의 의미는 개인적 가족적 차원에서 벗어나 집단적 상징의 의미로 확대되어 잃어버린 조국과 등가물이 된다. 고향은 유랑하는 자들의 모든 가능성이 도달할 수 있는 응축된 지점이자 의식의 최종적인 지향점이 되었다.

  누님 누님 나 장가 보내주/ 까막이 까치 울고 호박꽃 피는 내 고향의/ 어엽부고 순직한 아가씨가 나는 조와/ 오이 김치 열무 김치 맛잇게 담고 알뜰살뜰 자미성 잇는 아가씨에게 /누님 누님 나 장가 보내 주/ 응 응 응 장가 갈 테야

  누님 누님 나 장가보내 주/ 응 나 장가 갈 테야

  누님 누님 나 장가보내 주/ 귀뚜라미 울고 들국화 피는 내 고향의/ 앵두같이 귀여운 아가씨가 나는 좋아/ 뽕잎 따서 누에치며 질쌈 잘 하고 오밀조밀 재미성 있는 아가씨에게/ 누님 누님 나 장가 보내주/ 응 응 응 장가 갈 테야
-「總角陳情書」부분,
■ 조명암 작사, 박시춘 작곡, 김정구 노래, 오케 12147, 1938.

  모란꽃이 피거들낭 다시 오렴아 다시 오렴/ 연지곤지 단장하고 다시 오렴아 다시 오렴/ 草家三間 집일 망정 금실 조면 그만이지/ 호강 업시 살지라도 마음만은 너를 주마

  모진 바람 고히 피해 다시 오렴아 다시 오렴/ 쪽도리를 고히 쓰고 다시 오렴아 다시 오렴/ 소곰 반찬 밥일망정 맘 마즈면 그만이지/ 百年偕老 살지라도 사랑만은 너를 주마

  당다실에 복을 차고 다시 오렴아 다시 오렴/ 색 가마에 올나안

저 다시 오렴아 다시 오렴/ 琪花瑤草 업슬 망망정 웃고 살면 그만이지/ 호사 업시 살지라도 내 가슴은 너를 주마
- 「草家三間」 전문,
■ 조명암 작사, 김용환 작곡, 이화자 노래, 오케 1224, 1939.

「總角陳情書」와 「草家三間」에 나타나는 고향은 환경이나 장소로서의 공간적 의미보다 부모와 아내, 자식 등 가족 구성원들이 만들어내는 일체감과 안정감이 고향을 구성하는 중요한 일차적 요소임을 밝힌다. 유토피아로서의 고향은 당대의 모든 사회적 긴장과 고통으로부터 유리된 공간이다. 이러한 모습은 스스로에게 다짐하고 기대하는 완전한 고향의 모습이기도 하였다. 「總角陳情書」는 희극성을 보여주는 만요에 해당하지만 시적 자아는 주어진 현재의 고난을 이겨내고 언젠가 아름다운 고향을 만들어 내겠다는 의지를 지니고 있다. 잃어버린 고향을 회복하고 복원하고자 하는 소망은 유랑하는 길 위의 삶이 흔하던 시절, 막연하고 상징적인 고향의 모습으로도 나타났다.

내 고향은 '까막이 까치 울고 호박꽃 피는' 곳이며, '귀뚜라미 울고 들국화 피는' 아름다운 곳이다. 시적 화자는 이곳에서 '어엽부고 순직한', '앵두 같이 귀여운 아가씨'를 만나 아들딸 낳고 소박하게 살고 싶은 소망을 간직하고 있다. 이곳은 걱정 근심 없는 곳이며, 이 행복을 누가 앗아 갈 자 없는 절대적으로 평화로운 곳이다. '누님 누님 나 장가 보내주', '응 응 응 장가 갈 테야'와 같은 구문 반복은 누님으로 상정되는 또 다른 어머니를 향해 어리광 부리는 모습을 통해 고향을 환기한다. 또한 스스로 행복을 만들어 가겠다고 다짐하는 반복의 문맥을 이루며 과거를 복원하고자 하는 소망을 드러낸다.

이러한 소망은 「草家三間」에서도 그대로 나타난다. '다시 오렴아

다시 오렴', '금실 조면 그만이지', '맘 마즈면 그만이지', '웃고 살면 그만이지', '마음만은 너를 주마', '사랑만은 너를 주마', '내 가슴은 너를 주마'와 같은 구문 반복은 시적 화자의 마음 깊이 자리 잡고 있는 고향의 참모습에 대한 자기 신념이라 할 수 있다. 이것은 욕심 없고 소박하게 살아가는 고향 사람들의 모습과 화자의 소망을 드러낸다. 특히 '모진 바람 고이 피해 다시 오렴아 다시 오렴'과 같은 구절은 거듭되는 요청을 통해 역사적 소명 의식마저 환기한다. 이것은 '연지곤지 단장하고', '쪽도리를 고히 쓰고', '당다실에 복을 차고'와 같이 새색시의 모습으로 변주되고 있는데 이 또한 새로운 역사 가능성에 대한 기대라고 할 수 있다.

고향은 일제강점기라는 어두운 조건 아래 괴로운 현실을 벗어날 수 있는 하나의 열린 가능성[32]이었다. 이것은 진부하지만 조국이나 광복과 같은 광의적 의미를 사연스럽게 환기하게 되었다. '만들어진 유토피아'로서의 고향은 암담한 현실을 견디고 이기게 하는 원동력으로 작용하였다. 이것은 반복되는 의식을 통해 점차 구체적인 모습을 갖추게 되었으며, 현실의 고난을 초월하여 도달하게 되는 한 지점으로 굳건히 자리 잡게 되었다.

載寧信用 나무릿벌 풍년이 들면/ 長淵 읍내 달구지에 금쌀이 넘치네/ 어서 가세 어서 가세 방아 찌러 어서 가세/ 우리 고을 풍년방아 연자방아 도라간다

海州淸風 바람결엔 달빛도 좋와/ 延安 白川 모래 틈엔 더운 물이 넘치네/ 어서 가세 어서 가세 머리 빨러 어서 가세/ 참 메나리 캐였다고 纖纖玉手 못될 손가

---

32) 박태일, 앞의 책, 214면.

新溪 谷山 명주 애기 분단장하고/ 鳳山 탈춤 구경 가네 五月이라 端午ㅅ날/ 어서 가세 어서 가세 탈춤 구경 어서 가세/ 망질하는 平山 애기 황소 타고 찾어가네

-「黃海道 노래」전문,
■ 이가실 작사, 손목인 작곡, 이해연 노래, 콜롬비아 40910, 1943.

「黃海道 노래」는 1943년에 발표되었다. 이 시기는 태평양 전쟁의 확전으로 다급해진 일제가 지원병제도와 징병제를 통해 조선의 젊은이들을 전쟁터로 내몰아가던 시기였다. 대중가요에 대한 검열도 강화되어 그간 주를 이루었던 애상적인 노래를 금지하고 군가와 행진곡풍의 노래를 통해 본격적인 전시동원체제에 돌입하던 시기였다. 일부 논자들33)은 이러한 암울한 시기에 당대의 고민과 거리가 먼 태평스럽고 기쁨이 넘치는 노래가 불려지는 것에 대해 반역사적이며 대중의 질곡을 도외시한 공헌한 울림이라고 비판하였다. 그러나 표면을 한 꺼풀 벗겨보면「黃海道 노래」또한 앞에 제시한 곡들과 다름없이 절망적인 현실을 이겨나가기 위해 의식화된 유토피아로서의 고향을 노래하고 있음을 알 수 있다.

시적 화자는 재령, 장연, 해주, 연안, 신계, 곡산, 평산 등 황해도의 지명을 차례로 호명하며 흥을 돋운다. 또한 낯설지 않은 풍경들을 제시하며 토속적 정서를 불러일으킨다. 세계 인식 태도는 매우 낙천적이다. 시적 화자는 한 개인을 감싸고 있는 조화로운 세계와 이 속에서 이룰 수 있는 꿈들을 차례로 제시하며 풍요로운 신화의 세계를 만들어간다. 여기에 등장하는 자아는 '회상하는 자아'가 아니라 '상상하는 자아'이다. 타향을 떠돌며 고립되고 극단적인 상황에 내몰릴수록

---

33) 이영미, 앞의 책, 84면.
    이노형, 앞의 책, 188면.

고향의 모습은 미화되어 더욱 선명하게 다가왔다. 이러한 유토피아적 상상력은 매우 의도적인 것이었다.

「黃海道 노래」에 나타나는 고향 지향성은 생활의 근거지로서 구체적인 공간이 아니라 이상화되어 있는 상상계적 고향이다. 화자는 '어서 가세 어서 가세'와 같은 반복되는 구문을 통해 유토피아 실현의 장소로 나아가고자 재촉한다. 이것은 함께 가고자 하는 공동체적 지향을 보여준다. 이 노래는 눈물로 일관된 자기연민과 달리 절망과 체념의 조건 속에서도 이를 극복하고 구현하게 될 세계를 제시하고 있다는 점에서 역동적이며 미래지향적이다. 또한 방황하고 유랑하는 식민지 대중에게 언젠가 완전한 고향으로 돌아갈 수 있다는 '꿈'을 설정해 주었다는 점에서도 고무적이다.

고향은 떠도는 이들이 지향하는 유토피아로서의 장소이자 이들이 도달해야 할 최후의 상소로서 기능하였다. 여기에 고단한 현실은 잠시 스쳐 지나가는 것이며 보다 영원하고 아름다운 세계를 지향해 나가야 한다는 종말의식이 깔려 있다. 조명암의 대중가요 가사는 개인의 고향 의식을 통해 사회·역사적 지평을 열어주며 고향의 의미를 심화하고 확장하여 마침내 신화적인 장소로 만들어갔다.

3. 맺음말

본 연구는 일제강점기 조명암의 대중가요 가사에 나타난 고향 의식을 통해 원형질로서의 고향이 가지는 다양한 측면을 살펴보았다. 대중가요에서 고향은 대중의 정서에 부합하는 매우 통속적이면서도 특별한 소재가 되어 왔다. 고향은 파편화된 근대적 시공간과 달리 자아와 삶의 원형을 그대로 간직하고 있는 장소이며, 어떠한 변화에도 불구하고 중심에 자리 잡고 있는 정체성 확인의 장소이다. 또한 일제강점기라는 조건 아래 괴로운 현실을 벗어날 수 있는 열린 가능성이라는 점에서 고향의식에 대한 연구는 나름의 중요한 의미를 가진다.

조명암은 고향 지향을 통해 고향을 완전한 장소로 만드는 것은 가족의 존재이며 어머니는 고향의 중심에 있는 고향에 대응하는 인물임을 보여주었다. 고향과 모성에 대한 지향은 존재의 근원을 탐구하는 것으로 고향을 떠난 자들은 고향으로 상정되는 어머니를 통해 결핍되고 오염된 것을 보상받고 싶어 하였다. 하지만 고향의 현실은 심각한 수탈에 따른 결손의 현장일 뿐이었으며 자아를 재구성하는 회복의 장소가 되지 못하였다. 고향상실의 노래들은 고향과 어머니에 기대는 나약한 모습을 드러내며 현재의 삶을 감상적으로 재구성해 나가는 모습을 보여주었다. 하지만 감상 속에 매몰되지 않은 것은 현실의 밑바닥에 있는 절박한 감정들을 끌어올리고 있었으며 사회적 긴장감을 담고 있었기 때문이다.

유랑은 일제강점기라는 시대 상황과 민중의 현실을 직접적으로 반영하는 소재였다. 유랑의 노래는 이 시기 대량으로 발생한 국내외 유이민의 삶과 밀접한 관계를 가진다. 실향이라는 사회적 운명은 구성원들의 내면으로 침투해 무의식 세계까지 장악해버리는 심각함을 보여주었으며, 유랑하는 자들은 상실이라는 거대한 상황에 억눌려 자학하는 패배주의적 태도를 보여주었다. 이 시기는 농촌이 급속히 붕괴되면서 굶주리는 가족을 살리기 위해 도회지나 만주로 팔려나가는 여성들이 급증하였다. 이들의 비극은 민족 공동의 아픔에 상응하는 것이며 식민지 수탈의 참상이 그대로 노출되어 있는 현장이었다. 그러나 이러한 작품의 특징은 자학과 비관의 모습 가운데서도 현실에 타협하지 않고 언젠가 돌아가야 할 고향을 고수하며 자신들을 자각시키고 있다는 점이었다.

유랑에는 북쪽으로의 지향성이 뚜렷하게 나타났다. 북쪽은 고향

이상으로 근원적이며 총체적인 수탈의 현장이었다. 조명암은 유랑하는 자들이 단순히 운명 속에 체념하는 수동적인 모습이 아니라는 것을 보여주었다. 그의 작품에 나타나는 시적 주체는 때로는 체념의 정조를 통해 식민 담론에 포섭된 모습으로 때로는 저항성을 강하게 내포한 모습으로 나타났다. 고향 아닌 고향의 역설 또한 상실과 결여의 적나라한 표출이었다.

고향을 떠난 자들은 고통스러운 삶 속에서도 끊임없이 고향으로의 회귀를 꿈꾸었다. 그들이 꿈꾸는 고향은 미화되고 다듬어진 완전한 유토피아였다. 유토피아 의식은 고향의 풍요로운 체험을 미래상으로 변형시켜 보편적 표상으로 승화시킨다는 데 의의가 있다. 이것은 스스로에게 다짐하고 기대하는 완전한 고향의 모습이기도 하였다. 조명암은 조화로운 세계와 이 속에서 이룰 수 있는 꿈들을 제시하며 풍요로운 신화의 세계를 창조하였다. 이것은 잃어버린 시공간을 복원하고자 하는 공동체적 지향을 보여주었으며, 최후의 장소로서의 종말 의식이 배경에 깔려있었다.

조명암의 작품에서 고향 찾기는 민족적이고 집단적인 주체성을 확보하는 한 방법이었다. 또한 실향의 삶은 님의 상실, 가족 상실, 국권 상실과 같은 여러 의식들을 총체적으로 형상화한 것이었다. 그의 작품은 당대 민중의 현실을 보다 적극적으로 다루고자 하였으며 대중의 삶과 욕망을 대중가요라는 형식에 얹어 식민지의 비참한 현실을 드러내고자 하였다. 이것은 그가 이미 모더니즘 시에서 보여주었던 시 정신의 연장이라고 할 수 있다. 조명암은 모더니즘 시를 통해 식민도시의 현실과 병리적 문제를 파헤치고 비판하였으며 부조리를 적극적으로 개선하고자 하는 의지를 드러냈다. 또한 대중가요 가사 작품에서는 고향 의식을 바탕으로 절제된 언어 미학을 통해 식민지 대중이 처한 어두운 현실과 그들이 겪는 팍진한 삶을 치열하게 그려냈다. 이것은 순수문학과 마찬가지로 대중문학을 통해서도 현실에 직접 개입하고자 한 공통된 태도였으며, 문학을 통해 시대의 좌절상을 이겨내려는 적극적인 몸부림이기도 하였다.

    대중가요 가사 작품은 대중성을 지향하는 것이기 때문에 도식화나 도피주의, 눈물의 카타르시스, 막연한 희망과 같은 통속적 요소들에서 자유로울 수 없다. 또한 당대 대중의 공용어, 공통 문법의 구실을 하는 것으로 대중의 요구에 부합해야 한다는 점에서 나름의 작품 관행을 따를 수밖에 없다. 이는 대부분의 대중가요 작품이 당대 지배적인 인식의 폭 안에서 이루어진다는 뜻으로 개별 작가의 개성을 드러내거나 작품 간의 차이점을 추구해 나가기가 쉽지 않다는 의미이다.

    그러나 조명암은 저급한 소재나 오락성에 치우치지 않고 식민지의 구체적인 현실에서 작품을 길어 올리고 있으며, 당대 다른 작사가들과 달리 한 작품 속에서도 대립적이고 모순적인 성격을 통해 저항성을 강하게 내포한 주체의 모습을 드러냈다. 그의 작품은 대중의 욕망을 드러내면서 그것을 보수적이고 체제순응적인 방향으로 조절해 가려는 대중가요의 기본 방향을 벗어나 식민담론과 민족담론이 공존하는 모습을 보였다. 그것은 가요가 가지는 대중적 파급효과라는 특수성 때문에 일제의 강압적 요소가 강하게 작동되었기 때문이다. 조명암의 작품은 시대의 전횡에 압도당하는 가운데서도 고향을 포기하지 않는 시 정신을 보여줌으로써 깊이 있는 호소력으로 대중의 폭 넓은 지지를 얻어내었다.

제2장. 조명암 대중가요에 나타난 근대 유흥공간의 여성

1. 머리말

조명암은 1930년대를 배경으로 현실 인식과 역사의식이 강한 시를 발표한 시인이다. 그의 시 작품은 분명한 사회·역사적 안목을 가지고 있었으며 보다 민족주의적인 색채를 표방하고자 하였다. 그는 일찍이 대중예술의 중요성을 깨달았으며 순수예술과 대중예술의 조화를 위해 노력을 기울였다. 이는 모더니즘 시의 관념성을 돌파하기 위한 대안이었으며, 민중의 현실을 직접적으로 다룰 수 있다는 점에서 새로운 문학적 출구가 되었다. 조명암은 이러한 양면적 경험의 조화를 통해 다채로운 대중가요 가사 작품을 대량으로 생산해 낼 수 있었다. 일제강점기 대중가요는 한 시대를 대표하는 서민문화이자 근대의 산물이라는 점에서 다양한 각도에서 연구가 필요한 분야이다.

조명암의 대중가요 가사에는 기생이나 화류계 여성을 주요 소재로 삼은 경우를 상당수 발견할 수 있다. 도시의 유흥공간은 욕망과 물질이 지배하는 곳으로 고향과 같은 순수공간과 대칭되는 지점에 놓인다. 1930년대 도시는 식민자본주의가 팽창하는 현장이었으며, 근대 자본주의의 무절제한 물욕은 인간의 욕망을 상품화하면서 자연스럽게 여성을 상품화하는 것으로 이어졌다. 조명암은 이러한 유흥공간의 여성에 주목하였다.

조명암의 대중가요 가사에 나타나는 유흥공간은 도시의 고급 요리점에서부터 국경의 초라한 주막까지 그 모습이 다양하다. 이러한 공간에 배치된 여성 또한 시, 서와 기예에 능한 기생에서부터 작부에 이르기까지 형태가 다양하였다. 조명암은 다양한 층위의 유흥공간과 그곳에 종사하는 각 여성 집단의 특수성을 부각하지 않는다. 이러한 점으로 인해 조명암의 작품은 다양한 부류로 이루어진 남성 대중의 삶과 욕망, 애환을 드러내는 지점이 될 수 있었으며, 이러한 공간 속에 놓인 여성들을 통해 식민지의 억압받는 민중의 삶을 더 구체적으로 드러내는 지점이 될 수 있었다. 당시 자유연애와 조혼, 봉건적 가부장제 등 서로 어울리기 어려운 관습이 공존했던 상황은 화류계 여성들을 소재로 갖가지 애달픈 사랑 노래가 나올만한 환경조건을 만들었다.

근대 유흥공간 속의 여성들은 가부장제와 근대의 새로운 관습 사이에 놓인 타자였다. 조명암의 작품은 일견 화려해 보이는 이들의 이면에 나타난 한숨과 절망을 통해 가부장제의 외부자, 사회적 타자로서 겪는 억압의 서사를 통해 보다 확장된 문제의식을 불러일으킨다. 또한 국경의 주막을 통해서는 시대 전횡에 압도당하고 있는 식민지인의 비애와 상실감을 인식한다. 민중과 민족이 위치한 현실을 인식하고 있다는 점에서 이러한 소재는 흥밋거리를 넘어 대중적 공감대를 형성할 수 있는 의미를 획득할 수 있었다. 조명암의 대중가요에서 수난당하는 여성은 이를 극복하고 나아가 피폐한 식민지 현실에서 탈출하고자 하는 기대와 가능성을 보여주는 지점에까지 이른다.

이 연구는 조명암의 대중가요 가사에 나타난 유흥공간 속의 여성과 이러한 작품이 가지는 복합적 의미망을 통해 일제강점기 유흥산업의 발달과 그 가운데 자리하고 있는 여성들의 삶과 욕망, 당대의 중층적인 의미 및 대중문화적 의의를 살펴보고자 한다.

대중가요 가사의 주인공이 유흥공간의 여성이라는 점은 조명암의 남성중심주의적 시각을 알 수 있는 부분이다. 하지만 이들 여성은 1930년대 식민치하에서 구체화된 유일한 여성 직업군이었다. 이들이 남성을 상대로 하는 서비스는 전통적으로 젠더화된 관계의 계승일 뿐만 아니라 상업적 전략이며 직업인으로서 스스로 에로티시즘을 창조하고 있다는 점에서 대중가요 가사에 나타난 화류계 여성은 여러 각도로 연구할 가치가 있는 흥미로운 주제이다.

2. 경계에 선 사회적 타자

근대 자본주의 도시문화는 무절제한 소비와 물질 숭배 및 관능성과 깊은 관련을 가진다. 이는 물질 중심의 상업적인 문명이 쾌락주의 풍조를 확산시키는 전형성을 지니고 있기 때문이다. 일제강점기에 새로 생겨난 요리점, 카페, 재즈홀, 댄스홀 등은 물질문명에 도취된 대중들의 쾌락을 충족시키던 사교장이었다. 그중에서도 요리점은 전근대의 기생을 근대적으로 재배치하는 장[34]이 되었다. 요리점은 일본의 권번제도를 도입한 근대식 유흥공간으로 제도의 변화와 상업적 시스템 속에서 전통적 기생이 어떻게 활용되는지, 식민지 사회 내부의 다양한 의미망을 드러내는 지점이 되었다.

자본주의 소비사회는 성과 육체에 대해 상업적 관심을 보이며 욕망뿐만 아니라 여성의 몸을 상품화하였다. 식민도시는 익명의 개인들이 살아가는 공간이라는 점에서 도발적이며 욕망을 향한 장소로 변해갔다. 식민도시의 불평등한 현실과 타율적인 도시화가 동반하는 부산물 또한 원색적 에로스의 본능을 극대화하며 도시 곳곳에 향락문화가 발달하였다. 불황 속에서도 소비적이고 퇴폐적으로 치달은 향락문화는 1930년대 사회의 대표적인 거품현상의 하나였다.

---

34) 서지영, 앞의 논문, 2004, 134면.

붉은 붉은 붉은 붉은/ 입술이 타오르는 이 밤은 왜 이렇게 괴로울까요/ 왜 이다지 쓸쓸할까 왜 이다지 쓸쓸할까/ 남치마 열두 주름/ 갈피 갈피 갈피 갈피/ 설움이 찾아든다 눈물이 찾아든다// (중략) 하얀 하얀 하얀 하얀/ 얼굴에 화장하는 이 밤은 왜 이렇게 외로울까요/ 왜 이다지 쓸쓸할까 왜 이다지 쓸쓸할까/ 풀어진 허릿바에/ 살금 살금 살금 살금/ 설움이 풀린다 눈물이 풀린다
- 「외로운 화장대」 부분,
■ 조명암 작사, 박시춘 작곡, 장세정 노래, 오케 12139, 1938.

자본이 몰려 번창하기 시작한 유흥산업 속에서 기생은 연회 접대부로서의 성격이 강화되었다. 기예는 기생의 존재를 인정받을 수 있는 매개였다. 그러나 이러한 공간에서 성적 유희가 이루어진다는 점에서 사회적 시선은 부정적이었다. 기생에게는 일상 노동의 현장이었지만 남성들에게는 향락과 성적 유희의 공간이었다.

자본주의 사회에서 사치는 도덕적 해이나 성욕의 발산으로 연결되는 경우가 많다. 직업인으로서 경제력을 가진 기생들은 화려한 옷과 양산, 호화로운 장신구 등으로 치장하였다. 이들의 소비 행태와 취향은 직업상 필요한 것이었으며, 유행을 선도하고 자부심을 확인하며 자기표현을 하는 한 방법이기도 하였다. 이것은 기생들의 섹슈얼리티를 강조하고 상품적 가치를 부여하는 방식으로 나아갔다.

「외로운 화장대」에는 자본주의적 소비와 욕망이 밀접하게 연결되어 있다. '화장대'와 '남치마 열두 주름', '얼굴에 화장하는 이 밤' 등 시적 화자는 여염집 여성과 달리 사치스러운 삶을 영위한다. '붉은 붉은 붉은 붉은', '갈피 갈피 갈피 갈피', '까만 까만 까만 까만', '하얀 하얀 하얀 하얀', '살금 살금 살금 살금' 등으로 이어지는 단어와 구

문 반복은 운율을 일정한 리듬으로 발전시키며 시적 화자의 섹슈얼리티를 극대화한다. 또한 강렬한 색상 대비를 통해 밤을 에로스적 기호에 맡기고자 하는 의도를 강조한다. 이러한 의도는 '설움'이나 '눈물' 같은 대중적인 제재를 통해 화려함에 감춰진 이면을 들추며 기생의 비애를 강조하는 방향으로 나아간다.

독백의 형식은 내면을 토로한다는 점에서 진실성을 드러낸다. 오지 않는 사람을 기다리는 마음은 일차적으로 수동적인 듯하지만 '풀어진 허릿바에/ 살금 살금 살금 살금'에 나타나듯 성숙한 여인의 육체가 욕망하는 쾌락의 리비도는 절박하고 강한 에너지를 품는다. 이처럼 기생은 관능을 활용하고 적극적인 욕망의 주체가 되어 자기 가치를 능동적으로 활용하였다. 그러나 실제로 이들은 자본의 구조 속에 얽혀 상품화되었으며, 화류계의 접대부라는 점에서 남성의 욕망을 자극하고 유흥을 제공하는 보조자에 지나지 않았다.

> 점잔은 사람한테 귀염도 바덧스며/ 나 절믄 사람한테 사랑도 햇드란다/ 밤 느즌 人力車에 취하는 몸을 실어/ 손수건 적신 적이 몇 번인고/ 일홈조차 기생이면 마음도 그러냐
>
> 빗나는 금강석을 탐네도 보앗스며/ 겁나는 세력 압헤 아양도 떨엇단다/ 호강도 시들하고 사랑도 시들해진/ 한 떨기 짓발피운 落花 신세/ 마음마저 썩는 것이 기생의 도리냐
>
> ―「花柳春夢」부분,
> ■ 조명암 작사, 김해송 작곡, 이화자 노래, 오케 20024, 1940.

> 세상이 가르쳐 준 사랑이러냐/ 금전이 가르쳐 준 헛정이러냐/ 울다가 아 눈물질 때/ 화류계 얽힌 몸은 화류계 얽힌 몸은/ 거미줄에 얽힌 나비

거리에 웃음 파는 신세일망정/ 참다운 의리만은 비길 데 없어/ 돈이냐 아 정이냐/ 화류계 매인 몸은 화류계 매인 몸은/ 어쩔 줄을 모른다오

출세도 주는 돈도 부럽지 않고/ 살점을 깎는 정도 대견치 않아/ 술이냐 아 담배이냐/ 화류계 딸린 몸은 화류계 딸린 몸은/ 취한 대로 산답니다

-「돈 半 情 半」전문,
■ 조명암 작사, 박시춘 작곡, 이난영 노래, 오케 12216, 1939.

　기생들은 요리점에서 폭넓은 계층의 남성을 접하면서 부르주아 지식인 남성을 비롯하여 다양한 계층의 남성들과 은밀한 로맨스를 즐길 수 있었다. 이것은 기생이 자유연애라는 신문화를 누구보다도 먼저 받아들일 수 있는 공간에 놓여있었기 때문이다. 당대를 떠들썩하게 했던 연애와 정사 사건의 주인공은 거의가 기생들이었다. 이들은 신여성은 아니었지만 그들이 지닌 교양과 예술적 감성으로 문인이나 엘리트 남성과의 연애가 잦았다. 그러나「花柳春夢」에 나타나듯 기생은 가족제도의 내부로 진입이 제한된 엄연한 타자였다.
　1921년 『신민공론』에 발표된「창부철폐론」은 매창(賣娼)을 강간 이상의 중대한 부도덕으로 규정하였다. 1931년 12월호 『동광』의 기생철폐론 또한 기생을 가정 파괴자이며 매음부로 간주하고 창기와 다름이 없다고 보았다. 이것은 새로운 시대 분위기 속에서 좁아지고 있는 기생의 입지를 보여준다. 그러나 기예와 재능이 뛰어난 일부 기생들은 대중적 공간과 대중문화의 중심으로 나아갔으며 대중문화의 소비자이자 생산자로서 부를 축적하고 자신의 정체성을 확립해 나갔다. 이들은 새로운 변화에 적응하면서 사회의 새로운 풍속도를 만들고 이끌어가는 신여성으로서의 면모를 발휘하였다. 당시 대중들은

이들에게 호감과 배척, 관심과 비난이라는 이율배반적 시선을 보냈다. 이들은 대중문화의 스타였지만 동시에 근대적 윤리와 규범에서 벗어난 봉건시대의 잔재로 인식되었기 때문이다.

「花柳春夢」, 「돈 半 情 半」에서는 떠나간 남자와 버림받은 여자라는 주체로서의 가능성을 상실한 여성 타자의 모습이 나타난다. 진부한 사랑 끝에 여자는 '거리에 웃음 파는 신세'라는 정체성을 깨닫고 눈물로 토로한다. '밤 느즌 人力車에 취한 몸을 실어', '이름조차 기생이면 마음도 그러냐', '한 떨기 짓밟피운 落花 신세' 등의 고백적인 발화는 화류계 여성이 위치한 현실을 보여준다. 원망과 한탄이 뒤섞인 눈물에는 사회적 신분에 대한 처절한 성찰이 담긴다. 화류계 여성은 가부장제의 경계에 선 외부자였다. 주변부에 위치하는 삶은 중심부로부터 끊임없이 부정당하는 타자의 삶이었다.

'화류계에 얽힌 몸은 화류계에 얽힌 몸은/ 거미줄에 읽힌 나비'에는 유흥문화의 상업적 틀과 계급적 현실에서 벗어나지 못하는 허무의식이 짙게 나타난다. '사랑이러냐 헛정이러냐', '돈이냐 정이냐', '출세도 돈도' '술이냐 담배냐' 등에 나타나는 이분법적 태도 또한 자괴감과 자기 멸시의 감정을 드러낸다. 이러한 점은 도식성과 타협하면서 사회적 억압에 대한 긴장을 일시적으로 이완하는 효과를 발휘한다. 영탄과 감정의 과장된 분출 또한 화류계 여성의 질곡을 표현하기 위함이다. 특히 반복되는 영탄은 시적 화자의 격정을 노출하여 대중의 가슴에 직접 호소함으로써 동정과 동질감을 형성하고 진정한 언어로서의 역할을 한다.

「花柳春夢」, 「돈 半 情 半」이라는 자조적인 제목이 시사하듯이 이들 작품에는 화류계 여성에 대한 사회적 억압의 기제와 일상의 삶과 제도 안으로 진입하지 못하는 이들의 사회적 기반이 드러난다. 극도의 자괴감은 웃음을 파는 사회적 타자로서의 위기의식을 드러낸다.

통곡과 탄식은 이들의 유일한 자기표현으로 원망과 토로라는 점에서 에너지의 일종으로 볼 수 있다.

화초기생이나 창기들의 활약이 두드러지고 카페문화가 형성되어 여급까지 기생으로 불리면서 기생 문화는 변모해 갔다.[35]「눈 오는 네온가」[36] 등의 작품에서 보듯 주변적이고 소비적인 접대부로서의 모습은 기생 전반을 '창기'로 간주하게 만든 원인이 되었다. 유흥공간의 여성들은 가정부인의 대립되는 존재로서, 새로운 근대 가족 이데올로기 형성 과정에서 가정의 파괴자이자 제거되어야 할 대상이었다. 이들은 전통적 가치체계와 근대적 변혁 사이에서 차이와 모순을 발생시키는 여성 하위주체로 머물렀다.

새로운 제도와 변화 속에서 이들이 겪는 위기의식은 식민지 남성주체가 여성을 내부의 식민지로 만들어, 식민주의가 내부에서 반복되는 모습을 보여준다. 이처럼 식민지 속에는 내부 식민지가 형성되어 식민지 체제가 확대·재생산되고 있었다. 남성에게 예속된 여성은 계급적인 모순뿐만 아니라 민족적인 모순이 첨예하게 나타나는 지점[37]이 되었다. 저항할 수 없는 가부장제적 가족구조 속에서 화류계

---

[35] 구한말 기녀의 수가 증가하면서 기생은 세분화되고 전문화되어 妓와 娼의 종류를 일패, 이패, 삼패로 구분하였다. 그러나 일제강점 이후 이러한 경계가 점차 무너지면서 기생은 종합예능인에서부터 매춘부까지 화류계 여성 전체를 칭하는 말로 본래 뜻이 왜곡되기에 이른다.

[36] 이 등잔 저 등잔에 불은 꺼지고/ 넘어진 술잔마다 서리는 피눈물/ 울다가 만져보는 치맛자락엔/ 그 누가 그 누가 쏟았는가 술이 어렸다// 이 들창 저 들창에 눈은 퍼붓고/ 쓰러진 테이블엔 휘도는 긴 한숨/ 울다가 맺어 보는 저고리 끈은/ 그 누가 그 누가 뜯었는가 흠집이 졌다// (중략) 울다가 찾아보는 머리의 꽃은/ 그 누가 그 누가 가져갔나 종적이 없네-「눈 오는 네온가」 부분, 조명암 작사, 박시춘 작곡, 남인수 노래, 오케 31006, 1940.

[37] 이것은 지배하는 성과 지배당하는 성의 관계 구성으로 지배하는 종주국과 지배당하는 식민지의 관계구조를 만들어 낸다. 이는 기생에 대한 일본 남성들의 호기심과 성적 판타지가 조선에 대한 제국의 욕망과 구분될 수 없는 것과 같은 이치이다.

여성이 느끼는 무력감과 피해의식, 자학과 자기연민은 시대 전횡에 압도당하고 있는 식민지인의 절망과 다를 바 없었다. 이것은 화류계의 여성이기에 더욱 개연성을 지닐 수 있었다.

남성 지배적인 이데올로기는 가부장제를 공고히 하기 위한 것으로 특히 화류계 여성과 같은 여성 소수자에 대한 억압과 착취, 지배의 형태로 나타났다. 근대적 주체로서의 가능성이 차단된 여성의 모습은 일제가 조선을 타자성, 정체성, 수동성으로 표상함으로써 식민지배의 정당성을 확보했던 과정[38]과 맥락을 같이 한다. 이들은 욕망의 대상이자 남성의 환상이 덧씌워진 산물로 조선의 안과 밖에서 식민주의와 계급, 젠더 등 근대의 담론이 충돌하는 메커니즘 속에 놓여 있었다.

3. 유랑의 지점에 위치한 모성적 공간

근대도시의 유흥공간을 배경으로 식민지 여성의 삶과 애환을 노래하던 조명암은 일제 말기에 접어들면서 국경을 비롯하여 만주, 중국 등으로 시적 공간을 확장해 나간다. 이것은 동척이민과 곡가폭락, 일제의 가혹한 수탈정책 등으로 농토를 잃은 조선인들이 국내를 유랑하거나 살길을 찾아 만주와 연해주 등지로 떠나게 된 이유에 기인한다.

일제의 식민지 농업정책과 식민지적 지주 경영은 조선 농민을 급속히 분해시켰다. 특히 '토지조사사업'은 중소 지주, 자작농, 자소작농의 토지를 빼앗아 소작농으로 전락시켰으며 고율의 소작료로 인해 이들은 급격히 빈민화되었다. 농촌 빈민은 급증하여 1920년대 후반에는 가까스로 연명하고 사는 세민(細民)이나 궁민(窮民), 걸인이

---
[38] 이경민, 앞의 책, 253면.

전체 인구의 1/4을 상회하였으며 화전민의 수는 120만을 웃돌았다. 1927년에는 만주로 떠나는 이민자의 수가 100만[39]에 달하였다.

적자와 과중한 농채에 시달리던 농민 중에는 야반도주하는 사람이 늘어났고 굶다 못해 자신의 처자를 파는 참상이 벌어지기도 했다.[40] 국경과 만주 등지로 팔려간 조선 이농민의 딸과 유부녀들은 유랑극단의 단원이 되거나 식당과 유곽, 허름한 술막의 작부가 되어 떠돌았다. 국경의 주막은 이러한 현실을 반영하는 곳으로 일제의 약탈 정책에 희생된 조선인 여성들의 핍진한 삶이 적나라하게 드러나는 공간이라 할 수 있다.

　　　이 잔을 잡어요 눈물의 술잔을/ 주막의 하로밤도 꿈이랍니다/
　　아 우서나 볼가 울어나 볼가

　　　고향은 멀어요 저 멀니 아득해/ 설음에 지고 지는 신세랍니다/
　　아 우서나 볼가 울어나 볼가

　　　사랑을 마러요 쓴구름 사랑을/ 이별이 자즌 님의 정이랍니다/
　　아 우서나 볼가 울어나 볼가
　　　　　　　　　　　　　　　　　　　－「酒幕의 하로밤」전문,
　■ 조명암 작사, 김준영 작곡, 강홍식 노래, 콜롬비아 40649, 1935.

　　　란딴이 흔들리는 국낙도 언덕/ 나는요 열아홉살 송화강 큰 애기/ 새빨간 홍사등에 얼굴을 적시며/ 누구를 들으라고 누구를 들으라고/ 초금(草琴)을 부나요
　　　　　　　　　　　(중략)

---

39) 이여성·김세용, 『숫자조선연구』, 1, 4집, 세광사, 1933, 50~62면 참고.
40) 강만길, 「농촌빈민의 생활」, 『일제시대 빈민생활사 연구』, 1987, 창작사, 13~83 참고.

꽃바람 실어오는 모스도와야/ 꿈꾸는 센터라르 사랑의 거리/ 나는요 열아홉살 송화강 큰 애기/ 누구를 들으라고 누구를 들으라고/ 초금(草琴)을 부나요

-「紅沙燈 푸념」전문,
■ 조명암 작사, 박시춘 작곡, 박달자 노래, 오케 31021, 1941.

실향과 유랑, 타향살이는 일제강점기 대중가요에 집중적으로 나타나는 소재이다. 이것은 기본적으로 고향상실과 가족 상실의 체험을 동반한다. 이러한 결손 체험은 일제강점기라는 시대적 배경을 강하게 환기하는 요소가 된다. 실향과 유랑의 노래에는 공간의 확장보다 시간의 퇴행이 중요한 문제로 나타난다. 이들의 이동 공간은 외부 세계와의 교섭보다는 잃어버린 시공간에 대한 회상으로 집약된다. 이것은 현재의 거짓된 삶을 부정하고 과거의 진실 쪽으로 다가가고자 하는 심리[41]라 할 수 있다. 현실에서 밀려난 자들이 느끼는 고향과의 거리가 멀면 멀수록 체념과 자학, 패배주의, 무력감 등은 더욱 고조된다.

실향과 유랑에는 일정한 목적지가 없는 방향 상실의 모습이 나타난다. 떠도는 자들은 광활한 이국의 장소, 거역할 수 없는 운명 앞에서 좌절하지만 어딘가에 이들이 쉬어갈 수 있는 주막이 자리한다. 주막은 정처 없는 나그네들을 기다리는 안식처라는 점에서 또 하나의 고향으로서 역할을 한다. 고향은 여성적 이미지 특히 어머니의 이미지에 의해 지탱[42]된다. 심리적으로 고아나 다름없는 나그네들은 비록 주막을 지키는 여성이지만 이들을 고향에 머물며 고향을 지키는

---

41) 서영희, 「조명암의 대중가요 가사에 나타난 고향의식」, 『한민족어문학』 64집, 2013, 412면.
42) 이명찬, 「1930년대 후반 한국시의 고향의식 연구」, 『1930년대 한국시의 근대성』, 소명, 2000, 95면.

어머니처럼 안정된 존재로 인식한다. 이러한 인식 아래 주막의 여성들은 유랑하는 자들과 달리 온전한 존재로서 고향이나 모성의 표상과 동일시된다. 지난했던 유랑의 시간을 위로해 준다는 측면에서 이들 여성들은 어머니의 품처럼 정체성 확립의 장소로까지 기능하고 있는 것이다.

'국낙도 언덕', '열아홉살 송화강 큰 애기', '꽃바람 실어오는 모스도와야' 등의 가사에 나타나듯 이곳은 빈농의 딸이 가족을 먹여 살리기 위해 팔려 온 이국땅으로, 식민권력이 휘두른 총체적 수탈의 단면이 그대로 드러나는 공간이다. '사랑을 마러요 쓴구름 사랑을'이라고 노래하지만 이들은 서로의 처지를 이해하고 동질감을 느끼며 하룻밤 풋사랑에 빠진다. 이룰 수 없는 사랑은 내일을 기약할 수 없는 식민지인의 공통된 고뇌로, 이별이 예고되어 있지만 이들은 하룻밤 사랑에서나마 이국땅에서 느끼는 공허와 결핍감을 해소하고자 한다.[43] 이는 부정적 감정이 극단화될 때 나타나는 정신적 반사작용으로, 이들의 '사랑' 속에는 식민지인이 느끼는 허무 의식과 심각한 불안의식이 담겨있다.

주막이란 보호받을 수 없는 외부자들의 공간이다. 주막은 정착할 수 있는 곳이 아니며 단순한 경과 장소에 불과하다. 이러한 공간에 놓인 여성 또한 언제든 '쓴구름'처럼 떠나야 하는 객체라는 점에서 길 위의 삶이라 할 수 있다. 이들은 술막에서나마 자신들의 소속감과 정체성 일부를 확인받으며 광활한 이국땅에서 느끼는 왜소함과 공포를 위로받고자 하였다. 이처럼 주막의 여성은 식민지 근대의 담론이 충돌하는 상실과 부재의 실체였으며, 동시에 완전한 장소감을 가지는 고향과 어머니의 모습으로 재현되어 결여의 시간과 공간을 채우고 있었다.

---

43) 서영희, 「일제강점기 박영호의 대중가요 가사 작품 연구」, 『민족문화논총』, 33집, 2006, 231면, 236면.

따라서 주막은 유랑하는 자들에게 하나의 지향점이 되었다. 떠도는 자들은 주막이라는 또 하나의 고향으로 귀환해 어머니로 재현되는 여성과 결합함으로써 상처를 치유받고 회복하였다. 「酒幕의 하로밤」과 「紅沙燈 푸념」에 나타나는 ' 아 우서나 볼가 울어나 볼가', '누구를 들으라고 누구를 들으라고/ 초금(草琴)을 부나요' 등의 반복되는 리듬과 가사는 어머니처럼 토닥거려 주는 위안과 치유의 기능을 통해 결여의 상태에서 다시 나아갈 힘을 얻도록 한다.

조명암의 대중가요는 내일을 알 수 없는 식민지인의 비애를 나타내기 위해 '주막의 여인과의 하룻밤'이라는 독특한 소재를 애용하였다. 조명암의 작품은 이처럼 특수한 계층의 여성과 유랑하는 남성들의 애환을 통해 이들의 사체험을 공적으로 역사화44)하며 식민지인의 폐허적 현실에 천착한다. 따라서 방랑의 지점에 위치한 주막은 쓸쓸함이나 비애 등의 일차적 감정을 넘어서는 전환의 지점이 된다. 이들의 모습 또한 축소된 집단성을 드러내며 민족이라는 거대한 의미로 확장될 수 있었다. 이러한 조명암의 대중가요는 대중의 비애와 공허감을 공유하고 위로하는 것에서 나아가 상실이라는 거대한 시대 상황을 인식하고 대응하는 역사적 주체로서의 모습을 드러낸다.

국경과 만주라는 공간은 민족의 비극을 함축하는 곳으로 길 위의 주막은 하룻밤 안식처에 불과하지만 집단의 공동 기억을 불러오는 매개로 작동하고 있다는 점에서 민족 공통의 의미 있는 장소가 될 수 있었다. 일제강점기라는 특수한 상황 아래서 소수자이자 약자인 유흥공간의 여성은 상실과 부재의 전형을 드러내는 지점이 되었으며, 이는 다시 제국 이데올로기와 결합하는 모습을 통해 식민지 유랑민을 위무해 주는 의미 있는 지점이 되었다.

---

44) 이명찬, 「1930년대 후반 한국시의 고향의식 연구」, 『1930년대 한국시의 근대성』, 소명, 2000, 107면.

4. 수난과 희생을 통한 구속(救贖)의 세계

여성의 수난은 민족적인 것의 훼손된 표상으로 재구성된다. 여성의 수난은 외세에 의해 침탈된 수난사를 여성의 이야기 속에 담아내는데 이는 역사를 성적인 것으로 의미전도 하는 과정45)을 보여준다. 여성의 성적 수난은 약자가 당할 수 있는 치욕스러운 경험으로, 국경을 넘어서 술과 몸을 파는 조선 여인들의 현실은 약소민족의 비애를 극화하며 민족사적 의미를 담을 수밖에 없었다. 이는 여성을 가장 취약한 민중으로 의미화함으로써 수난의 비극성과 숭고함을 강화46)하고자 하는 것으로 이들이 전락해 온 과정은 조선이 일제에 의해 국권을 상실하는 과정으로 서사화 되었다.

식민지 환경은 삶의 기반을 위협하는 생명 부재와 죽음의 환경이다. 이러한 토양은 실낙원의식을 고무시킨다. 실낙원은 고향상실, 가족 상실, 조국 상실과 같은 뿌리의 상실을 의미하는 것으로 종말론적 회의를 일으키는 계기가 된다. 조명암의 작품은 수난당하는 유흥공간의 여성을 매개로 삶과 죽음의 생생한 역학적 관계를 통해 식민지의 암울한 현실을 극복하고 초월의 세계를 지향하고자 한다.

> 영자야 가려무나 네 맘대로 가려무나 못 믿을 사람아/ 네 사정에 속으마 네 사정에 속으마 화류계 사랑/ 춘향이는 못될망정 절개는 절개 그 어이 값 없으랴
>
> 영자야 가려무나 속 시원히 가려무나 박정한 사람아/ 울며 맺던 맹세도 울며 맺던 맹세도 거짓이었나/ 내 순정을 바친 죄로 상처만 크다 내 홀로 울며 살리

---

45) 권명아, 「수난사 이야기로 다시 만들어진 민족 이야기」, 『문학 속의 파시즘』, 삼인, 2001, 239면.
46) 권명아, 위의 책, 284면.

영자야 가려무나 미련없이 가려무나 눈 어둔 사람아/ 네가 찾는 네가 찾는 세상은 조화의 나라/ 억천만길 장부의 속 계집이 알리 영원히 가려무나

-「영자야 가거라」전문,
■ 조명암 작사, 박시춘 작곡, 이인권 노래, 오케 20011, 1940.

깨어진 색경(色鏡)으로 단장을 하며/ 목미어(메어) 울던 너는 밤거리 파랑새/ 날러간 그 고장이 날러간 그 고장이 어데란 말이냐/ 인도교 다리 아래 강물만 푸르다

깨어진 색경 속에 시를 써놓고/ 세상에 울던 너는 분 바른 파랑새/ 날러간 그 하늘이 날러 간 그 하늘이 어데란 말이냐/ 두 줄을 못 읽어서 가슴이 맥(마)혔다

깨어진 색경 속에 울던 그 얼굴/ 색경은 어쩌다가 놓쳐를 보냈나/ 날러간 그 고장이 날러간 그 고장이 어덴 줄 안다면/ 달빛을 등에 지고 나 역시 가련다

-「분 바른 靑鳥」전문,
■ 조명암 작사, 박시춘 작곡, 남인수 노래, 오케 31010, 1940.

「영자야 가거라」에서는 식민지의 암울한 현실을 딛고 조화와 생명 회복으로 나아가고자 하는 의도를 보여준다. 이 작품에 담긴 구체적인 사연은 알 길 없다. 그러나 수난당하는 여성 영자는 이러한 생명 회복의 길로 나아가는 중요한 방편이 되고 있음을 알 수 있다. '영자'는 당시에도 흔한 이름으로 노래를 통해 널리 가창됨으로써 한 사람을 지칭하는 고유명사가 아니라 조선의 보통 여성으로 일반화된다. '절개는 절개', '네가 찾는 세상은 조화의 나라'에 드러나듯이 정

화의 기제는 보잘것없는 화류계 여성 영자를 통해서 나타난다. 여성의 희생을 통한 구원은 동서고금을 막론한 고전적인 주제로 이 작품이 대중가요라는 점에서 영자의 수난은 나약한 여성 일반의 수난으로 확장되어 제의적 사건으로까지 승화될 수 있다.

'네가 찾는 네가 찾는 세상은 조화의 나라'라고 노래하지만 조화는 필연적으로 파괴의 타나토스와 결합할 수밖에 없다. 따라서 영자의 수난은 조화를 위한 필연적인 과정이며 이 수난은 회복을 함축하고 있다는 점에서 수난과 희생, 생명 회복은 동질적인 것이라 할 수 있다. 이것은 화류계 여성에게 씌워진 선과 악의 이원적 경계뿐만 아니라 생과 사의 모순적 관계까지 넘어선다. 선/악, 생/사는 양극에 위치해 있으면서 한쪽이 다른 한쪽을 불러들일 때 완전한 모습을 갖추게 되는 모순적이면서도 포괄적인 구도이다. 이처럼 영자의 수난은 죄성으로 가득 찬 세계를 구원하는 속죄 제의와 동질적인 사건으로 나타난다.

조명암은 유흥공간의 여성에게서 성적 부도덕이나 죄를 환기시키는 것이 아니라 오히려 이들이 위치한 사회적 현실을 통해 식민지인의 불안을 드러내며, 주변부에 위치한 타자임에도 불구하고 이들의 절개와 수난을 통해 얻게 되는 보다 조화로운 세계를 추구한다. 이것은 수난과 희생이야말로 세속성을 벗어나는 출구47)이며 조화와 질서의 세계를 회복할 수 있는 가장 신성한 사건이기 때문이다. 이 또한 이들이 유흥공간의 여성이기에 더욱 개연성을 얻을 수 있었다.

「분 바른 靑鳥」는 과거를 몰락의 과정으로 애도하는 동시에 애도를 통해 새로 태어남을 소망하는 재생적 욕망을 내포48)한다. 조명암

---

47) 전미정, 「한국 현대시에 나타난 에로티시즘의 세 가지 양상」, 『한국 현대시와 에로티시즘』, 새미, 2002, 102면.
48) 권명아, 앞의 책, 238면.

은 웃음 파는 화류계 여성을 파랑새에 투사한다. 파랑색은 생명력을 촉발하고 자유와 평화의 이미지를 함축하는 색으로 파랑새는 신성한 영험을 지닌 보편적 문화원형을 나타내는 존재이다. '밤거리 파랑새', '분바른 파랑새'는 역사적 수난에도 불구하고 소멸되지 않는 순수함이나 굳건한 민족정신과 등치된다. 파랑새는 민족 주체성을 정화하고 재생하기 위해 구성되는 서사의 핵심으로 등장한다. 이는 짓밟히고 수난당하는 여성을 통해 훼손되고 상실된 민족을 서사화하는 것과 동일한 방식이다.

「분 바른 靑鳥」는 황폐화된 현실에 대해 느끼는 시적 화자의 구속 심리가 투영되어 있다. 예수가 십자가에 못 박혀 인류의 죄를 대속(代贖)한 사건과 마찬가지로 푸른 하늘로 날아간 파랑새는 초월의 희망을 품고 피폐한 현실에서 탈출하고자 하는 꿈을 보여준다. 이 꿈은 파랑새의 손재가 함축하는 이상이라는 모순을 내재하고 있지만 민족 현실을 구원할 굳건한 표상으로 존재한다. '날러간 그 고장이 날러간 그 고장이', ' 날러간 그 하늘이 날러 간 그 하늘이'에서 '그 고장'과 '그 하늘'은 집단적 상징의 의미로 확대된다. 그곳은 파괴와 상실로 표상되는 실낙원과는 대척점에 있는 낙원이다. 이곳은 조화롭고 풍요로운 질서의 세계이며, 식민지인들이 간절히 원하는 광복과 같은 새로운 역사 가능성에 대한 기대로 자리 잡는다. 이처럼 타자화된 여성 표상은 모순적 이분법 속에서 이상향에 다다를 수 있는 존재로서 체현된다.

조명암의 작품은 여성을 매개체로 원용하며 이들의 수난과 희생을 통해 새로운 세계를 열어가고자 한다. 이것은 기본적으로 이들의 모성성을 바탕으로 한다. 모성은 결핍과 상실을 보상받을 수 있는 생명 회복과 탄생의 상징적 지점이다. 이러한 순환 관계에는 생명이 다른 죽음을 필요로 하고 그것이 다시 새로운 생명을 낳는다는 재생의 원리가 작용한다. 수난과 희생이 새로운 생명 에너지를 분출하여 극복과 승화의 드라마를 만들어 내는 것이다. 조명암은 어둠과 불안, 허무 의식으로 착색된 식민지 말기, 친일 혐의가 짙은 작품을 발표하는 가운데서도 이처럼 민족 정체성 회복을 위한 시도를 동시에 하고 있었다.

파랑새는 상실과 부재의 시대에 나타난 하나의 열린 가능성이었다. 그것은 이국의 주점에서도 조선인의 긍지를 잃지 않고 살아가는 화류계 여성49)을 가리키고 있으며, 절망과 체념, 눈물로 일관된 조건 속에서도 이를 극복하고 구현하게 될 세계를 제시하고 있다는 점에서 고무적이다.

5. 맺음말

본 연구는 일제강점기 조명암의 대중가요 가사에 나타난 근대 유흥공간의 여성을 논의하였다. 대중예술에서는 작가 의식보다는 수용자 의식을 탐구하고 그들이 원하는 바를 제공하는 것에 더 중요한 의미를 둔다. 이러한 측면에서 일제강점기 인기를 누렸던 대중가요 작사가 조명암의 작품에 대한 연구는 당대 대중의 의식과 태도를 읽을 수 있는 가장 의미 있는 방법이 될 것이다. 대중의 관심과 경험,

---

49) 만주, 시베리아 등지로 팔려간 조선의 여인들은 꽃영업을 하는 창부들이었지만 민족적 연대 위에 자신들의 삶을 바르게 위치시켰다. 그들은 몸을 팔아 모은 돈으로 식민지 조국의 수재의연금이나 재만 동포를 위한 거액의 의연금을 쾌척하는 등 의기로서의 모습을 견지하며 지식인의 거짓된 관념과 민중의 참된 생활 사이의 간극을 몸으로 실증해 보였다-윤영천, 앞의 책, 116~118면 참고.

욕망을 반영하고 충족시켰다는 점에서 대중가요에 나타난 근대 유흥공간의 여성에 대한 연구 또한 중요한 의미를 가진다.

1930년대 도시는 식민자본주의가 급속도로 팽창하는 현장이었다. 식민도시의 불평등한 현실이 동반하는 어두운 부산물들은 원색적 본능을 자극하며 곳곳에 향락문화가 발달하였다. 식민지 상업 자본은 인간의 욕망을 상품화하였으며 이것은 다시 여성의 몸을 상품화하는 방식으로 이어졌다.

조명암의 대중가요에 나타난 유흥공간은 고급 요리점에서부터 국경의 초라한 주막까지, 이러한 공간에 위치한 여성 또한 기생에서부터 작부에 이르기까지 층위가 다양하였다. 조명암의 작품은 유흥공간과 여기에 종사하는 여성들을 통해 다양한 부류로 이루어진 식민지 여성 대중과 남성 대중의 욕망과 애환을 구체적으로 드러냈다.

조명암은 경계에 선 외부자로서 기생이 위치한 현실을 그려냈다. 그의 작품에는 사회적 억압의 기제와 당대의 시각 등 이들이 위치한 사회적 기반이 그대로 드러나 있었다. 당시 기생들은 신여성과 마찬가지로 자유연애의 주인공이었으며 대중문화를 주도하는 연예인이었지만 또 한편 근대적 윤리에서 벗어난 봉건시대의 잔재로 인식되었다. 이러한 과정에서 이들이 위치한 상업적 틀과 계급적 현실은 내부에서 생산되는 중심부 집단과 주변부 집단의 이항 대립을 보여주었다.

유흥공간의 여성은 전통적 가치와 근대적 변혁 사이에서 차이와 모순을 발생시키는 하위주체로 머물렀다. 이들이 느끼는 무력감과 피해의식은 시대 상황에 압도당하고 있는 식민지인의 절망과 다를 바 없는 것이었다. 조명암은 식민주의가 내부에서 반복되는 모습을 통해 계급적인 모순뿐만 아니라 민족적인 모순이 첨예하게 나타나는 지점을 보여주었다. 이들은 사회적 타자로서 조선의 안과 밖에서 식민주의와 계급, 젠더 등 근대 담론이 충돌하는 지점 속에 놓여있었다.

　실향과 유랑은 일제강점기 대중가요에 집중적으로 나타나는 대표적인 주제 중의 하나였다. 유랑하는 자들은 광활한 이국의 땅에서 방황하고 좌절하지만 이러한 길목에는 주막이 자리하고 있었다. 주막은 나그네를 기다리는 곳이라는 점에서 또 하나의 고향으로서 역할을 하였다. 고향은 어머니의 이미지에 의해 지탱되는 것으로 주막을 지키는 여성은 떠도는 자들과 달리 안정된 존재로서 고향이나 모성의 표상이 되었다. 유랑하는 자들은 주막이라는 또 하나의 고향으로 귀환해 어머니로 재현되는 유흥공간의 여성으로부터 상처를 위로받고 치유하였다.

　국경의 주막은 일제의 약탈 정책에 희생된 조선인 여성들의 수난상이 적나라하게 드러나는 공간이었다. 국경 너머에서까지 술을 파는 조선 여인들의 수난은 약소민족의 비애를 극화하며 민족사적 의미를 담고 있었다. 조명암은 수난당하는 여성을 통해 과거를 몰락의 과정으로 애도하는 동시에 애도를 통해 새로 태어남을 소망하였다. 이는 여성을 가장 취약한 민중으로 의미화함으로써 수난의 비극성을 강화하는 것이다. 그의 작품은 '절개' '조화' '밤거리 파랑새' 등의 주제어를 통해 나약해진 민족 주체성을 정화하고 재생하려는 서사를 구성하고 있었다. 수난과 희생은 생명 회복을 위한 필연적인 과정이며 이것은 이들 여성들의 모성성에 기초하였다.

　조명암은 유흥공간의 여성에게서 죄성을 환기하지 않고 이들의 절개와 수난을 통한 조화와 질서의 세계를 추구하였다. 수난과 희생이야말로 질서의 세계를 회복할 수 있는 가장 신성한 사건이기 때문이다. 민족 주체성을 재생하기 위해 구성되는 서사의 핵심에는 이국의 주점에서도 긍지를 가지고 의기의 모습을 견지하는 조선인 여성들이 있었다. 이것은 작가의 구속 심리가 그대로 투영된 것으로 조명암이 추구하는 조화의 세계는 실낙원과 대척점에 있는 풍요와 질서의 세계이며 광복과 같은 새로운 역사 가능성에 대한 기대였다.

조명암은 유흥공간에 위치한 여성들이 함축하고 있는 당대의 핵심적인 문제들을 파악하여 민중의 한을 위로하면서도 시대적 압박에 저항하는 주체로서의 모습을 강조하며 조화와 회복의 상징적인 장소를 꿈꾸어 나갔다. 조명암의 대중가요 가사에 나타난 유흥공간의 여성은 한 시대의 표상이자 식민지 근대의 산물이라는 점에서 보다 다양한 각도에서 연구가 필요한 분야이다.

제3장. 조명암 대중가요의 풍자와 해학

1. 머리말

　우리 민족의 전통 정서는 한보다는 웃음과 신명이 주류를 이루어 왔다. 웃음의 전통은 유교문화의 억압적인 분위기 속에서도 전통 혼례와 회갑례, 상례 등에 깊이 뿌리를 내리고 있으며, 민요와 판소리, 굿, 탈춤 등 민중문화를 통해 전승되어 왔다. 풍자와 해학은 희극적인 것에서 출발하는 것으로 현실성과 일상성이 중심 영역이 된다. 풍자와 해학의 희극적인 요소는 인간이 역동적이고 즉흥적이며 자유롭게 행동하는 존재임을 알려준다.

　풍자와 해학은 때로 논리와 이성을 배제하여 사회적 억압이나 체제의 구속을 떨쳐버리는 수단이 되며, 이러한 문제에 대한 적절한 치유 효과를 내재한다. 또한 고정된 가치관이나 도덕 논리 등이 일시적이고 주관적인 판단이며 허상이라는 사실을 발견하게 한다. 이러한 희극적인 요소가 가지는 분쇄하는 힘과 돌연한 힘은 사회 구성원을 유쾌하고 건강하게 만들어 부정적인 현실을 견디고 이겨나가도록 고무한다. 이러한 힘이 가능하기 위해선 현실에 밀착한 정확한 상황 파악이 전제되어야 한다.

　풍자가 현실에 대한 비판과 부정에 집중하는 것이라면, 해학은 긍정에 집중하는 것이다. 풍자는 민중의 이상을 실현시키려는 미학적 태도[50]로, 사회의 부조리와 불합리, 허위 등에 가해지는 기지 넘치는 비판과 조소이다. 반면 해학은 사회적 현상이나 현실을 우스꽝

---

[50] 권순긍, 「풍자의 역사적 성격」, 『고전소설의 풍자와 미학』, 박이정, 2005, 113면.

스럽게 드러내어 의미를 반전시키고 슬픔을 웃음으로 껴안음으로써 공감의 정서를 불러일으킨다. 또한 평범하거나 그보다 못한 인물들에게서 드러나는 파격성, 비합리성 등을 과장하고 왜곡하여 대상과 주체가 대등한 위치에서 약점을 감싸고 문제를 극복하며 비약을 통해 새로운 질서를 창출51)하고자 하는 태도이다. 풍자가 공격적인 의도를 내포하는 것이라면 해학은 억압받는 대상에 대한 공감이 담긴다. 풍자와 해학은 시대상이나 사회적 분위기와 직접적으로 맞물려 일상성의 다양한 스펙트럼으로 나타난다. 또한 민중과 다양한 계층에 열려있다는 점에서 풍자와 해학이 함의하는 의미의 층위는 전체 대중을 아우른다.

조명암은 당대 사회 현실 속에서 대중가요가 가지는 역할을 찾아내고 대중가요가 가지는 대중성과 파급력을 통해 식민자본주의가 팽칭하는 부정적인 현실을 비판하고 자신의 문화적 이념을 적극적으로 표현하였다. 조명암의 모더니즘 문학이 당시 경성의 급격한 도시화에 따른 체험과 충격이 낳은 인식의 산물이듯이, 대중가요 또한 경성의 구체적이고 세부적인 현실을 바탕으로 하여 부정적인 시대를 풍자하고 비판하는 것이었다.

조명암은 모더니즘 시를 통해 근대도시와 도시인의 삶에 대해 탐구하였으나 실제적인 차원으로 발전시키는 데는 부족함을 느꼈다. 그는 대안으로 대중가요 가사를 통해 구체적인 사회 현실과 대중의 삶에 직접적으로 다가가고자 하였다. 또한 1920년대 중반부터 이광수, 주요한, 김억, 김동환 등이 민요와 가창을 전제로 하는 장르 모색의 결과로 퇴폐가요를 배격하고 시대적 요구에 부흥하는 신가요를 만들고자 결성한 조선가요협회의 창립(1929)에서도 상당한 영향을

---

51) 장희창, 「한국미의 범주로서의 해학」, 『민족미학』 5집, 2005, 153면.

받았다.

조명암의 작품이 가지는 풍자와 해학의 특성은 일제강점기라는 시대적 배경과 맞물리면서 더욱 풍자적이고 비판적이며 지적인 경향을 나타낸다는 점이다. 그는 전통적인 풍자와 해학의 현대적 변용을 통해 복합적이고 은유적인 특성을 보이면서 이를 통해 대중의 공감을 얻어내고 즐거움을 공유하고자 하였다. 그는 이러한 방식으로 일제의 강압적 정책과 그들이 만들어놓은 식민지 조선의 현실을 조롱하였으며, 서민의 생활 정서를 탁월하게 묘사하는 방법을 채택하여 구어체와 속어체로 대중과의 공감 확대를 이루었다.

그의 노래는 식민권력이 만들어 놓은 사회적 모순현실을 고발하고 성토하는 방법에서도 현실을 뒤집거나 상투적인 문구를 활용하는 등 말장난을 통해 언어의 일시적인 방심 상태를 만들며 무거움을 덜어냈다. 또한 속어를 반복하고 불일치를 유발하거나 스스로 조롱하는 등, 진지함을 제거하는 방법으로 희극적인 효과를 얻어내고자 하였다. 조명암은 이러한 방식을 통해 숨겨진 진실에 대해 질문을 던지면서 식민지인들이 고단한 현실과 화해하고 조정하는 힘을 갖기를 원했으며, 작사자 스스로 인간적인 자기 증명과 존재의 힘을 실현[52]하고자 하는 의도를 내포하였다.

조명암은 이와 동시에 수십 편에 달하는 친일 군국가요작품을 발표하였다. 그의 작품은 특히 대중가요 가사 분야에서 친일과 반일, 저항과 분열이 동시에 공존하는 현상이 두드러지게 나타난다. '두 가지 목소리를 한꺼번에 내는' 양가적 감정은 대중가요가 지배 이데올로기의 전달 역할을 담당한다는 점에서 권력의 힘 아래 놓인 식민지 지식인의 고민과 상처의 결과물이라 할 수 있다. 이러한 분열과 모순

---

52) 류종영, 「19세기 후반 웃음의 심연」, 『웃음의 미학』, 유로, 2005, 303면.

은 조명암 대중가요 작품의 큰 특징을 이룬다.53)

대중가요 가사 연구에서 장유정54)은 조영출(조명암)의 대중가요 가사 전반 대해 갈래별 특성을 다루며, 만요55)를 통해 울음보다는 웃음으로 현실을 견디려는 일제강점기 서민들의 삶과 문화를 반영하고 있다. 정우택과 이숭원56)은 대중의 기호와 자본에 조응하는 대중가요의 메커니즘을 통해 시인과 대중가요 작사가로서 조명암의 정체성이 분할되는 지점을 찾아냈다.

이 연구는 조명암의 대중가요 가사에 나타나는 풍자와 해학, 그것이 추구하는 재미와 소통의 미학에 접근하고자 한다. 조명암의 대중가요는 근대의 온갖 새로운 것들이 충돌하는 경성에서 유동적이고 열린 형식을 보여주며 다양한 사회 현상과 문제들을 제기하고 역동적인 상호작용과 순환 작용을 통해 갈등을 풀어내는 적극적인 의미를 포괄한다.

2. 근대의 새로운 풍광

1930년대 식민지 조선은 생산 기반이 미미하였지만 자본이 몰려들면서 유흥산업과 자본주의 소비 문화가 번창하였다. 다소 기형적인 상

---

53) 이에 대한 구체적인 연구로는 다음 논문을 참고할 수 있다. 서영희, 「조명암의 가요시에 나타난 양가성 연구」, 『국학연구론총』 10권, 2012, 274면.
54) 장유정, 「조영출 대중가요 가사 자료 보강 및 그 갈래별 특성」, 한민족문화연구 42집, 2013.
―――, 「일제강점기 만요를 통해 본 서민들의 삶과 문화」, 한국민요학 39집, 2013.
55) 만요(漫謠)는 일제강점기에 발흥한 장르로 익살과 해학을 담은 노래이다. 주로 만담(漫談) 속에 불려지는 삽입 가요의 형태이며 양식적 정체성이 분명하지는 않으나 경쾌하고 웃음을 동반한다는 점에서 코믹송으로도 불린다.
56) 정우택, 「조영출과 그의 시문학 연구-해방 이전을 중심으로」, 국제어문 58집, 2013.
이숭원, 「일제강점기 조영출 시문학의 위상」, 인문논총 28집, 2014.

황이지만 경성은 이전과 달리 새로운 경험과 변화를 제공하며 새로운 감각과 유행을 창출하는 장소로서 '근대의 표상 체계'를 온몸에 각인시키는[57] 구체적인 공간이 되어갔다. 도시에 대한 탐색은 1930년대 시인들에게 중요한 관심사였다. 조명암은 불확정성과 욕망이 지배하는 경성의 현실을 감각적이고 강렬한 언어로 표현하였다. 그는 대중가요 가사에서도 도시적 탐색을 이어 나갔다. 모더니즘 시에서와 마찬가지로 그의 가요는 도시의 새로운 풍광과 경험을 발견하였다. 그는 대중의 삶을 지배하는 자본주의적 본질과 모순을 발견하고 식민도시 경성이 생산하는 욕망의 메커니즘을 풍자, 비판하였다. 경성의 풍광 속에는 쉽게 드러나지 않지만 제국주의적 규정과 압제는 사회 전체의 통제와 맞물려 작용하고 있었다.

여기두 사구라 저기두 사구라/ 늙은이 젊은이 우굴 우굴 우굴 우굴/ 얼시구 조타 응 응 꽃 시절일세/ 처녀댕기는 갑사나 댕기 총각 족기는 인조견 쪽기/ 밀어라 당겨라 잡아 노아라/ 어헐사 홍 홍 꽂이로구나

낮에도 벚꽃 밤에도 벚꽃/ 창경원 벚꽃이 막 펴났네/ 홍나간 봄나비 너울너울 너울너울/ 얼씨구 좋다 응 응 꽃 시절일세 에헤이/ 영감 상투는 비틀어지고 마누라 신발은 도망을 쳤네/ 영감 마누라 꼴 좀 보소 어헐싸 홍 꽃이로구나/ 입만 방긋 껄껄 웃는 꽃이로구나

-「櫻花暴風」부분,
■ 조명암 작사, 박시춘 작곡, 김정구 노래, 오케 12111, 1938.

---

57) 김춘식,「식민도시 경성의 문화지리학」,『문화지리와 도시공간의 표상』, 동국대출판부, 2011, 130~131면.

南山의 아지랑이 아롱 아롱/ 북악산 비둘기는 꾸룩 꾸룩/ 엣타 좃타 엣타 좃타 봄이로구나/ 봄 봄 봄 봄 봄 봄 봄 봄/ 경복궁 불근 추녀가 날너갈 듯/ 아가씨 치맛짜락이 펄넝펄넝/ 鐘路통 南大門통 本町통 봄바람 좃타/ 어리궁 어허 저리궁 어허/ 뻐스걸 우슴에도 봄빗치 으스러진다

昌慶苑 요 사꾸라 울긋불긋/ 뒷골목 네온싸인 알롱달롱/ 엣타 좃타 엣타 좃타 봄이로구나/ 봄 봄 봄 봄 봄 봄 봄 봄/ 百貨店 六層 洋屋이 문어질 듯/ 아가씨 노랫가락이 쎙쏭쎙쏭/ 구리개 光化門통 악박골 봄바람 좃타/ 어리궁 어허 저리궁 어허/ 선술집 천장에도 사꾸라 꽂치로구나

— 「愉快한 봄 消息」 부분,
■ 조명암 작사, 채월탄 작곡, 김정구 노래, 오케 20026, 1940.

  1930년대 경성은 급격한 도시화가 이루어졌고 외형적으로 눈부시게 성장해 나갔다. 도로망이 정비되고 토지구획정리가 이루어지면서 교통량이 많은 도로를 중심으로 관공서와 은행, 백화점이 들어서기 시작하였다. 도로는 이동을 수월하게 하여 낯선 볼거리에 매료된 대중들은 경성이 제공하는 소비 공간과 감각의 세계 속에서 일상의 쾌락과 즐거움을 맛볼 수 있었다.
  도시의 문화 체험은 창경원을 필두로 시작되었다.[58] 식민지의 소시민들은 경성의 새로운 변화에 민감하게 반응하였다. 창경원 개장

---

[58] 일제는 1907년 고종 폐위 이후 순종을 위로한다는 구실 아래 창경궁의 건물을 헐어내고 창경원이라는 위락시설을 만들었다. 창경원 전역에 일본에서 들여온 벚나무를 심고 식물원과 동물원을 조성한 뒤 창경원으로 가는 전차를 개통하였다. 일제는 경성에 동양 최대의 동·식물원을 제공하여 식민지의 소시민들을 명랑하고 즐거운 공간으로 불러냈다. 1924년 봄에는 색등을 밝히고 밤 벚꽃놀이가 벌어졌다. 식민권력이 체계적으로 행사한 억압과 말살 정책이었다.

은 근대적 이동수단인 전차가 적극적인 매개체가 되어 '벚꽃놀이'라는 신 유행 문화를 만들어 냈다. 벚꽃놀이는 자발적인 수용을 통해 개인적이며 동시에 사회적 차원의 경험을 제공하였다. 이것은 식민지 대중의 내면 깊숙이 침투하여 제국주의적 비전에 의해 수동적으로 조작되는 대상으로 만들어 갔다. 여기에는 쾌락과 억압의 양면성이 공존하였다.

「櫻花暴風」에는 일제가 제공한 상춘 관광지로 몰려나와 웃고 떠들며 흥청거리는 대중들의 모습이 나타난다. '밀어라 당겨라 잡아 노아라/ 어헐사 홍 홍 꽃이로구나// 낮에도 벚꽃 밤에도 벚꽃/ 창경원 벚꽃이 막 펴났네/ 흥나간 봄 나비 너울너울 너울너울/ 얼씨구 좋다 응 응 꽃 시절일세' 등의 가사에 나타나듯 창경원의 벚꽃놀이는 인파로 넘쳤으며 연일 축제 분위기였다. 벚꽃놀이는 상품으로 재배열되고 진열되어 식민체제를 구성하는 최신의 위락거리이자 문화 이데올로기로 정착하였으며 몰려든 군중을 제국주의적 규정 아래 순응시켰다. 창경원 꽃구경은 창경궁의 정체성과 고유의 아우라를 철저히 파괴하고 상업화하면서 일제가 기대했던 문화 말살의 효과를 성공적으로 보여주는 사업의 전형으로 자리 잡았다. 창경원은 벚꽃 유락과 현란한 소풍의 장소로 기능하며 1930년대 식민지 경성의 허울을 단적으로 보여주는 정신적 풍경이 되었다.

이러한 모습은 「櫻花春」[59]에도 그대로 나타난다. '잘나도 사꾸라 못나도 사꾸라/ 쏨내는 사꾸라 건방진 사꾸라', '이상스런 봄', '얄구진 봄' 등의 가사는 조선의 봄이 위장된 봄이며 허위로 가득 찬 가짜임을 풍자한다. 창경원은 전국 각지에서 벚꽃놀이를 하러 올라온 인파로 흥청대지만 정작 이 봄은 이상하고 얄궂은 봄일 뿐이다. 여기저

---

59) 조명암 작사, 박시춘 작곡, 김정구 노래, 오케 31035, 1941.

기서 터져 나오는 웃음보 또한 자각 없이 꽃놀이나 즐기고 술판을 벌이는 조선 대중에게 던지는 야유와 조롱이라 할 수 있다. 이 시기 '관광'은 조선인의 일상에 새롭게 전파되기 시작하였다. 이것은 부르주아 취향의 도시 체험으로 생활의 피로를 달래주는 새로운 문화로 자리를 잡아나갔다.

소시민들이 보고 느끼고 경험하는 경성의 거리 풍광과 풍물은 근대의 또 다른 체험이었다. 「愉快한 봄 消息」에서 열거하는 '南山'과 '북악산', '경복궁', '鐘路통', '南大門통', '本町통', '光化門통' 또한 상품 전시를 통해 욕망의 시스템을 작동시키는 백화점과 마찬가지로 장대한 스펙터클을 펼치며 근대도시가 만들어 내는 환상과 축제를 경험해 보기를 권유한다. 이것은 대중의 욕망을 극대화하며 도시 전체를 하나의 거대한 백화점으로 재구성하는 효과를 보여준다. 전근대적인 도시의 폐쇄성은 이러한 개방을 통해 새로운 감각을 부여받으며 재 장소화되고 새로운 표상 체계를 생산[60]하였다.

조명암의 대중가요는 주제 의식을 전면부에 드러내고 있지 않으나 전시된 상품과 다를 바 없는 1930년대 경성의 풍광을 열거하고 보여주면서 비판의식 없는 대중의 웃음과 흥을 통해 본질과 현상의 양극단을 풍자한다. 그는 모더니즘 시에서 식민도시의 인간성 상실을 비판적으로 조명하였으며 대중가요에서도 이와 같은 모습을 견지해 나간다. 「櫻花暴風」과 「櫻花春」, 「愉快한 봄 消息」 등은 의도를 표면적으로 드러내지는 않고 행간에 숨기는 방식으로 사회 구조의 왜곡된 문제를 겨냥한다. 단어 반복과 구문 반복, 의태어와 의성어의 반복 등은 경성의 모순을 강조하는 역할을 한다.

조명암은 사소하지만 세부적인 묘사로 세속적이고 모순된 경성

---

60) 김춘식, 앞의 책, 122면.

의 풍광을 그린다. 「微笑의 코스」61)는 근대를 대표하는 모든 걸인 '버스 걸'과 운전수의 유쾌한 모습을 보여준다. 버스 걸과 운전수는 감정노동을 하는 서비스직 종사자로 이들이 갖추어야 할 기본요소는 명랑이었다. 미소와 명랑은 근대인이 갖추어야 할 필수조건62)이었지만 이러한 도시문화의 희망과 환상 뒤에는 일제가 이미지화해 놓은 간교한 지배 질서가 내재되어 있었다.

> 요지경속이다 요지경 속이다/ 세상은 요지경 속이다/ 생글 생글 생글 생글 아가씨 세상/ 벙글 벙글 벙글 벙글 도련님 세상/ 애 애 야들아 내 말 좀 듣거라/ 얼굴이 잘 나면 잘나서 살고/ 못난 사람은 제 멋에 산다/ 얼싸 음마 둥개 둥개 아무렴 그렇지 둥개 둥개
>
> 싸구려 판이다 싸구려 판이다/ 세상은 싸구려 판이다/ 찰랑 찰랑 찰랑 찰랑 막걸리 술잔/ 지글 지글 지글 지글 매운탕 안주/ (중략) 물방아 속이다 물방아 속이다/ 세상은 물방아 속이다/ 둥글 둥글 둥글 둥글 뜨내기 사랑/ 생글 생글 생글 생글 숫배기 사랑
>
> ―「세상은 요지경」부분,
> ■ 조명암 작사, 박시춘 작곡, 김정구 노래, 오케 12203, 1939.

1930년대 경성에는 라디오와 축음기가 등장하고 박람회가 열렸으며, 영화가 대중의 관심을 끌었다. 경성은 자본주의가 발달한 서구의 모습을 빠르게 닮아갔다. 근대적 교통수단과 가로등, 빌딩, 백화점 쇼핑, 양주, 커피, 코티 화장품, 마네킹, 광고탑 등 소비 공간으로

---

61) 조명암 작사, 박시춘 작곡, 이난영 노래, 오케 12148, 1938.
62) 소래섭, 「명랑은 눈물과 어울린다」, 『불온한 경성은 명랑하라』, 웅진지식하우스, 2011, 221면.

서 도시의 모습은 일상의 쾌락과 감각적 세계의 강렬함을 대변하였다. 도시 문명은 자본주의 경제에 바탕한 것으로 경성의 급격한 변화는 식민지 삶의 구조를 바꾸고 계급적 갈등과 도덕적 타락, 가치관의 혼란 등과 같은 여러 문제를 동시에 낳았다. 빈곤한 식민지 경제는 불균형한 도시문화를 양산할 수밖에 없었으며 허영과 가식을 일상의 조건으로 삼게 만들었다.63)

요지경(瑤池鏡)은 확대경을 장치하여 놓고 그 속의 재미있는 그림들을 돌리면서 구경하는 장치를 말한다. 「세상은 요지경」은 알쏭달쏭하고 묘한 세상사를 노래한다. 왁자지껄하면서도 생생한 이 웃음의 만화경에는 식민지의 현실 아래 급박하게 돌아가는 세상사 속에서 살아남기 위해 고군분투하는 인간군상이 담겨있다.

'애 애 야들아 내 말 좀 듣거라', '얼굴이 잘 나면 잘나서 살고/ 못난 사람은 제 멋에 산다', '곱배기 한 산에 웃음이 가득/ 삼팔 수건에 추파가 온다', '홀애비 사정은 과부가 알고/ 처녀 사정은 총각이 안다' 등 조명암의 노래들은 친화력을 구사하는 세속적인 말투를 통해 타율적인 도시화가 가져오는 문제들을 걸쭉한 입담으로 펼친다. 입담은 사설의 연속성을 띠는 서사구조를 가지는 것으로 생글 생글, 병글 병글, 찰랑 찰랑, 지글지글, 둥글 둥글 등의 의태어와 의성어는 웃음의 감염을 원활하게 하는 장치 역할을 한다. 특정 단어와 문장, 상투어의 재치 있는 반복은 시적 구조의 질서화에 기여하고 대중의 마음을 움직여 집단의 동류의식을 유발하며 친화력을 발휘한다. 이러한 입담의 다채로움과 '얼싸 음마 둥개 둥개 아무렴 그렇지 둥개 둥개'와 같은 후렴구는 운율화되면서 리듬감을 형성하고 흥을 돋우며 노래의 희극성을 배가한다.

---

63) 김진송, 「도시의 꿈과 도시의 삶」, 『서울에 딴스홀을 許하라』, 현실문화연구, 1999, 270면.

일제의 압력에 의해 추진된 근대화는 비근대적이었으며 식민지 경성의 시공간적 메커니즘에는 제국주의의 규정과 압제가 작용하고 있었다. 요지경은 식민지에서 이루어진 자본주의 모순의 과잉을 압축하는 단어라 할 수 있다. 조명암은 이러한 세상을 '요지경 속', '싸구려 판', '물방아 속', '뜨내기 사랑' 등으로 풍자한다. 그러나 뒤죽박죽 북새통 세상은 희극성이 만들어 내는 웃음의 집단감염을 통해 오히려 정리가 되고 안정감을 형성한다. 조명암은 전환기 조선의 혼란한 시대 분위기를 파악하고 적극적으로 개입하여 소비적이고 유흥적인 세태를 웃음으로 풍자한다. 이 웃음은 불일치와 대비의 상대성을 상위에서 파악하는 우월의 웃음이라 할 수 있다.

3. 식민지 근대화 과정의 모순

조명암은 모더니즘 시에서 보여주었듯이 대중가요에서도 식민지적 근대가 야기하는 불안정성에 대해 남다른 시각과 안목을 드러낸다. 도시는 욕망과 투쟁의 장소이며 화폐가치가 인격을 대체하는 곳이다. 도시는 빈곤과 실업, 매춘, 범죄 등 사회 병리적 문제를 양산하는 모순의 집결지라 할 수 있다. 이처럼 경성은 외면적으로는 화려한 모습을 갖추고 있었지만 이면에는 심각한 문제들이 도사리고 있었다. 일제가 주도한 반강제적 근대는 이러한 문제와 모순들을 극대화하며 자본주의의 비인간화를 적나라하게 노출시켰다. 조명암은 근대 도시의 비인간성과 정신적 불모성을 파헤치며 식민지 현실의 모순과 황금만능주의를 강한 어조로 풍자한다. 정신적 빈곤과 황금만능주의는 파행적 도시화에 따른 부정적 현실이 극도로 외재화된 양태였다.

노다지 노다지 금노다지 이 강산 저 강산 바람이 났네/ 에여라 차 가며는 갈수록 나오건마는/ 정들인 이 내 몸 가락지 한 쌍도 못해주노라/ 에여라차 에여라차 열 길을 파며는 소용이 있나 에여라차

노다지 노다지 금노다지 이 강산 저 강산 바람이 났네/ 에여라 차 있는 정 없는 정 다 버려 두고/ 금전의 한으로 막걸리 한잔에 흥이로구나/ 에여라차 에여라차 열 길을 파며는 소용이 있나 에여라차

-「금노다지 타령」부분,
■ 금운탄 작사, 이면상 작곡, 김용환 노래, 포리돌 19332, 1936.

에 바람이 분다 바람이 불어/ 돈바람이 불어온다 돈돈돈 돈 돈 바람이/ 오전 짜리 전차바람/ 십전찌리 담배바림 오십 전 짜리 런치바람/ 돈이야 돈이야 돈 돈 돈 돈/ 돈돈돈돈돈돈돈 어허어 어허어 허/ 사대문 구멍으로 돈바람이 불어온다

에 사태가 난다 사태가 나요/ 돈사태가 쏟아진다 돈돈돈 돈 돈 사태가/ 있는 사람 웃음 가득/ 없는 사람 눈물 가득/ 못난 사람 산란 가득/ 돈이야 돈이야 돈 돈 돈 돈 돈/ 돈돈돈돈돈돈돈 어허어 어허어 허/ 인조견 치마폭에 돈사태 쏟아진다

-「돈타령」부분,
■ 조명암 작사, 김영파 작곡, 김정구 노래, 오케 12214, 1939.

조명암은 근대도시의 화려함과 이면에 드리운 어두운 부산물을 모더니즘적 형식과 언어로 고발하였다. 그러나 대중가요에서는 더 직접적인 언설로 불균형과 부조리한 상황을 고발한다. 타령은 사설 위주의 노래를 말한다. 타령은 대상을 반복적으로 되풀이하면서 원

하는 바를 성취하고자 하는 의지를 나타낸다. 「금노다지 타령」과 「돈타령」은 부가 재편되고 돈이 위력을 발휘하는 세태를 단적으로 보여준다. 자본주의 사회에서 황금과 돈은 대중의 삶을 지배하고 규정하는 본질적인 원리로 작동한다. 부의 위력은 노동의 신성함이나 건실한 생활, 합리적인 이윤추구보다는 이러한 제반 과정이 생략된 벼락출세나 벼락부자를 추구하게 만들었다.

1930년대 조선은 금광개발 열풍에 휩싸였다. 조선 최대의 금맥을 발견한 최창학의 신화는 대중들에게 노다지에 대한 환상을 심어주었다. 금광채굴허가증도 쉽게 나와 너 나 할 것 없이 금광을 찾기 위해 삼천리 방방곡곡을 파헤쳤다. 금과 관련된 사기, 절도도 잇따랐다. 노다지 열풍은 금본위제 하에서 통화 안정을 위해 금이 필요했던 일제가 제국의 사활을 걸고 금을 구하러 나섰기 때문이다.

「금노다지 타령」은 세계 경제공황의 여파로 막다른 벼랑으로 내몰린 식민지 경제 현실을 가감 없이 드러낸다. '노다지 노다지 금노다지 이 강산 저 강산 바람이 났네', '에여라차 에여라차 열 길을 파며는 소용이 있나 에여라차', 조명암은 구문을 반복하며 황금만능으로 혼란한 사회상을 질타한다. 흥과 즐거움은 탐욕과 배금주의에 물든 세태를 조롱하기 위한 장치로 다급해진 식민지 근대의 위기상[64]과 허상을 풍자적으로 보여준다.

「금노다지 타령」과 「돈타령」에 드러나는 웃음은 현실의 모순을 지적하는 문제의식의 공유에서 나오는 조소이다. 이러한 비아냥은 일시적 향유에 머물지 않고 사회적 문제의식의 공유와 확대로 이어져 지속적인 성격[65]을 지니게 된다. '금노다지'와 '돈'은 식민자본주

---

64) 신명직, 「근대를 바라보는 시선」, 『모던뽀이 京城을 거닐다』, 현실문화연구, 2003, 308면.
65) 임재해, 「탈춤에 담긴 웃음문화의 인문학적 가치」, 민족미학 12(2), 2013,

의와 결탁한 헛된 욕망의 실체를 표상한다. 조명암은 이러한 현상이 기형적이며 허상과 허위라는 사실을 밝히고 안정된 세계로 환원되기를 바라는 마음을 담아낸다.

'어여라차 가며는 갈수록 나오건마는/ 정들인 이 내 몸 가락지 한 쌍도 못해주노라'(「금노다지 타령」), '있는 사람 웃음 가득/ 없는 사람 눈물 가득/ 못난 사람 산란 가득/ 돈이야 돈이야 돈 돈 돈 돈 돈/ 돈돈돈돈돈돈돈 어허어 어허어 허/ 인조견 치마폭에 돈사태가 쏟아진다'(「돈타령」)에 나타나듯 조명암은 근대의 부작용과 함께 부조리가 만들어 내는 각박한 인심을 보여준다. 말놀이는 흥을 돋우며 극적 갈등을 조성한다. '돈바람이 불어온다', '돈사태가 쏟아진다', '돈 홍수가 밀려든다', '돈봉투가 밀려든다', '돈이야 돈이야 돈 돈 돈 돈 돈/ 돈돈돈돈돈돈돈 어허어 어허어 허' 등 장난스럽고 자기 폭로적인 말놀이는 웃음을 자아내며 기존의 가치와 규범체계를 전도시켜 황금만능주의로부터 해방을 추구하고자 한다. 반복과 열거 형태의 무한 나열은 시에서는 드문 형식으로, 조명암은 대중가요 가사라는 정형을 해체하며 식민지 근대를 풍자한다. 돈바람, 돈 사태, 돈 홍수, 돈 봉투가 밀려드는 비현실적이고 극적인 설정 또한 모순어법으로 막다른 현실을 노골적으로 고발하며 이중의 웃음을 유발한다.

사회적 웃음은 불온한 시대의 심각성을 장악하여 대상과 실체를 웃음으로 뒤집는 의외의 가능성을 보여준다. 조명암은 황금과 돈을 조소하고 매도하면서도 웃음이 가지는 에너지를 통해 대중들에게 다시 살아갈 만한 생명력을 불어넣는다. 흥과 신명은 권력을 무화시키고 권력의 질서에 예속된 대중을 단숨에 해방시킨다. 신명을 기조로 하는 집단적 웃음과 풍자는 민족 전통의 신명풀이와 판소리 사설

47면.

로 거슬러 올라간다.

> 요즈음 찻집은 뿌로카 세상/ 요즈음 찻집은 기업가 세상/ 이 구석에 금광이 왔다갔다/ 저 구석에 중석광(重石鑛)이 왔다갔다/ 천원 만원 주먹구구 뻘건 눈이 돌아갈 때/ 전화통은 찌룽 찌룽 찌룽 찌룽/ 찌룽 찌룽 찌룽 찌룽 운다 울어 운다 울어
>
> 요즈음 찻집은 여행권 세상/ 요즈음 찻집은 급행권 세상/ 이 테불엔 만주를 들락날락/ 저 테불엔 北支那를 들락날락/ 앉은뱅이 활개치듯 젊은 피가 춤을 출 제/ 유성기는 풍짱 풍짱 풍짱 풍짱/ 풍짱 풍짱 풍짱 풍짱 운다 울어 운다 울어
>
> -「요즈음 찻집」부분,
> ■ 조명암 작사, 김해송 작곡, 박향림 노래, 오케 31018, 1941.

「요즈음 찻집」에 담긴 서사는 기회주의와 황금만능 풍조에 기울어진 세태를 폭로한다. 조명암은 찻집의 풍경을 통해 전환기 경성의 위기상을 풍자한다. 그는 현실의 원형이 지니는 특징을 잡아 강조하고 과장하는 방법으로 본질을 우스꽝스럽게 폭로함으로써 사회적 비판[66]을 가한다. 부가 위력을 발휘하는 시대에 이익을 추구하는 것은 당연한 현상이지만 「요즈음 찻집」에 드러나는 현실은 합리적 경제활동보다는 부를 향한 끝없는 탐욕만이 존재하는 반윤리를 기반으로 한다. 조명암은 식민자본주의의 냉혹한 현실과 모순구조, 이윤추구에 대한 윤리 문제를 제기하며 배금주의를 질타한다.

「요즈음 찻집」에는 비대칭적인 복수의 목소리들이 등장하여 공포의 형태로 체험되고 있는 야만적인 근대화의 실상을 폭로한다. 이것은 광대의 사설처럼 일제가 만들어 놓은 부작용과 인간성 상실의

---

[66] 이득재,「바흐진과 한국문학」,『바흐진 읽기』, 문화과학사, 2003, 232면 참고.

현장을 낱낱이 고발한다. 요란하게 울어대는 전화통과 유성기, 라디오는 일제에 의해 가파르게 진행되는 식민지 근대의 혼란상과 허상을 강조한다.

풍자를 통해 지배적 이념을 뒤집고자 하는 방식은 가치 전도와 유사한 것으로, 조명암은 부정과 긍정을 동시에 끌어안는 양가성을 통해 무거움을 털어버리고 중심의 권위를 해체하는 방식으로 나아간다. 찌릉 찌릉, 풍짱 풍짱, 살금 살금 같은 의성어는 근대의 혼란상을 부추기는 소음이지만, 현실을 생생하게 묘사하며 식민지 대중을 잠시나마 어두운 그림자로부터 해방시킨다. 또한 반어적 수법으로 의미를 역전시킨다. 조명암의 풍자는 의성어와 의태어, 반복과 열거, 과장과 대조, 점층과 역설 등 다양한 수사법을 사용하여 식민지 근대화가 야기한 모순과 대립 구도, 충격과 파격을 들려준다.

조명암는 자유분방하고 개방적인 태도로 당대 욕망의 구도를 그려내며 웃음으로 혼란한 시대를 견뎌 나가는 여유와 대응능력을 보여준다. 이러한 웃음은 불일치에 기인하는 것으로 가벼우나 의미심장하다. 웃음과 흥은 현실의 복잡한 문제를 신명으로 풀어 해소하려는 살풀이 과정과도 비슷하다. 이것은 낙관성에 바탕하는 것으로 전통 미의식의 현대적 변용이라 할 수 있다. 조명암의 대중 지향은 근대의 병폐와 불균형이 충돌하는 경성의 현실과 사회적 제문제들을 제기한다. 이것은 일관된 흐름의 양식을 보여주며 웃음과 흥을 수단으로 일제의 막강한 권위에 대한 공포 극복으로 나아간다.

4. 도시민의 일상과 생활 정서

기지와 언변은 해학에서 중요한 기능을 한다. 해학은 긴장이 야기되고 위기가 초래된 상황 속에서도 윤활유 역할을 감당[67]하며 웃음을 유발한다. 해학은 비판적이고 공격적인 풍자와 달리 선의와 공감을 기대하는 것으로 대상과 주체가 대등한 위치에서 이루어진다. 해학은 세속적인 가치와 관념을 웃음거리로 삼으며 익살과 과장을 통해 현실을 왜곡한다. 또한 현실의 불합리 앞에서 조롱과 야유를 쏟아낸다. 이러한 방식으로 삶의 진실을 표현하는 것이 해학이다. 해학은 궁극적으로 삶을 긍정하는 것이며 이러한 각성을 통해 원하는 결과에 다다른다. 이처럼 희극적인 것은 인간이 역동적이고 충동적이며 즉흥적인 존재로서 자유롭게 행할 수 있는 수단이 된다.68) 조명암의 해학은 연속성을 지니는 서사구조를 보여준다.

술 좋다 안주 좋아 얼근한 세상/ 곱빼기 약주 술이 제격이란다/ 부어라 꾹꾹 눌러 잔이 터지게/ 에게 에게 고까짓 것 한 모금이다/ 으으 정말 취한다

때 좋다 세월 좋아 노래도 좋지/ 젓가락 장단 맞춰 춤도 추어라/ 아서라 이러다간 바람나겠네/ 아차차차 월급 봉투 거덜이 났네/ 으으 술맛 쓰겄다/

찢어진 월급봉투 손에 들고서/ 마누라 잘못 했소 빌 생각하니/ 아찔한 머릿속에 찬바람 불어/ 건들건들 술잔 드는 손이 떨린다/ 으으 술맛 싱겁다

- 「月給날 情報」 전문,
■ 조명암 작사, 박시춘 작곡, 김정구 노래, 오케 12186, 1938.

(야 이건 참 싸구나)/ 자 둥글둥글 수박이로구려 자/ 자 둥글둥글 수박이로구려 자/ 먹기 좋은 수박이요 보기 좋은 수박이요/ 노인

---

67) 김열규, 「한국문학과 놀이판의 해학」, 『해학과 우리』, 시공사, 107~109면.
68) 류종영, 앞의 책, 319면.

네가 잡수시면 둥글둥글둥글 젊어지고/ 처녀 총각 잡수시면 둥글 둥글둥글 사랑일세/ 자 싸구려 싸구려 싸구려 (야 이건 참 싸구나)/ 둥글둥글 둥글둥글 먹기 좋은 수박이로구려

자 둥글둥글 수박이구려 자/ 자 둥글둥글 수박이구려 자/ 무르 녹는 수박이요 냄새 좋은 수박이요/ 목 마를 때 잡수시면 둥글둥 글둥글 시원하고/ 출출할 때 잡수시면 둥글둥글둥글 배가 불러/ 자 싸구려 싸구려 싸구려 (야 이건 참 춤 넘어 가누나) 둥글둥글 둥글 둥글 둥글게 사는 수박이로구려

-「수박 行商」부분,
■ 조명암 작사, 손목인 작곡, 김정구 노래, 오케 12263, 1939.

「月給날 情報」는 일상적 소재를 통해 조명암 해학의 근대적 지향을 보여준다. 「月給날 情報」에는 근대적 개인과 일상이 나타난다. 조명암은 도시 서민들의 삶을 파악하고 일상을 관찰하여 시정의 변화를 묘사한다. 식민도시 경성의 실상은 모순적이며 복합적이다. 여기에서 희극적 갈등과 대립이 발생한다. 「月給날 情報」에 나타나는 샐러리맨은 사회와 가정에서 힘이 열등한 자로 우세한 상대에 대해 도발을 감행한다. 조명암은 샐러리맨의 부적절한 도발을 희극적으로 다루며 갈등의 진지함을 제거한다. 즉흥적인 웃음을 통해 일상에 내재한 사소함의 의미를 발견하며 갈등과 대립의 해결 전망을 보여준다.

웃음은 명랑하지 않은 시대에 번성한다. 폭력과 억압이 난무할수록 웃음에 대한 욕망은 끓어오른다. 1930년대 문화를 대표하는 키워드는 '에로그로 난센스'와 '웃음'이었다. 그러나 정작 웃을 일이 없는 사회였다. 웃음의 허울을 한 꺼풀만 벗겨내면 절망과 우울이 식민지 조선 전체를 뒤덮고 있었다.[69] 조명암의 대중가요는 현실의 우울함

과 질곡에서 벗어나 삶의 균형을 찾고자 한다. 그는 상투적인 문구들을 재치 있게 활용하며 현실을 우스꽝스럽게 뒤집는다. 이러한 유의 만요들은 소시민적 행복을 추구한다. 말장난은 언어의 산만함과 방심 상태를 드러내는 것으로 희극성을 배가한다. 「月給날 情報」는 불협화와 엇박을 통해 삶의 호흡와 여유를 터득하며 저절로 웃음이 우러나오는 풍경을 만들어간다.

조명암은 서민의 삶과 저잣거리의 발랄하고 역동적인 분위기를 호흡하며 일상적인 것들에 관심을 기울였다. 「수박 行商」은 구체적인 생활 현장에서 출발한다. 수박 장수의 해학은 자발적이고 일상적이며 상투성으로 가득 차 있다. 유희적이고 과장된 사설은 경계를 허물고 여유와 너그러움을 갖게 한다. 너그러움은 결핍의 시대를 껴안으며 공감의 정서를 불러일으킨다. 이러한 웃음은 자유롭고 인간적인 웃음, 꾸밈없는 웃음[70]이라 할 수 있다. 삶의 리듬과 호흡을 터득한 수박 행상의 사설은 사람과 사람 사이를 친근하게 연결시킨다. '노인네가 잡수시면 둥글둥글둥글 젊어지고/ 처녀 총각 잡수시면 둥글둥글둥글 사랑일세/ 목 마를 때 잡수시면 둥글둥글둥글 시원하고/ 출출할 때 잡수시면 둥글둥글둥글 배가 불러', '어른에겐 어른 수박 아이에겐 아이 수박' 등 적절한 언어 배치와 변환은 즐거움과 자연스러운 웃음을 유도한다.

상실감을 주제로 비극적인 세계관을 드러내는 유행가와 달리 해학성을 바탕으로 하는 만요는 우울이 사회에 전면화되고 있는 중에도 마음껏 웃을 수 있는 도피처를 제공하였다. 이처럼 웃음은 사회적 구속이나 억압에 대한 치유책으로 활용될 수 있었다. 전통 민속예술에서는 슬픔과 기쁨, 울음과 웃음, 한과 해학, 한과 신명이 분리되지

---

69) 소래섭, 앞의 책, 219~221면.
70) 장희창, 앞의 논문, 156면.

않고 연결되어 나타난다. 해학은 한과 한 몸으로 엮여져 있는 미의식이며 한의 또 다른 얼굴이라 할 수 있다.[71] 「수박 行商」에 나타난 웃음 또한 진정 즐거운 웃음이라기보다는 현실을 살아가고 이겨나가려는 몸부림에서 비롯한 웃음이라 할 수 있다.

수박 행상은 장사꾼의 다채로운 말솜씨와 재치로 손님들을 끌어 모은다. 그는 수박을 사는 사람은 누구든 삶의 압박을 떨쳐버리고 둥글둥글한 삶을 살게 될 것이라고 주문을 건다. 수박 행상은 가볍고 희극적 수단을 적극 활용하며 활기찬 삶을 권장하는 입담으로 손님들의 부담을 덜어준다. 과장된 측면이 있지만 이러한 위트가 대중을 즐겁고 건강하게 만든다.

「月給날 情報」와 「수박 行商」은 일상을 통해 삶의 철학을 모색해 나가는 생활 문학적 태도를 보여준다. 사소한 일상사를 관찰하고 그 속에 내재한 의미를 발견하는 일은 존재를 확인하는 과정이 될 수 있으며 반복되는 일상과의 싸움에서 이겨나가는 길이 될 수 있다. 이 외에도 조명암은 「모던 관상쟁이」, 「복덕장사」, 「담뱃집 처녀」, 「신접살이 풍경」 등의 작품을 통해 삶의 현실적인 계기들을 대중가요 가사라는 자유로운 형식에 싣는다. 이것은 노래로 불리고 노래에 의해 대중들의 우울한 삶을 풀어내는 의미 있는 계기들을 만들어 갔다.

5. 맺음말

조명암의 대중가요에 나타난 풍자와 해학은 일제강점기라는 시대상과 맞물려 비판적이고 풍자적인 경향을 지향하였다. 1930년대 억압적 조건 속에서 그의 모더니즘 시가 관념적인 태도를 취하고 있는 데 반해 대중가요 가사는 시대 현실을 구체적으로 반영하는 적극

---

71) 장희창, 위의 논문, 159면.

적인 모습을 보여주었다.

　조명암은 전통 미학의 현대적 변용을 통해 일제의 강압 정책과 조선의 현실을 고발하였으며, 서민의 일상과 생활 정서를 탁월하게 묘사하며 대중과의 공감을 이루어 나갔다. 대중가요 작품에서 풍자와 해학은 식민지 현실을 가장 효과적으로 표현하고 드러낼 수 있는 방식으로, 조명암은 이러한 방식을 통해 대중과 소통하고자 하는 의지를 드러냈다. 풍자와 해학은 대중 스스로 자기 의지를 실현해 나갈 수 있는 미학적 방법이기도 하였다. 그는 식민권력을 성토하는 방법에 있어서도 상투적인 문구를 활용하는 등 스스로를 조롱하는 방식으로 희극적인 효과를 얻어냈다.

　조명암의 풍자와 해학은 사회적 현상과 현실, 일상성이 중심이 되었다. 사회적 제문제와 일상적 삶에 대한 그의 관심은 당대 사회와 역사에 대한 수준 높은 인식을 가능하게 하는 원동력이 되었다. 그는 모더니즘 문학에서와 마찬가지로 대중가요에서도 식민체제 하 자본주의 사회의 구조적 모순과 병리 현상을 파악하고 적극적인 진단을 보여주고자 하였다. 또한 동시에 논리나 이성을 배제한 웃음을 통해 체제의 압력과 구속을 떨쳐버리고 해방을 추구하고자 하는 태도를 나타냈다.

　도시문화와 근대의 새로운 풍광은 대중들에게 쾌락과 감각적인 즐거움을 제공하였다. 하지만 이면에는 제국주의적 규정과 압제가 작용하고 있었다. 조명암은 근대도시 경성이 보여주는 자유와 해방, 억압의 이율배반적인 측면에 주목하였다. 창경원 벚꽃놀이는 상품으로 진열되어 대중을 제국주의적 비전에 의해 수동적으로 조작되는 대상으로 만들어 갔다. 경성의 거리 풍경과 풍물 또한 본질과 현상의 양극단을 드러내며 쾌락과 억압이 공존하는 양면성을 보여주었다. 이 시기 유행하기 시작한 '관광'은 부르주아 취향의 도시 체험으로 문명이 집산된 도시적 자극을 보여주는 새로운 기호가 되었다. 대중들이 경험하는 식민지 근대는 내적 모순으로 가득 찬 1930년대 경성의 허울을 단적으로 보여주는 풍경이었다.

조명암은 대중가요 가사라는 보다 자유로운 형식으로 일제가 주도한 식민자본주의의 결함을 겨냥하였다. 빈곤한 식민지 경제는 불균형을 양산할 수밖에 없었으며, 황금만능주의는 이러한 파행적인 산업화에 따른 부정적 현실이 극도로 외재화된 양상이었다. 이것은 식민자본주의와 결탁한 헛된 욕망의 실체를 표상하는 것으로 비인간성과 정신적 불모성 등 근대의 여러 병리가 응집된 형태로 나타났다.

조명암은 모순된 경제구조가 만들어 낸 냉혹한 현실과 반윤리를 폭로하며 일제가 주도한 야만적 근대화를 풍자하였다. 풍자는 본질과 현상의 직접적인 내소와 통일을 통해 형상화되는 것[72]으로 그의 풍자는 긍정과 부정을 동시에 껴안는 양가적인 태도를 취하고 있었다. 그는 의성어와 의태어 등 일상어를 통해 현실을 생생하게 고발하며 이러한 가벼움으로 대중을 잠시나마 근대의 어두운 그림자로부터 해방시키고자 하였다.

조명암의 해학은 연속적인 서사구조를 보여주며 세속적 가치관과 관념을 웃음거리로 삼았다. 그는 파편화된 근대 도시의 생태와 도시민의 삶을 관찰하였으며 경성의 복잡다기한 일상과 저잣거리의 풍경을 과장되고 너그러운 익살로 그려내어 공감을 불러일으켰다. 오락적이고 유희적인 사설은 경계를 허물고 사람 사이를 친근하게 연결시키는 고리 역할을 하였다.

조명암의 대중가요 가사에 나타나는 웃음은 현실을 이겨내기 위

---

[72] G. 루카치, 김혜원 역, 「풍자의 문제」, 『루카치 문학이론』, 세계, 1990, 62면.

한 투쟁의 발로였다. 그는 희극적인 수단을 적극 이용하여 일상에 내재한 사소함의 의미를 발견해 나갔다. 그의 해학은 가벼우나 감각적이고 반복의 방식을 통해 대중과 호흡하며 소시민적 행복을 추구하였다. 웃음은 통속성의 중요한 요소로 조명암의 해학은 대중의 체험 영역을 전통 미학의 맥락에까지 연결하며 우울한 사회적 분위기 속에서도 윤활유 역할을 하였다.

조명암의 풍자와 해학은 일시적 향유에 그치지 않고 문제의식을 공유하며 대중가요라는 장르가 가지는 대중과의 양방향 소통을 통해 확대되었다. 그는 문학의 공공성 속에서 대중가요의 역할을 고민하였으며 대중가요의 사회적 역할과 대중문화적 기여에 대해 고민하였다. 대중가요는 대중에 의해 소비되는 것으로 그의 작품에 나타난 풍자와 해학은 당대 사회적 문제에 대한 입장 표명이며 그의 창작 방향과 문학적 가치관을 구체적으로 보여준 답이 되었다.

제4장. 조명암 대중가요의 양가적 인식

1. 머리말

　일제강점기 대중가요는 예술의 근대적 대중화 현상이라는 측면에서 중요한 의미를 지닌다. 대중가요에서 가사는 문학과 음악의 접점 지대로 가락이나 리듬 이상으로 오랜 시간 기억의 저변에 남는 것이다. 일제강점기 대중가요는 대중의 기호와 취향의 산물이자 현실 인식의 산물이었으며, 당시의 신파적 정서는 식민지 대중의 상실감과 비애를 담기에 적합한 양식이었다.

　조명암의 대중가요 가사는 폭압적 현실 아래 놓인 식민지인의 일상성과 그들의 욕망과 비애를 담아낸다. 조명암의 가요시에는 허무와 애상, 향락과 웃음, 비관과 환희 같은 극단적 모순들이 혼존하며, 개인적 절망감에서부터 민족의 비애까지, 순응적이고 향락적인 정서에서 현실 비판적인 정서까지 다양한 측면이 담긴다. 이러한 점에서 조명암의 가요시는 대중의 생활 감정과 그것이 가지는 근대적 속성, 문화적 체험 등을 파악할 수 있는 중요한 지점이 된다.

　대중가요는 대중들의 욕망을 드러내고 충족시키며 동시에 이들을 억압하는 기제이기도 하다. 또한 파급효과에 있어서 어떤 장르보다 특수성을 지닌다는 점 때문에 식민 통치를 용이하게 하는 도구로 이용되기도 한다. 대중가요는 서민문화이며 지배문화라는 이중적 성격을 지닌다. 이러한 측면에서 가요시는 근대 문학사의 중요한 유산으로 다각도로 연구할 필요가 있는 장르이다.

　일제강점기 가요시 창작자 중 가장 주목할 만한 작가는 조명암이다. 그는 550여 편에 달하는 가요시를 발표하며 양과 질적인 면에서 큰 성과를 이루었다. 그는 모더니즘 시에서 식민도시의 비극성을 보여주며 역사의식이 강한 시를 발표하였지만 시 장르의 확장을 통한 대중문화의 활성화에도 관심을 기울인다. 이러한 인식은 대중문화의 시대에 문학의 현실적 지평을 제시해 준다는 점에서 의의가 크다.

본 연구는 지금까지 주목하지 않았던 약 50여 편 이상의 친일 가요시를 논의의 대상에 포함한다. 이는 친일 작품을 배제하고는 조명암 가요시의 면모를 제대로 밝힐 수 없기 때문이다. 본 연구는 조명암 가요시에 나타난 양가성에 주목하여 그의 가요시에 나타난 비극적 개인 정서의 이면과 식민주의와 민족주의 사이에서 고뇌하는 창작 주체의 양가적 현실 인식을 살펴보고자 한다.

본 연구는 '억압'과 '저항', '친일'과 '반일'이라는 단순한 이분법을 벗어나 이것이 조명암의 가요시에 공존한다는 입장을 취한다. 민족 담론과 마찬가지로 식민 담론은 "두 가지 목소리를 한꺼번에 내는, 갈라진 혀로 발화된 것이 대부분"이며 동시에 "동화와 이화라는 양가적 감정으로 분열되고 모순되고, 그 사이를 요동하"[73]고 있다.

2. 위무와 순응 속의 균열

대중가요는 개인 삶의 맥락뿐만 아니라 집단 전체의 정서적 침적물들을 흔드는 측면이 있다. 조명암의 가요시는 당시 대부분의 대중가요와 마찬가지로 식민지 현실 아래 만남보다는 이별의 슬픔을, 적극적인 삶의 태도보다는 체념과 인종을 표현한다. 눈물은 묵은 감정을 건드리며 정화작용을 통해 자아를 강화하지만 한편으로는 규격

---

73) 윤대석, 「저항과 협력을 가로지르는 글쓰기」, 『식민지 국민문학론』, 역락, 2006, 161면.

화된 의식을 생산해 내고 기존 질서에 타협하게 하는 이데올로기적 기능을 한다. 식민주의는 피식민자에게 오리엔탈리즘적인 정체성을 부여하는 것이다. 호미 바바에 의하면 식민지는 근대성 담론의 이중성을 규정하는 계기이며 식민권력이 행사되는 과정에서 차이의 계기에 의해 분열이 발생하고 그 사이에 저항이 끼어들게 된다고 보았다.74)

비에 저즌 해당화 붉은 마음에/ 맑은 모래 십리 벌 추억은 이네/ 한 옛날에 가신 님 행여나 오실까 비나리는 부두에 기달입니다/ 저녁 바다 갈맥이 숨갓흔 울음/ 뱃사공의 노래에 눈물집니다
-「눈물의 埠頭」전문,
■ 조명암 작사, 김준영 작곡, 채규엽 노래, 콜롬비아 40612, 1935.

진딜래꽃 흩날리니 몸도 저문다/ 애태운 옛사랑도 호사랍니다/ 한 세상에 기다린 꿈 잊을 길 없어/ 낯 설은 타향 천리 울며 떠도네

황야에도 해가 지면 황혼이 오네/ 눈물 뒤에 이별도 아득하구나/ 생각사록 꿈결 같은 사랑이언만/ 못 잊어 애태우는 나그네 설움

물결 따라 흘러가면 타향이라네/ 이 내 몸 부평같이 흘러가리라/ 까마귀가 띄워 보낸 청춘이어니/ 설움에 타향 천리 울며 가리라
-「無情曲」전문,
■ 조명암 작사, 박시춘 작곡, 장세정 노래, 오케, 1998, 1937.

---

74) 호미바바, 나병철 역, 「바바의 양가성과 혼성성」, 『문화의 위치』, 소명출판, 2002, 15~16면.

사랑하는 님을 보내고 기약없이 기다리는 「눈물의 埠頭」와 고향을 잃고 타향을 떠도는 「無情曲」의 화자는 시대 전횡에 적극적으로 대항하지 못하는 자신들의 무능을 절감하며 허무 의식과 자기연민에 빠진다. 이 작품들은 행복했던 과거를 회상하는 방식으로 현실을 체념하고 비탄에 젖는다. 일제강점기의 이별 노래는 항구나 부두를 배경으로 하는 경우가 많다. 부두는 고향을 떠나 낯선 타향을 향하는 지점이다. 이러한 노래들은 농민들의 몰락과 당시 대규모로 발생한 국내외 유이민 문제와 관련이 깊다.75) 타향은 고향과의 엄청난 심리적, 물리적 거리를 두고 있으며, '물결 따라', '부평같이', '기약 없이' 흘러가는 세월이 개입하여 화자는 사랑하는 사람이 기다리는 고향에 돌아갈 수 없게 된 신세를 한탄한다. 이러한 곡들은 '해 지는 황야', '낯설은 타향 천리' 등 이국의 이미지를 통해 이별의 서러움을 극대화한다.

「눈물의 埠頭」와 「無情曲」은 눈물의 절창으로 당대인의 질곡을 보여주며 시대적 공감을 얻어낸다. 이러한 곡들은 눈물의 카타르시스를 통해 무력감을 해소하고 식민지민의 고단한 삶과 슬픔을 위무하는 측면이 컸다. 동시에 삶에 대한 의지를 거세하고 감상성을 내면화하여 현실에 안주하는 순응적 태도를 불어넣었다. 대중은 대중가요를 자발적으로 수용하며 욕망과 관심사를 드러내지만 권력에 의해 수동적으로 조작될 수 있는 대상이었다.

---

75) 동양척식회사가 토지조사사업을 벌이기 시작한 1908년을 기점으로 조선 농민은 급속히 분해되었다. 농민들은 소작농이나 화전민, 도시 노동자로 전락하였고, 유리걸식하거나 만주.시베리아.하와이.멕시코 등지로 이주해 가는 이들이 속출하였다. 이들 중 일부는 1차 대전 후 일본의 군수 붐을 타고 저렴한 노동력이 필요했던 일본 기업에 헐값으로 넘겨졌다. 근대화라는 미명하에 일제가 행한 가혹한 약탈 행위는 국내외 유이민을 발생시킨 중요한 요인이 되었다.- 윤영천, 『한국의 유민시』, 실천문학사, 16~22면.

사랑과 이별, 눈물은 개인적인 차원에서 경험되지만 사회 변화 속에서 제도나 이념의 영향을 받으며 형성되는 사회적 구성개념의 측면[76]이 강하다. 따라서 이들의 허무 의식은 당대 현실의 적극적인 반영이며, 이들의 탄식은 일제의 수탈에 못 이겨 유랑하는 망국 백성의 비애를 각성시키는 것이기도 하였다. 님의 상실과 고향 상실은 국권 상실이라는 민족의 비극을 함축하는 것으로 님을 기다리는 모습은 해방을 염원하는 중의적 성격을 지닌다. 이처럼 사랑과 이별의 노래는 눈물의 정화를 통해 식민지민을 위무하고 통치 전략에 순응·동화하는 모습을 보여주지만 이 가운데서도 민족성을 환기하며 균열되는 이중성을 드러냈다.

꽃다운 二八 少年 울려도 보았으며/ 철업는 첫사랑에 울기도 했드란다/ 연지외 분을 발너 다듬은 얼골 우에/ 청춘이 바스러신 落花 신세/ 마음마저 기생이란 일홈이 원수다

점잖은 사람한테 귀염도 바덧스며/ 나 절믄 사람한테 사랑도 했드란다/ 밤 느즌 人力車에 취하는 몸을 실어/ 손수건 적신 적이 몃 번인고/ 일홈조차 기생이면 마음도 그러냐

-「花柳春夢」부분,
■ 조명암 작사, 김해송 작곡, 이화자 노래, 오케 20024, 1940.

조명암은 화류계 여성들을 대중가요의 소재로 자주 다루었다. 이는 대중가요의 생산자인 그가 남성이라는 점에 기인한다. 남성들은 요릿집, 카페 등에 출입하며 전통적 기생뿐만 아니라 새로 등장한 재즈 기생, 모던 기생들과 어울리며 그들의 희노애락을 접할 기회가 많

---

[76] 백선기, 「한국 대중가요의 '사랑'이 지니는 서사구조와 의미구조」, 『대중문화 그 기호학적 해석의 즐거움』, 커뮤니케이션북스, 2004, 139면.

았다. 대중가요 속에 화류계 여성이 자주 등장하는 것은 대중가요의 남성중심적 인식 태도를 보여주는 대표적인 예라 할 수 있다.

조명암이 기생을 주요 소재로 삼은 것은 기생들이 대중문화의 적극적인 수용자이며 대중가요의 주요 가창자였기 때문이다. 특히 신민요 부분에서는 기생 출신 가수들이 주를 이루었다. 기생들은 신식 복장으로 유행을 선도하였고 당시 새로운 문화 코드였던 연애와 정사의 주인공으로 화려한 관심을 받았다. 따라서 기생 소재의 노래는 대중적 관심을 확보할 수 있는 좋은 매개체였다.

화류계 여성이 등장하는 노래는 주로 떠나가는 남자와 남겨지는 여자의 구도로 그려진다. 여성은 남성을 하염없이 기다리거나 원망하며 자학의 시간을 보낸다. 이들은 가망 없는 사랑에 집착하며 남성에게 절대적으로 의존하는 수동적인 태도를 보인다. 화류계 소재의 노래는 감상적인 사랑과 이별로 대중을 조작하고 현실에 대한 적극적인 태도를 제거하는 역할을 하였다.

한편 이것은 식민지 남성 주체가 여성을 내부의 식민지로 만들어 식민주의가 내부에서 반복되는 모습을 보여준다. 남성에게 예속된 여성은 계급적인 모순뿐만 아니라 민족적인 모순이 첨예하게 나타나는 지점이 될 수 있었다. 이룰 수 없는 사랑은 미래를 기약할 길 없는 불안한 현실을 반영한 것으로, 홀로 버려진 여성의 눈물은 진부하지만 당대 대중의 공감을 얻기에 충분하였다. 이는 역사를 성적인 것으로 의미 전도하는 과정으로, 화류계 여성의 애절한 사연은 조선의 현실 및 식민지민의 비애와 다를 바 없는 것이었다. 이처럼 여성적인 것은 눈물을 통해 위무 받으며 순응하는 가운데서도 끊임없이 균열되는 모습을 보여주었다.

양가성이란 상호 대립되는 이분법적 인식을 전복하여 가치의 다원화를 꾀하고자 하는 것으로 본질 미학에 대한 반미학이라 할 수 있다.77) 식민지인들은 슬픔의 감정을 통해 한 민족이라는 사실을 공유하였다. 한(恨)은 민족적 동질감을 형성하는 촉매가 되었지만 감정이 과잉되면서 제국은 강자, 식민지는 약자라는 도식에 갇혀 적극적인 의지는 거세되고 패배적 감성이 그 자리를 대체하게 되는, 식민지배를 스스로 정당화하는 모순에 빠지게 되었다.78) 그러나 조명암의 작품들은 이러한 가운데서도 이에 대립하는 가치가 동시에 나타나는 양상을 보인다.

3. 당대와 유리된 향락

대중가요는 대중의 경험과 욕망, 관심사 등을 직접 반영하는 장르이기 때문에 창작자는 작가 의식보다 대중의 기호를 고려해야 하며 통속성에 갇힐 수밖에 없다. 이는 대중이 체험을 통해 생신자의 측면을 담당하기 때문이며 대중가요가 이윤추구를 직접적인 목적으로 하기 때문이다. 따라서 대중가요는 시대 분위기를 읽고 대중의 취향과 선호도를 간파해야만 경쟁에서 살아남을 수 있었다. 이러한 점은 일제강점기 대중가요의 방향이 매우 순환적이었다는 사실을 알려준다. 아래 곡들은 당대 도시의 번잡한 삶을 향락적인 태도로 그리며 대중가요의 문법에 충실한 현실 지향적 세계를 보여준다.

> 노다지 노다지 금노다지 이 강산 저 강산 바람이 났네/ 에여라차 가며는 갈수록 나오건마는/ 정들인 이 내 몸 가락지 한 쌍도 못해주노라/ 에여라차 에여라차 열 길을 파며는 소용이 있나 에

---

77) 김정자, 「문학의 양가성, 그 한눈팔기의 탈근대적 함의들」, 『현대문학과 양가성』, 태학사, 1999, 19면.
78) 소래섭, 「명랑을 부정한 명랑주의자」, 『불온한 경성은 명랑하라』, 웅진지식하우스, 2011, 254~257면.

여라차
　　　　　　　　　(중략)
　　노다지 노다지 금노다지 이 강산 저 강산 바람이 났네/ 에여라차 노다지 파내면 누구를 주나/ 줄 때가 없으면 우리 님 품속에 묻어나 두자/ 에여라차 에여라차 열 길을 파며는 소용이 있나 에여라차
　　　　　　　　　　　　　　　　　-「금노다지 타령」부분,
　　■ 금운탄 작사, 이면상 작곡, 김용환 노래, 포리돌 19332, 1936.

　　여름 여름 여름엔 바람도 더운 바람/ 구슬 같은 땀방울이 얼굴에 송글송글/ 아가씨 도련님 얼음사탕을/ 웃으며 맛있게 깨물어 먹자/ 아이스크림 아이스오렌지/ 돌아가는 선풍기/ 여름은 시원한 사이다를 마시며 춤추자 해수욕장/ 시원하게 춤을 추자 해수욕장/다 디리 다리라 디라 디루 다 디리 다리라 디라 디루
　　　　　　　　　　　　　　　　　-「바다의 꿈」부분,
　　■ 조명암 작사, 박시춘 작곡, 이난영 노래, 오케 12263, 1939.

　「금노다지 타령」은 조명암의 다른 작품「세상은 요지경」,「돈타령」,「요즈음 찻집」등과 함께 초기 자본주의 경제하에서 배금주의와 물신숭배에 휘청대는 근대 도시의 풍조를 유쾌하게 다룬다. 1930년대 조선은 황금 열풍에 휩싸여 노동자, 농민, 자본가, 지식인 할 것 없이 금광을 찾아 헤맸다. 삼천리 방방곡곡은 금에 미친 사람들의 삽질에 남아난 곳이 없을 정도였다. 금과 관련된 범죄도 잇따랐다. 금맥을 발견하여 조선 최고의 부자가 된 최창학의 신화는 대중에게 일확천금의 환상을 심어주었다.
　'이 강산 저 강산 바람이 났네/ 에여라차 가며는 갈수록 나오건마는'에 나타나듯「금노다지 타령」은 흥에 겨워 당대의 질곡에는 관심

이 없다. 그러나 표면을 한 꺼풀 벗기면 풍자를 통해 혼란한 사회와 황금만능의 세태를 조롱하며 식민지 근대의 위기상[79]을 실감나게 보여준다. 황금은 식민자본주의와 결탁한 헛된 욕망의 실체를 표상한다. '정들인 이 내 몸 가락지 한 쌍도 못해주노라', '열 길을 파며는 소용이 있나' 등의 가사에서는 풍자를 통해 황금이 허상과 허위이며 근대화의 부작용과 부조리, 각박한 인심을 질책한다.

「바다의 꿈」은 1930년대 해수욕장 풍경을 그린다. 이 곡은 '아이스크림', '아이스오렌지', '사이다', '선풍기'와 같은 선진문화로 청춘의 기쁨과 향락을 표출한다. 현대적인 것은 자연스럽게 서구적인 것과 결합되었다. 이들이 소비하는 감각과 취향은 외면적이고 가벼운 것이지만 굉장한 환희를 맛보게 하였다. '먹자', '마시자', '춤추자', '다디리 다리라 디라 디루 다 디리 다리라 디라 디루'와 같은 가사는 시대의 질곡과는 동떨어진 환희를 노래한다. 당시 해수욕장은 '부르주아 유흥장', '에로100% 환락가'라는 악평[80]을 듣기도 하였다. 해수욕장은 정치·사회적 억압이 심하던 시대 자신의 존재를 잠시 망각할 수 있는 욕망의 해방구였다.

「바다의 꿈」은 「바다의 交響詩」[81]와 함께 청춘을 노래하는 조명암의 대표작이다. 이 곡들은 휴양지의 일탈을 통해 유한계급에 속하는 도시민들의 실체를 함축적으로 드러낸다. 중일전쟁이 일어나고

---

79) 세계대공황의 여파는 조선에도 불어닥쳤다. 대규모 실업과 해고 사태로 고용난은 최악이었다. 불경기는 식민지의 허무적 분위기를 고조시켜 절망적 상황 아래 마작과 도박, 아편중독 같은 퇴폐문화가 급속이 번져 갔다.
80) 전봉건, 「30년대 조선을 거닐다 7-욕망의 해방구 해수욕장」, 〈조선일보〉, 2005, 11, 18.
81) 어서 가자 가자 바다로 가자/ 출렁출렁 물결치는 명사십리 바닷가/ 안타까운 젊은 날의 로맨스를 찾아서 헤이/ 어서 어서 어서 가자 어서 가/ 젊은 피가 출렁대는 저 바다는 부른다/ 저 바다는 부른다. -조명암 작사, 손목인 작곡, 김성구 노래, 오케 12140, 1938.

일제의 압박과 통제가 강화되던 시기였지만 대중을 막연한 쾌락의 세계로 데려간다. 이러한 편향된 지향성은 현실과 동떨어진 반민족적인 공허한 울림만 울릴 뿐이었다.

당대의 현실과 유리된 곡들은 민족 정서를 은폐하고 허구적 욕망을 양산해 낸다. 동시에 대중을 지배 이데올로기의 수동적 존재로 만들어 현실 인식이 불가능하도록 조작하였다. 그러나 폭력과 억압의 시대, 웃음의 허울을 한 꺼풀 벗겨내면 깊은 절망과 우울이 놓여 있었다. 호미 바바는 피식민자가 식민자의 문명을 흉내내는 모방은 반복을 통해 혼성화의 모습으로 나타나며, 이러한 역동성 속에 저항의 계기가 포함되어 있다고 보았다. 따라서 1930년대 해수욕장에 모인 청춘들의 몸짓에는 시대의 모순이 담겨있으며 이것은 일제의 통제를 회피하는 도피의 수단으로 이용되었다.

양가성이란 주체를 모방하는 동시에 저항하는 것으로, 이원성이 갖는 단일성, 평면성을 전복하고 인식의 다변화와 탈중심적 사유의 요청을 의미한다. 양가성의 전략은 다양한 가치의 진실을 보게 함으로써 억압된 미학적 진실과 객관적 인식의 틀을 복원하고자 하는 전략이다.[82] 위의 곡들은 당대 도시민의 삶을 향락적으로 그려내며 대중가요의 문법에 충실한 현실지향적 세계를 보여준다. 그러나 흥과 기쁨의 세계는 권력의 의도에 동화되는 듯하지만 허상과 허위를 통해 현실을 조롱하고 있으며, 모방의 역동성 속에는 저항의 계기를 내포하는 이중적 속성이 드러난다. 식민지 규율체계는 대중가요 가사 생산에도 직접적으로 개입하였다. 조명암 가요시에 양가적 속성이 출몰하는 것은 이러한 맥락에서 구체적인 설명이 가능하다.

---

[82] 김경복, 「한국 현대시의 양가성과 해체시」, 『현대문학과 양가성』, 태학사, 1999, 45~47면.

4. 식민 담론의 조장과 분열된 주체

　근대 도시 공간을 배경으로 희비극이 교차하는 식민지민의 삶을 노래하던 조명암은 일제 말기에 들어서면서 일본, 만주, 중국 등으로 시적 공간을 이동한다. 이는 일제의 강압에 의한 적극적인 이민정책의 결과라 할 수 있다. 이 시기 조명암의 가요시에는 친일적 기표가 등장하면서 이전과 다른 변모를 보인다. 만주는 민족의 발상지이자 민족 정통성을 지켜온 신화적 공간이면서 일제의 대륙 침략이 본격적으로 진행된 곳으로 상호 모순적인 양가적 경험의 장소이다. 이동하고 확장하는 시적 공간에는 식민 담론과 민족 담론을 밝힐 중요한 근거들이 자리한다.

　　푹푹칙칙 푹푹칙칙 뛰이 뛰이/ 떠난다 타관천리 안개 서린 웅 벌판을/ 정들고 못살 바엔 아 이별이 좋다/ 달려라 달려 달려라 달려/ 하늘은 청황적색 저녁노을 떠돌고/ 차창에는 담배연기 서릿서릿 서릿서릿 풀린다 풀린다
　　　　　　　　　　(중략)
　　푹푹칙칙 푹푹칙칙 뛰이 뛰이/ 건너다 검정다리 달빛 어린 웅 철교를/ 고향에서 못 살 바엔 아 타향이 좋다/ 달려라 달려 달려라 달려/ 크고 적은 정거장엔 기적 소리 남기고/ 찾아가는 그 세상은 나도 나도 나도 나도 모른다 모른다
　　　　　　　　　　　　　　　　-「울리는 滿洲線」부분,
　■ 조명암 작사, 손목인 작곡, 남인수 노래, 오케 12164, 1938년.

　　갈바람에 썰매는 간다 백운색 벌판을/ 몰아치는 젊은이 정열 버릴 곳 어데냐/ 지난밤은 목단강 술집 오늘은 송화강변/ 얼어터진 이 가슴속에 뿌린 술이다
　　　　　　　　　　(중략)

얼음 강판 썰매는 간다 무연한 송화강/ 저 하늘이 끝닿은 곳은 시베리아다/ 웨카 술엔 취할지라도 희망은 구름 깃발/ 얼어터진 이 가슴속에 몸부림친다
- 「松花江 썰매」,
■ 조명암 작사, 송화선 작곡, 권명성 노래, 오케 K5010, 1940.

근대 식민지 건설의 상상력은 자신의 속국들을 영토로서 파악하지 결코 국민으로 파악하지 않는다.[83] 「울리는 滿洲線」은 당시 고향을 떠나는 이민자들의 체념과 불안한 심정을 그린다. '정들고 못 살 바엔 아 이별이 좋다', '고향에서 못 살 바엔 아 타향이 좋다', '찾아가는 그 세상은 나도 나도 나도 나도 모른다 모른다.'

1940년에 발표한 「哀愁의 鴨綠江」[84]에서는 '황금도 나는 싫어 공명도 나는 싫어', '아 아 아 아아아 뗏목은 흘러간다', '웃어도 칠백 리요 울어도 칠백리요', '아 아 아 아아아 뗏목에 해가 졌다'와 같은 장탄식이 나타난다. 여기에는 살 방도를 찾아 만주로 떠나는 유민들이 느끼는 체념의 정조가 절절하게 담겨있다. 이민정책은 기민정책으로도 불렸다. 만주, 시베리아 등지로 떠나는 조선인의 참상은 일제의 가혹한 수탈상의 한 단면이었다.

유랑의 길이었던 만주 이민은 점차 낙토를 찾아가는 모험으로 묘사되었다. 총독부는 이주민들을 청교도들에 비유했으며, 만주에 정착한 지식인들은 고토를 회복하러 왔다는 신념을 가졌다. 그러나 재만 조선인은 중국인 지주와 관헌들의 수탈에 시달리고, 마적 떼의 횡포를 겪으며 또다시 끝 모를 유랑의 신세로 떨어졌다.

1940년대에 들어서면서 조명암의 가요시는 개인 정서의 발현에

---

83) 호미 바바, 앞의 책, 200면.
84) 조명암 작사, 손목인 작곡, 이화자 노래, 오케 20020, 1940.

서 나아가 식민주의와 민족주의가 공존하는 모습을 드러낸다. 「울리는 滿洲線」, 「哀愁의 鴨綠江」에 나타나는 시적 자아는 체념의 정조를 통해 식민 담론에 포섭된 주체로 때로는 저항성을 강하게 내포한 주체로 출몰한다. 만주는 수난과 저항의 공간이면서 일본 제국주의에 의해 주체가 호명되는[85] 복합적인 의미의 공간이다. 「松花江 썰매」는 '희망은 구름 깃발'이라는 구절을 통해 만주 개척에 협조하는 경향을 드러내며 젊은이의 의지와 희망을 보여준다. 그러나 날마다 술에 취해가는 것은 시적 화자의 내면이 불안과 희망 사이를 교차하기 때문이다. 한 작품 속에 대립적이고 모순적인 성격의 가치가 동시에 나타나는 양가성은 조명암의 작품을 이분법적이고 도식적인 틀로 재단할 수 없게 만든다.

제국주의는 자신의 소유가 아닌 다른 사람들이 살고 있는 땅을 소종하고 성착하는 것을 의미한다. 또한 제국의 확장에서 이익에 대한 희망은 중요한 위치를 차지하며 이는 문화와 깊은 관계를 갖는다.[86] 조명암의 작품에 나타나는 심상 지리는 '억압과 저항'이라는 틀이 만주라는 공간으로 확장되었음을 보여준다. 그는 절망적 현실을 통해 대중의 상실감을 위로하고 체념과 타성의 태도를 불어넣으며 일제가 조장하는 식민 담론에 부합하는 모습을 나타낸다. 이와 동시에 저항성을 내재한 주체의 모습이 강하게 드러나는 방식을 보여준다. 그의 작품에 식민 담론과 민족 담론이 공존하는 것은 일제의 통치가 빚어내는 강압의 요소가 작동되었기 때문이다.

어머님 전에 이 글월 쓰옵나니/ 兵丁이 되온 것도 어머님 恩惠

---

[85] 윤대석, 앞의 책, 206면.
[86] 에드워드 사이드, 김성곤 외 역, 「겹치는 영토, 뒤섞이는 역사」, 『문화와 제국주의』, 창, 1995, 52~57면.

/ 나라에 밧친 목숨 還故鄕하올 적엔/ 쏘다지는 敵彈알에 죽어서 가오리다

(중략)

어머님 전에 무슨 말을 못하리까/ 이 아들 보내시고 日久月深에/ 이 아들 축원하사 기다리실 제/ 이 얼골을 다시 보리 생각은 마옵소서

-「아들의 血書」 부분,
■ 조명암 작사, 박시춘 작곡, 백년설 노래, 오케 31093, 1942.

상처의 붉은 피로 써 보내신 글월인가/ 한 자 한 맘 맺힌 뜻을 울면서 쓰셨는가/ 결사대로 가시던 밤 경사대로 가시던 밤/ 이 편지를 쓰셨네

(중략)

한 목숨 넘어져서 천병만마 길이 되면/ 그 목숨을 아끼리오 용감한 임이시여/ 이 아내는 웁니다 이 아내는 웁니다/ 감개무량 웁니다

-「決死隊의 안해」 부분,
■ 조명암작사, 박시춘 작곡, 이화자 노래, 오케 31145, 1942.

일본의 대외 침략은 만주사변 이후 중일전쟁과 태평양전쟁의 발발로 더 극렬해졌다. 이 시기 사회 전반의 전시체제 강화에 따라 군국가요가 등장하게 된다. 군국가요는 일제의 침략전쟁에 부응하기 위해 전선과 총후의 상황을 극적으로 묘사하고 전쟁 참여와 희생을 독려하는 내용을 담고 있는 것이다.[87] 이러한 내용은 주로 가사를 통해 표현되었다.

군국가요는 어머니나 아내를 화자로 하여 군국의 이념을 선전하

---

87) 이준희,「일제시대 군국가요 연구」, 한국문화 46집, 2009, 6, 141면.

는 노래들이 많다. 일제는 총력전 아래 여성의 역할을 강조하며 군국의 어머니, 군국의 아내상을 만들었다. '황국의 어머니 없이 황국의 건병은 없다'는 구호 아래 아들을 키워 병사로 만들고 남편을 자랑스럽게 전장으로 보내는 애국부인으로서의 의무를 강조하였다. 이 외에도 후방의 경제를 부양하고 전쟁을 지원하는 역할을 부여하였다. 총후부인이란 일제가 가정을 총동원 체제의 기본 조직으로 삼았다는 의미였으며 철저히 여성 노동력 착취의 이념으로 작동되었다.[88]

「아들의 血書」와 「決死隊의 안해」는 편지를 매개로 아들과 남편을 나라에 바치는 애국 부인의 감격을 제시한다. '이 아들 축원하다 기다리실 제/ 이 얼골을 다시 보리 생각은 마옵소서', '그 목숨을 아끼리오 용감한 임이시여/ 이 아내는 웁니다 이 아내는 웁니다/ 감개무량 웁니다.' 위의 가사에 나타나는 충성의 맹세와 감격의 눈물은 처절한 심정을 담았지만 전시체제 하에서는 '황국 정신'과 '애국 부인'의 모습을 가장할 수밖에 없었다. 반복되는 '웁니다'는 그것이 진정 충성과 감격의 눈물이라고 보기에는 무리가 있다. 따라서 충성을 맹세해도 의심의 눈초리를 받았다. 이처럼 식민지민은 표면적으로는 일제의 식민 담론에 동화되어 갔지만 내면은 분열되어 반항의 요소들이 곳곳에 도사리고 있었다.

전시체제가 강화되면서 검열의 범위는 확대되었다. 전사에 따른 슬픔이나 나약한 감정을 담은 노래, '개선(凱旋)을 취급한' 노래는 금지되었다. 이는 일본 군국주의의 성격을 극명하게 드러내는 것으로 군인은 살아 돌아와서는 안 되며 오로지 전쟁터에서 장렬하게 산화한 자들만이 명예를 얻을 수 있다는 것[89]이다. 「아들의 血書」에는 아버지와 아들의 관계는 등장하지 않는다. 식민지 현실이 아버지(남성)

---

88) 이선옥, 「평등에 대한 유혹」, 실천문학, 2002, 가을, 262~263면.
89) 소래섭, 앞의 책, 95~96면.

부재 상태에서 어머니(여성)만이 유일하게 후방을 지킬 주체90)로 남았던 사실을 반영하기 때문이다.

특히 내선일체와 지원병제는 독일 파시즘과 달리 조선인을 '천황의 적자(赤子)'로 받아들여 천황에게 봉사할 수 있는 자격을 허락한다는 의미였다. 여기에는 조선인도 국가에 기여함으로써 평등이 이루어질 수 있을 것이라는 환상이 개입되었다. 이러한 상황 속에서 조선인 지원병의 혈서지원이 많았으며 '황국신민'이 되기 위해서는 더 큰 소리로 '제국군인'의 표시를 내야 하였다. 과도한 충성의 증거는 처참한 심리적 갈등이 깔려있던 것으로 일제는 동질성과 이질성을 지닌 이러한 존재들을 위협적으로 판단하였다. 조선인을 '병원자원'으로 갈망하던 지원병제도의 이면에는 조선인을 '국가의 지주'인 군대에 넣는 것에 대한 군 전체의 불안과 공포가 도사리고 있었다.91) 동화의 논리는 애초에 불신과 차별을 내포하였다. 이처럼 일제의 식민주의는 '동화와 배제'라는 이중성으로 특징지어진다. 「아들의 血書」와 「決死隊의 안해」는 제국의 이데올로기를 추종하는 가운데서도 여러 갈래로 분열되는 주체의 내면을 적나라하게 보여준다. 모방은 끊임없이 미끄러짐과 초과, 차이를 생산하는 것으로 부적합의 기호가 되었으며, 식민권력의 전략적 기능에 조응하고 감시를 강화하게 하면서 반항의 기호가 되기도 하는 것이었다.92)

無名指 깨물어 붉은 피를 흘려서/ 日章旗 그려놓고 聖壽萬歲 불으고/ 한 글자 쓰는 사연 두 글자 쓰는 사연/ 나라님 兵丁 되기

---

90) 박애경, 「1940년대 군국가요에 나타난 젠더 이미지와 젠더 정치」, 민족문화논총 35집, 2007.6, 150면.
91) 미야다 세쯔코, 「중일전쟁단계의 황민화 정책」, 『조선민중과 황민화 정책』, 일조각, 1997, 51~57면.
92) 호미 바바, 앞의 책, 179면.

所願입니다

(중략)

大東亞共榮圈을 건설하는 새 아츰/ 구름을 헤치고서 솟아오는 저 햇발/ 기뿌고 반가워라 두 손길 合掌하고/ 나랏님의 兵丁되기 所願입니다.

-「血書志願」부분,
■ 조명암 작사, 박시춘 작곡, 남인수·박향림·백년설 노래,
오케 31193, 1943.

일제는 아들을 전쟁터로 내보내는 골육의 정을 통해 '제국과 운명 공동체'라는 일체감을 이끌어내어 조선인을 황민화하고자 하였다. 일제는 징병제(1942년 5월 공포)가 황민에게 주어지는 특권이며, 조선인은 '대동아공영권' 안에서 지도적 위치에 서는 것이 보장되었다고 강조하였다. 그러나 내부적으로는 장기전 속에서 일본 민족의 손실을 막아야 한다는 의식이 강하였다. 내선일체와 황민화로 표상되는 동화의 논리는 일본인과의 차별을 견지하려는 철저한 이중적 잣대 속에서 이루어졌다.[93] 이처럼 식민지배자는 '갈라진 혀'로 식민지의 전형을 양가적이며 모순적으로 재현하였다.

「血書志願」은 '내선일체의 황민화'와 '대동아공영권의 전쟁 동원'이라는 내적 동기가 수미일관하는 논리를 보여준다. 여기에는 '日章旗', '聖壽萬歲', '兵丁', '大東亞共榮圈' 같은 전형적인 단어들이 등장한다. '기뿌고 반가워라 두 손길 合掌하고/ 나랏님의 兵丁되기 所願입니다.'에는 상투적이고 과장된 표현들이 가득하다. 이러한 작품에

---

[93] 동화란 앞서가는 일본인의 뒤를 감사하는 마음으로 순종하며 따라오는 조선인을 의미하였다. 설령 거리를 좁히는 일은 있어도 결코 어깨를 견줄 수는 없는 차별을 내포하고 있었다.- 미야다 세쯔코, 위의 책, 133~138면, 176면.

는 시적 자아의 내면적 갈등과 이중적 태도가 깔려있을 수밖에 없다. 군국가요의 절창이라 할 수 있는「二千五百萬 感激」94)에도 '忠誠', '榮光의 날', '光明'과 같은 전쟁을 호도하는 상투적인 단어들이 등장한다. '나라님의 불으심을 敢히 받드러/ 힘차게 나아가자 二千五百萬 / 아 감격의 피 끓는 二千五百萬'에는 조선인 모두가 역사적 요청에 화답하는 듯한 숭고미를 드러내며 무의식 구조까지 황민화되어 있음을 나타낸다. 칸트에 의하면 숭고는 경외를 내포하는 부정적 쾌감이며 지속적이고 이념이 개입되어 있는 것으로 절대적으로 큰 것에 관계한다.95) 하지만 이 또한 시적 자아의 내면에는 자괴감이 짙게 깔려 있을 수밖에 없었다.

일제 말기 조명암은 50여 편 이상의 군국가요를 작사하였다. 그의 작품은 시대적 압력 아래 분절되어 발화할 수밖에 없었으며 불신을 피하기 위해 더 열광적인 모습을 취하였다. 그러나 같은 시기 나그네의 심정과 이산의 슬픔, 민족성을 고취시키는 작품 등을 상당수 발표한다. 이처럼 작가 의식은 끝임없이 분열되고 부딪히며 다시 공존하는 양상을 보인다. 식민자는 피식민자와의 관계를 통해 모순과 균열을 발생시키고 이 사이에 저항의 가능성이 편재한다. 그러나 억압과 저항은 재영토화되어 제국주의적 질서를 강화96)할 뿐이었다. 조명암의 친일 작품은 민족의식과 역사적 안목의 부재에 기인한다. 하지만 대중문화를 통제하려는 일제와 당시 상업자본 아래서 생존을 위해 순응하면서도 갈등하는 시인의 선택은 제한적일 수밖에 없었다.

---

94) 조명암 작사, 김해송 작곡, 남인수·이난영 노래, 오케 31193, 1943.
95) 이마누엘 칸트,『판단력 비판』, 책세상, 2005, 50~92면 참고.
96) 윤대석, 앞의 책, 73~74면, 162면.

5. 맺음말

본 연구는 식민지민들이 향유하던 유행가의 특성을 규명하고 식민지 규율이 일상 속에서 작동하는 방식을 밝힘으로써 조명암의 대중가요가 가진 속성을 규명하였다. 대중가요는 대중의 욕망과 관심사를 직접적으로 반영하는 장르이다. 또한 선전·선동의 극대화를 기대할 만한 장르라는 점에서 권력의 통제 아래 지배 이데올로기 전달의 매개체 역할을 담당한다. 대중은 대중가요를 통해 욕망을 드러내고 위무 받지만 동시에 권력의 체제로부터 억압받는 위치에 서게 되는 것이다.

조명암의 가요시는 주로 기약할 수 없는 사랑과 이별, 고향을 잃고 떠도는 나그네의 상실감을 다룬 체념의 정서를 노래하였다. 이는 식민지민의 현실을 고스란히 담아내면서 그들의 고통과 상실을 위로하는 측면이 컸다. 또한 감상성을 내면화하여 대중을 체제 순응적인 방향으로 조작하고 타성의 태도를 불어넣어 일제의 정책에 동화하는 측면을 보여주었다. 그러나 개인의 비애는 민족의 비애를 각성시키는 것이며, 타향을 떠도는 유랑민과 홀로 버려진 여성은 민족적인 것의 훼손된 표상으로 재구성되었다. 이를 통해 위무와 순응 속에서도 민족성을 환기하는 균열의 지점을 발견할 수 있었다.

조명암은 근대 도시의 향락적인 모습을 통해 대중가요 문법에 충실한 현실 지향적 세계를 보여주었다. 이것은 민족 정서를 은폐하고 허구적 욕망을 양산하는 공허한 울림의 세계였다. 그러나 풍자를 통해 세태를 조롱하며, 절망의 시대를 모순적인 몸짓으로 표현하는 역동성에는 저항의 계기를 내포하는 이중적 속성을 찾을 수 있었다.

일제 말기에 접어들면서 조명암의 가요시는 시적 공간을 만주, 중국, 일본 등으로 확대하였다. 만주는 민족의 신화적 공간이자 일제의 대륙 침략이 본격적으로 진행된 곳으로 체념의 심정으로 떠나던 이민 행렬은 점차 낙토를 찾아가는 모험으로 묘사되었다. 이 시기 조명암의 작품은 일제의 만주 개척에 협조하는 친일적 경향을 드러내지만 불안과 체념의 정서 이면에 감춰진 저항 주체의 모습을 어렵지 않게 발견할 수 있다. 그의 작품은 절망적 현실을 통해 상실감을 위무하고 일제의 이데올로기에 부합하는 듯하지만, 강압의 요소 안에서도 식민 담론과 민족 담론이 대립하며 공존하는 양상을 보인다.

태평양전쟁 발발 이후에는 전시체제 강화에 따라 군국가요가 등장하였다. 군국가요는 전선과 총후의 상황을 극적으로 묘사하고 전쟁 참여와 희생을 독려하는 내용을 담았다. 조명암의 작품에도 총력전 아래 여성의 역할을 강조하는 군국의 어머니상이 나타난다. 그러나 전시체제 하에서 애국부인의 모습을 가장할 수밖에 없었던 심리적 갈등상태를 드러내며 모순되고 분열된 지점들을 드러냈다. 내선일체와 황민화, 대동아공영권의 전쟁 동원 논리를 보여주는 작품들은 내면적 갈등과 공동화로 분열되는 시적 자아를 확인해 주었다.

조명암은 50여 편 이상의 친일가요와 군국가요를 발표하였지만 같은 시기 식민지인의 절망을 위로하고 민족성을 고취시키는 작품들을 함께 발표하였다. 한 시기 한 작가의 작품에 식민주의와 민족주의가 공존하는 복합적인 성격은 그의 작품을 친일이나 반일이라는 단순한 시각으로 재단할 수 없게 만든다. 일제의 식민주의 또한 이중적 잣대 속에서 동화와 배제라는 철저히 모순된 태도를 견지하였다.

본고는 양가성을 통해 조명암 가요시의 다양한 속성과 모순점을 밝히고자 하였다. 조명암 가요시에 대한 연구는 한 시기의 문학적 현상에 대한 연구이기도 하지만 일제강점기 가요시 창작자들에 대한 작가론적 연구로 나아가는 단초가 될 수 있을 것이다.

조명암 시 연구

제3부
해방 전후 시의 현실 인식

제1장. 자유시와 대중가요 가사에 나타난 친일 의식

1. 조영출의 친일 시

1930년대 말에서 해방 전까지는 소위 친일문학론의 시대라 해도 과언이 아니다. 김재용에 의하면 친일이란 '식민주의와 파시즘의 옹호 여부'를 기준으로 삼는다. 더 구체적으로는 '내선일체의 황국신민화'와 '대동아공영권의 전쟁동원론'을 내용으로 하는 것으로 이 중 어느 하나라도 해당될 경우 친일문학이라 규정할 수 있다.[1]

이 시기는 일제의 문화말살정책이 실행된 우리 문학의 공백기였다. 조선일보와 동아일보가 폐간되었으며, 문학 예술지 〈문장〉과 〈인문평론〉이 강제 폐간되어 후속 조치로 창간된 〈국민문학〉이 친일문학의 온상이 된다. 〈국민문학〉은 일본 정신을 담아내는 계몽적인 문학으로 일본어와 일본 정신을 제재로 하는 전쟁 옹호 문학이었다. 따라서 조선어는 '고민의 종자'[2]로 인식되었다. 시인과 작가들은 이른바 국책(國策)에 부응하는 작품을 써야 했으며 일문(日文)으로 창작하고 창씨개명(創氏改名)한 이름으로 발표하였다. 이러한 분위기에 따라 1939년 결성된 '조선문인협회'는 '조선문인보국회'로 이름을 바꾸고 친일문학에 앞장서게 된다.

이 암흑기를 조영출은 침묵으로 일관하였다. 조영출은 1940년 12월 「淸風의 箱子」를 〈인문평론〉에 발표한 후 해방에 이르기까지 가

---
1) 김재용, 「친일문학의 성격 규명을 위한 시론」, 〈실천문학〉 통권 65, 2002, 169~170면.
2) 최재서, 「편집후기」, 〈국민문학〉 5.6월 합병호, 1942.

요시와 희곡에 관심을 가지고 시 작품을 거의 발표하지 않는다. 그리고 1943년 12월 〈朝光〉, 1944년 2월 〈國民文學〉에 각각 「배움의 창틀(學びの窓巾)」과 「산수의 향기(山水の匂ひ)」를 일문으로 발표한다. 이 시기를 전후로 조영출은 2편의 친일시와 50여 편이 넘는 친일 가요시를 발표하였다. 친일 자유시와 친일 가요시는 그가 일제에 협력해 나가는 과정과 창작에 따른 갈등, 친일의 본질을 파악할 수 있는 중요한 자료이다. 특히 친일 가요시는 1941년에서 1943년 사이 집중적으로 발표하고 있는데 대중적 선전 효과를 기대하여 일제가 적극적으로 활용한 장르였다.

이 시기는 조영출이 와세다 대학 불문과 유학을 마치고 귀국하여 결혼(1943년)하고 장녀가 출생한 시점으로 그는 예술가적 양심과 생존의 문제 사이에서 고뇌하지 않을 수 없었다. 또한 태평양전쟁이 발빌하고 싱가포르가 일본에 함락(1942년)한 시점으로, 지식인들은 세계 정세를 파악하고 조선의 미래에 대해 비관적인 전망을 하였다. 조영출의 친일 작품 활동은 대중을 관리하기 위한 적극적 방편으로 그의 가요시를 활용하고자 했던 일제에 의해 강제되었다는 점을 부인할 수 없다. 그러나 자의적인 사상의 굴절에도 혐의를 두는 것은, 문학 지식인으로서 민족의 미래에 대한 그의 불온한 전망에도 원인을 물을 수 있기 때문이다.

    교정은
    별도 반딧불도 눈의 그림자도
    꿈의 색을 이루고
    빛도 이루는구나
    끝없는
    진리의 층층대를

헤매 다니는
신의 아들들
신의 뜻대로
신의 마음은 오직 한 마음
싫어도 물러서지 않는
끈질긴 모습이여
그렇다면
배움의 길은 신의 길
붓과 칼의
다듬어지지 않은 옥돌
저 거친 해안
물보라 날아오는 소용돌이 속에서
넘치는 열정을
그대는 갖고 있나니
현실이로다
우리의 皇軍이 싸우는 전장에
용기 내어 떠날 때이다
그대여 그대여
배움의 창틀 너머로 비상하여
총포 아득한 하늘
자, 싸움터로 떠나자

- 「學びの窓巾(배움의 창틀)」[3] 부분

「學びの窓巾(배움의 창틀)」은 진로를 고민하는 학생들에게 황군에 지원하여 전쟁터로 떠날 것을 권유한다. 천황의 적자로서 '황군병사' 되기를 종용하며 학도병으로 입대하는 일은 신의 뜻이며 젊은이로서 감당해야 할 사명임과 동시에 배움을 실천하는 길임을 설득

---

3) 일문으로 발표(趙靈出, 〈朝光〉, 1943, 12.)한 시를 번역.

한다. 이 시는 후방의 학생들에게 제국을 위해 희생할 것을 촉구하는 글이다. 일제 말기에는 다양한 형태의 동원 촉구문학이 나타났다. 비슷한 시기에 발표한 「山水の匂ひ(산수의 향기)」에는 내면 깊이 스며든 친일 의식이 드러난다. 숲을 산책하며 군가를 흥얼거리는 모습과 꽃, 풀, 물, 돌 같은 자연에조차도 깊이 스며든 애국의 모습을 포착한다. 또 그러한 자연에 자신을 투사한다. 이는 그의 시가 진지한 애국심의 단계에 이르고 있음을 알 수 있는 부분이다.

조선인에게 전향은 곧 친일이라는 등식이 성립4)되는 것이다. 이 시기는 조영출이 결혼하고 장녀가 출생한 직후였다. 따라서 그는 가정과 가족을 지켜야 한다는 의식이 강했으며, 일제의 강제뿐만 아니라 고문이나 투옥이 초래할 문제에서 자유로울 수 없는 처지였다. 이는 아버지 부재의 상황에서 모친과 절에 의탁할 수밖에 없었던 유년기의 고난을 가족들에게 되풀이시키지 않겠다는 강력한 현실적 의지이기도 하였다.

일제는 조선인 지식인들을 충실한 신민으로 만들기 위해 의도적 강제력을 발동하였으며 그러한 과정에서 전향자가 속출하였다. 천황제 파시즘으로 나아가는 이러한 친일은 반민족적이며 반역사적 행위로 간주되었다. 하지만 조영출에게 친일은 생존과 관련된 문제였다. 그에게 민족과 사상은 선택 조건이었지만 삶은 필수조건이었다. 이는 문학 지식인들이 전향이라는 현실체와 마주했을 때 그것에 얼마나 쉽게 굴절될 수 있는가를 극명히 보여준 예라 하겠다.5)

「學びの窓巾(배움의 창틀)」과 「山水の匂ひ(산수의 향기)」6)가 발표되던 시기는 일제가 진주만을 기습하고 싱가포르가 함락된 후로

---

4) 노상래, 「전향의 개념 및 유형」, 한국문인의 전향 연구, 2000, 17면.
5) 위의 책, 99~111면.
6) 趙靈出, 〈國民文學〉, 1944, 2.

지식인들은 이러한 정세를 빠르게 파악하고 있었다. 조영출을 비롯한 많은 문학 지식인들이 친일문학으로 노선이 바뀌는 데는 강요도 있었지만 민족의 미래에 대한 불투명한 전망이 중요한 원인이 되었다. 이는 당대 지식인들의 역사 인식을 단적으로 말해주는 것으로 많은 작가들이 일제에 굴복하였으며 권력의 언어인 일본어로 글을 쓰게 되었다.

일제의 국어 상용정책은 언어의 말살뿐 아니라 민족정신과 사상을 파괴하는 문제로 파악할 수 있다. 언어는 인간의 정신을 나포하는 가장 강력한 매개이기 때문이다. 일제는 일본어를 습득하는 순간부터 친일본적 의식이 내재한다는 사실을 간파하였다. 식민지 민중의 정신세계를 지배하는 가장 중요한 일은 그들의 언어를 지배자의 언어 밑에 종속시키는 일이기 때문이다.[7]

「學びの窓巾(배움의 창틀)」에는 전쟁 동원과 황국신민화의 의도가 작품 전체에 배여 있다. 이는 당시 대다수 지식인의 태도였다. 이들은 일본어로 작품 활동을 하였지만 돌아오는 대가는 이 언어가 제대로 쓰여진 것인가라는 일본어 사용 주체들의 의문이었다. 모방은 차이를 발생시킬 수밖에 없었다.

2. 조명암의 친일 가요시

대중사회는 소수에 의해 주도되던 문화를 다수 대중이 지배하게 된 사회이다. 산업과 생산의 확대에 따라 노동인구가 대량으로 필요해짐에 따라 대중은 자연히 사회의 유력한 집단으로 등장하였다. 주목할 사실은 절대적 구성원으로 등장하게 된 대중이 대량 생산에 수반하는 대중 소비 현상과 더불어 그들의 생활양식과 사고방식에 이

---

[7] 옹구기와 씨옹오, 앞의 책, 52면.

르기까지 매스미디어에 의해 조작되고 관리되어 획일화 양상을 띠게 되었다는 점이다. 이것은 일제가 조명암의 가요시를 적극 활용한 이유를 통해서도 알 수 있는 부분이다.

　가요시가 가지는 이러한 대중적 환기성 때문에 조명암은 일제의 회유와 압력 속에서 2편의 친일 시와 50여 편이 넘는 친일 가요시를 제작하였다. 대중과 가까운 가요야말로 선전·선동 효과의 극대화를 기대할 만한 장르이기 때문이다. 대중문학이 지배 이데올로기 전달 역할을 담당함으로써 허구적 욕망을 양산하고 대중을 수동적 존재로 만들어 현실 인식을 불가능하게 한다는 점은 조명암의 친일 가요시에도 그대로 적용된다. 또한 친일은 작가의 생존 문제와도 직접적으로 관련되었다. 친일 자유시와 친일 가요시를 함께 다루고자 하는 것도 조명암의 친일 과정과 연속성을 살피고 친일 작품의 본질을 총체적으로 파악하기 위함이다.

　　　　　사꾸라가 피엿네 사꾸라가 피엿네
　　　　　잘나도 사꾸라 못나도 사꾸라
　　　　　쏨내는 사꾸라 건방진 사꾸라
　　　　　방갓 쓴 시골영감 꼿구경 서울 왓다
　　　　　방갓이 바람에 띄굴 띄굴 띄굴
　　　　　영감님 허둥지둥 아하하 우습고나
　　　　　고양이가 야웅 양야웅
　　　　　이상스런 봄이로다 헤이
　　　　　꼿 범벅 시절이로다
　　　　　　　　　　　(중략)
　　　　　웃음보가 터저 온다
　　　　　興亞의 봄이로구나

-「櫻化春」부분,
■ 조명암 작사, 박시춘 작곡, 김정구 노래, 오케 31035, 1941.

故鄕길 뒤에 두고一萬키로다
蓮꽃 피는 滿洲에 굴너온 이 몸
돈도 업고 地位도 나는 없다만
팔을 것고 해볼테다 사나희 맹서

잘 살고 못 사는 게 사랑일소냐
풀은 하늘 천정엔 해가 걸넛다
香기로운 大地에 흙을 안고서
우서보는 젊은 몸이 내 財物이다

타고난 알몸뚱이 검은 가슴에
붉은 蓮꽃 안고서 노래 불으면
滿洲 벌판 地平線 저녁 햇발이
어머님의 손끗처럼 눈물 겨웁다

-「사나희 幸福」전문,
■ 조명암 작사, 이봉룡 작곡, 이인권 노래, 오케 31074, 1941.

조명암은 자유시보다 가요시에서 친일적 성향을 더 적극적으로 나타냈다. 이러한 작품들은 1941년부터 생산되고 있는데 최초의 친일 가요시라 할만한「해 점은 黃浦江」을 이 시기에 발표하였다. '오늘도 가고 싶은 나가사끼로', '사나히 그 희망에 꽃이 피면은/ 즐거이 가리로다 그리운 산천'과 같은 부분은 일본에 대한 막연한 지향을 나타낸다. 1941년 4월에는「櫻花春」을 발표하였는데 유머 넘치는 건강한 풍자를 나타내고 있으나 마지막 연의 '興亞의 봄이로구나'에 이르면 앞부분의 흥겨움이 '대동아공영권'을 주창하는 이 구절에 귀결되고 있음을 알 수 있다.

1941년 10월에 발표한 「사나희 幸福」은 '돈도 업고 地位도 나는 없다만/ 팔을 것고 해볼테다 사나희 맹서'라는 가사를 통해 일제의 만주 개척 정책에 협조하겠다는 적극적인 친일을 읽을 수 있다. 1932년 만주국 건립 이후 조선에는 만주 이민 열풍이 불었다. 유랑의 길이었던 이민은 점차 낙토를 찾아가는 모험으로 바뀌었다. 총독부는 이주자들을 청교도에 비유하였다. 만주는 유토피아의 환상을 심어주는 개척과 갱생의 공간이었다.

1941년경은 일제말 군부 파시즘이 강화된 때로 조명암은 와세다 대학 문학부를 졸업하고 돌아와 봉명학교에서 후배들을 지도하고 있었다. 건봉사와 부설 봉명학교는 민족주의적인 색채가 강했던 곳으로 일부 승녀들이 독립 운동을 한 선친들에 의해 맡겨진 곳이다. 따라서 이 시기 조명암의 친일 작품은 검열을 의식하는 미온적이고 소박한 모습에 머무른다.

어머님 전에 이 글월을 쓰옵나니
兵丁이 되온 것도 어머님 恩惠
나라에 밧친 목숨 還故鄕 하올 적엔
쏘다지는 敵彈알에 죽어서 가오리다

어제는 廣野 오늘은 山峽 千里
軍馬도 鐵수레도 끗업시 가는
너른 땅 數千 里에 進軍의 길은
우리들의 피와 쌔로 빛나는 길이외다

어머님 전에 무슨 말을 못하릿가
이 아들 보내시고 日久月深에

이 아들 축원하사 기다리실 제
　　　이 얼골을 다시 보리 생각은 마옵소서

　　　　　　　　　　　　　　-「아들의 血書」전문,
　　　■ 조명암 작사, 박시춘 작곡, 백년설 노래, 오케 31093, 1942.

　　친일 문학의 성격을 규정하는 두 가지 큰 기준으로 대동아공영권의 전쟁 동원과 내선일체의 황국신민화를 든다. 1942년 작「아들의 血書」에 이르면 '쏘다지는 敵彈알에 죽어서 가오리다', '이 얼골을 다시 보리 생각은 마옵소서'와 같이 청년들의 비장한 결심과 죽음조차 미화하는 태도를 보인다. 짧은 기간 동안 조명암의 작품 태도는 상당한 변화를 나타낸다. 시적 화자들은 전쟁터에 나가게 된 것을 은혜로 생각하며 나라를 위해 죽을 것을 다짐한다. 이민족을 배척하던 독일 파시즘과 달리 내선일체와 지원병제를 통해 조선인을 일본 국민으로 수용하고 전쟁에 동원해 준 데 대한 감사라 할 수 있다. 이는 조선인도 일본인이 될 수 있음을 증명하는 것으로 일본 국민성을 획득하는 것만이 민족 장래를 위한 유일한 길이라는 견해를 제시하는 것이다.

　　같은 해 5월에 발표한「즐거운 傷處」[8]「決死隊의 안해」[9]에서는 '임에게 못다 바친 목숨이 슬퍼', '나머지 팔다리에 불을 붙일까 불을 부붙일까', '나랏님께 바친 사랑 달 같고 해와 같아', '그 목숨을 아끼리오 용감한 임이시여/ 이 아내는 웁니다 이 아내는 웁니다/ 감개무량 웁니다'라는 흥분되고 격앙된 감정을 피력한다. 전쟁터에서의 부상을 자랑스러워하는 모습과, 남편의 전사를 걱정하면서도 진정한

---

[8] 조명암 작사, 박시춘 작곡, 백년설 노래, 오케 31102, 1942.
[9] 조명암 작사, 박시춘 작곡, 이화자 노래, 오케 31145, 1942.

애국자가 되기 위해 두려움을 감추는 꿋꿋한 아내의 모습이 나타난다.

지원병제도가 실시되면서 일제는 '황국의 어머니 없이는 황국의 건병 없다'는 구호를 내세워 부녀자에 대한 교육 확대에 나섰다. 아들이나 남편을 전장에 보내는 강인함을 통해 총력전 아래 여성의 역할을 강조하며 '군국의 어머니' 혹은 '군국의 아내'상을 만들어 갔다. 후방의 여성들은 아들을 키워 훌륭한 병사로 만들고 남편을 자랑스럽게 전장으로 보내는 것이 애국부인으로서의 의무였다. 이외에도 전시기 조선 여성에게는 생산 노동력으로서의 역할이 강조되었다.

몸뻬는 이들 총후 전사의 무장이었다. 몸뻬는 일본 동북지방이나 산촌 농민들이 입던 옷으로, 일제 말 후생성령에 의해 여성의 방공 복장으로 착용이 장려되었다.10) 몸뻬는 국가적 총동원과 근로의 패션이었다. 일세는 여성들에게 후방을 지키고 전쟁기의 경제를 부양하며 전쟁을 지원하는 역할을 부여하였다. 총후부인이란 전쟁의 말단 조직이 된다는 의미였으며 철저히 여성 노동력 착취의 이념으로 작동되었다.11) 일제가 여성의 역할을 강조했던 이유는 노동력의 충원뿐만 아니라 가족을 국가라는 공동체의 척도로 삼았기 때문이다.

1937년 중일전쟁이 시작되면서 지원병제도는 '병원자원'을 구하기보다 이 제도를 조선인 전체에 대한 황민화정책의 견인력으로 만들고자 했다.12) 그러나 황민화정책이 침투할수록 조선인의 저항도 더욱 내면화, 일상화되어 갔다. 이러한 상황에서 조선인은 '황국신민'이 되기 위해 일본인 이상의 충성심을 나타내야 하였고 더 큰소리로 '제국군인'의 흉내를 내어야 했다. 당시 혈서지원은 이러한 과도한

---

10) 이경훈, 앞의 책, 313면.
11) 이선옥, 「평등에 대한 유혹」, 〈실천문학〉, 2002, 가을, 262~263면.
12) 미야다 세쯔코, 「중일전쟁단계의 황민화정책」, 『朝鮮民衆과 皇民化 政策』, 일조각, 1997, 56면.

행동으로 나타났다. 이것은 처참한 심리적 갈등이 깔려있던 것으로 일제로 하여금 조선인의 원래 얼굴을 느끼지 않을 수 없게 만들었다. '상호 불신'을 증폭시키는 이러한 모순 때문에 '충성의 증거'는 더욱 열광적으로 변해갔으며, 열광하면 할수록 그 내면은 공허하고 공동화(空洞化)되어 갔다.13)

조명암의 친일은 소박한 것에서 시작하여 이러한 열광을 거쳐 점차 내면화된 진지함으로 변해갔다는 데에 심각성이 있다. 1943년 작 「고향소식」14)과, 「아름다운 花園」15)에서는 흥분과 열광을 가라앉히고 일제가 원하는 뿌리 깊은 애국심을 보여주는 단계에 이른다. '이렇단 젊은 사람 나라일 많아/ 환고향(還故鄕) 못한다고 환고향 못한다고/ 전하여다오', '아내는 굳세이게 살겠사오니/ 나라에 바치실 몸 조심하소서'처럼 정돈되고 차분한 모습을 보여준다. 조명암의 가요시에는 이처럼 열광과 진지함이 교차되어 나타난다.

징병제는 1942년 5월 일제 각의에서 결정되어 1944년부터 조선에서 시행되었다. 조선인은 '천황의 적자(赤子)'가 되었기 때문에 '황군 병사'가 되어야 했으며, 조선 청년에게 총을 쥐게 하기 위해서 이들의 무의식 구조까지 황민화해야 한다는 초조함에 사로잡혔다. 이는 입으로만 외치는 조선인의 애국심이 군대의 질서를 문란하게 하고 영·미의 적에게 붙을지 모른다는 전망이 이어졌기 때문이다. 일본에서는 조선 지배를 위해서도 전쟁에 이겨야 한다는 논리가 팽배해졌으며 황민화 운동은 더 강력한 슬로건으로 변해갔다.

이즈음 일본은 전선이 확대되어 인적 자원에 대해 심각하게 재검

---

13) 위의 책, 57면.
14) 조명암 작사, 이촌인(생) 작곡, 백년설 노래, 오케 31182, 1943.-『유성기음반총람자료집』과 『한국유성기음반』에는 각각 이촌인(李村人), 이촌생(李村生)으로 표기되어 있다.
15) 조명암 작사, 박시춘 작곡, 박향림 노래, 오케 31192, 1943.

토해야 할 필요성에 몰렸고, 15년이라는 장기전 속에서 일본 민족의 손실을 막아야 한다는 의식이 강렬해졌다. 징병제는 조선인들에게 아들을 전쟁터로 내보내는 골육의 정을 통해 '제국과 운명 공동체'라는 '내선일체감'을 이끌어내어 조선인을 감성적으로 황민화시키고자 한 것이었다.16) 이러한 황민화의 가장 효과적인 수단 가운데 하나가 민중 속으로 쉽게 파고드는 대중가요였다.

　　　無名指 깨물어 붉은 피 흘려서
　　　日章旗 그려놓고 聖壽萬歲 부르고
　　　한 글자 쓰는 사연 두 글자 쓰는 사연
　　　나라님의 兵丁 되기 所願입니다
　　　　　　　　　(중략)

　　　半島의 핏줄거리 빛나거라 한 핏줄
　　　한 나라 지붕 아래 은혜 깊이 자란 몸
　　　이 때를 놓칠손가 목숨을 아낄손가
　　　나라님의 병정 되기 소원입니다

　　　大東亞共榮圈을 건설하는 새 아츰
　　　구름을 헤치고서 솟아오는 저 햇발
　　　기쁘고 반가워라 두 손길 合掌하고
　　　나랏님의 兵丁 되기 所願입니다

　　　　　　　　　　　　　　-「血書志願」부분,
　　■ 조명암 작사, 박시춘 작곡, 남인수 박향림 백년설 노래, 오케
　　　　　　　　　　　　　　　　　　31193, 1943.

---

16) 앞의 책, 136~137면.

歷史 깊은 牛島 山川 忠誠이 매처
榮光의 날이 왔다 光明이 왔다
나라님의 불으심을 敢히 받드러
힘차게 나아가자 二千五百萬
아 감격에 피 끌는 二千五百萬

東쪽 하늘 우러러서 聖壽를 빌고
한 목숨 한 마음을 님께 받치고
米英의 묵은 원수 擊滅의 마당
正義로 나아가자 二千五百萬
아 감격의 피 끌는 二千五百萬

-「二千五百萬 感激」전문,
■ 조명암 작사, 김해송 작곡, 남인수 이난영 노래, 오케, 31193,
1943.

　조명암의 친일 작품들은 이 시기 작가들이 직면했던 억압적 조건을 고려하더라도 농도가 점차 진해져 가고 있다. 이러한 가운데 1943년에 발표한 「血書志願」은 '내면에서 우러나오는 진지하고 아름다운 애국심'을 보여주는 단계에 이른다. 강요에 의한 친일 작품은 일회적이거나 내적 논리가 없다. 그러나 「血書志願」에 이르면 '내선일체의 황민화'와 '대동아공영권의 전쟁동원'의 내적 동기가 수미일관하는 진지한 논리를 보여준다. 전쟁에 나가는 것은 의무를 넘어선 특권이라고까지 생각한다. 태평양전쟁 말 일제는 전쟁의 완수를 지상목표로 징병제를 실시하여 조선 청년들을 전쟁터로 몰아넣었고, 조명암을 비롯한 지식인들은 역사의식의 부재로 일제의 패색을 모르는 채 '승리하는 일본'에만 낙관적인 기대를 품었다.
　'無名指 깨물어 붉은 피 흘려서/ 日章旗 그려놓고 聖壽萬歲 부르고', '이 때를 놓칠손가 목숨을 아낄손가/ 나라님의 병정 되기 소원입니다.' 이러한 노래의 내면에는 민족적 자괴감이 깔려있을 뿐만 아니라 감정이 고조될수록 공허한 메아리가 되어 울렸다.

「二千五百萬 感激」은 조명암 친일 작품의 절창이다. 이 작품에서 그는 이천오백만 동포가 혼연일체 되어 감격의 합창을 하는 듯한 모습을 그려낸다. 전쟁터로 나가는 일이 정의임을 한마음으로 노래하는 이 작품은 무의식 구조까지 황민화되어 있음을 알 수 있다. 또한 총력전 수행에 있어서 주체가 되고자 하며 조선 사람 모두 '완전한 일본인'으로 동화되어 역사의 강렬한 요청에 화답하고자 한다. 소박한 친일에서 시작하여 이러한 단계에 도달하기까지 조명암의 친일 작품은 점진적으로 발전하여 왔다.

「血書志願」(1943년 11월)과 「二千五百萬 感激」(1943년)은 시기적으로 친일 자유시 「山水の匂ひ(산수의 향기)」(1944년 2월)와 비슷한 시기에 발표되었다. 전쟁 참여를 통해 내지인들과 동등한 권리를 획득하고자 한 이러한 작품들은 지식인들이 역사에 대한 장기적 안목이 부재했던 탓이다. 내선일체의 평등에 대한 기대감으로 민중을 동원하는 일에 앞장섰던 국책문학은 결국 일본 문학에도 동화되지 못하고 주변부에 머무르는 문화적 예속성을 드러냈으며 조선인들에게는 소외와 비난을 받게 되었다.

친일문학은 일제의 강압 하에 나타났던 고민과 상처의 문학이다. 본 연구에서 이 문제를 강조하는 것은 당대의 모든 문학인들이 친일을 하였다는 희석화된 논리에 맞서고 아울러 친일과 관련한 망각을 경계하고자 함이다. 또 이러한 것들이 단순히 작품으로만 남아있는 것이 아니라 행위의 주체자들이 여전히 사회의 주류를 차지하고 있다는 사실에 주목하기 때문이다. 이것은 친일문학의 문제가 현재성을 띠고 있다는 사실을 방증한다.

조명암은 모더니즘 시인이자 일급 작사가로서 피할 수 없는 시대적 압력을 받았다. 그는 일제의 압력에 굴복하여 상당수의 친일 작품을 발표하였으며 일제가 주창하는 이념들을 작품에 내포시켰다. 특히 가요시는 대중문화이며 지배문화라는 이중적 성격을 지니는 것으로 권력의 지배체제에서 자유로울 수 없었다. 이러한 친일 가요시 작품들은 대중들의 보편적 감수성에 호소하기 위한 것으로 일제 말 전시체제라는 시대적 분위기에 편승해 자발적으로 이루어진 면도 없지 않았다. 친일 작품은 생존의 논리에 따른 선택이었으며 동시에 작가 자신의 이념을 실현하고자 하는 적극적 실천이었다. 친일 행위에 대한 조명암의 책임은 면할 길이 없으나 이러한 작품으로 그의 문학 생애 전부를 저울질하기는 쉽지 않다. 친일 문제는 당대의 문인 대부분이 자유로울 수 없는 영역이기 때문이다.
　　조명암은 가요시에서 친일적 성향을 적극적으로 나타내었다. 이는 일제의 강요에 의한 측면이 강했던 것으로 대중가요가 대중들의 자발적인 수용으로 선동성을 배가할 수 있는 장르이기 때문이었다. 그의 친일은 소박한 것에서 시작하여 일제가 주창하는 이념들을 작품 속에 내포시키며 점차 내면화된 진지함으로 변해갔다. 조명암의 친일 작품들은 단죄의 대상으로 부정적 가치만 있는 것이 아니라 상처의 뜻과 극복의 길을 찾아야 한다는 중대한 과제를 남겨준다.

제2장. 해방기 조영출 시의 전개

1. 머리말

해방기 3년은 정치·사회적 격변기였으며 많은 쟁점들이 제기된 시기였다. 이 시기는 좌·우를 막론하고 '민족문학건설'이 중요한 과제로 제기되었으며 문학이 민족을 위해서 무엇을 할 수 있는가? 라는 물음이 절실히 요청되던 시기였다. 해방기 리얼리즘 문학은 당대 현실을 인식하고 작품 속에 반영하며 그것의 모순에 대해 비판하고 응전해 가는 태도가 나타나는 작품들을 지칭한다.

특히 시 장르는 시인들의 적극적인 현실 참여로 문학적 실천의 문제가 구체화되어 나타났으며, 무기로서의 시론과 서사 지향의 시론은 리얼리즘 시에 있어서 시적 실천과 현실 반영의 문제가 얼마나 중요한지를 보여주는 생생한 예로서 그 시사적 의의를 가진다고 할 수 있다.[17)]

조영출은 해방의 감격과 해방기의 부정적인 사회현실을 비판하고 자신의 이념을 시를 통해 적극적으로 표현하였다. 그는 해방이라는 구체적 현실을 매개로 역사 현실에 적극적으로 대응하며 문학 자체보다는 문학이 구현해야 할 시대적 사명과 목적의식을 강조하였다. 그의 시는 모더니즘 초기부터 리얼리즘과 모더니즘이 병존하고 결합하는 양상을 보였으며 당대 역사 속에서 문학의 역할을 찾아내고자 하였다. 그가 일제강점기에 보여준 모더니즘 속의 리얼리즘은 해방기 역사의 현장성을 통해 새로운 변모 의지를 펼쳐 보이며 분명

---

17) 박용찬, 「해방기 리얼리즘 시 연구」, 『해방기 시의 현실인식과 논리』, 역락, 2004, 335면.

한 리얼리즘의 형태로 나타났다.

해방기 조영출은 시보다 희곡 장르에 더 많은 관심을 보였다. 그것은 좌파 문학 활동을 통해 연극의 강력한 대중적 환기력과 사회성 담보에 관심을 돌렸기 때문이다. 따라서 해방 시기를 배경으로 이 시기에 발표된 시작품은 「모든江물은 바다로 흘은다」, 「슬픈歷史의 밤은 새다」, 「총총이 배긴 별들아」, 「파랑새나보내주렴」, 「그리운 거리에서」, 「共和國」등 약 6편 정도에 불과하다. 그러나 이 시기 작품들은 조영출 작품에 있어 일제강점기의 모더니즘과 월북 후 북한 체제에 충실한 작품들을 이어주는 과도기적 역할을 하고 있다는 점에서 의의가 크다.

조영출의 해방기 시 작품에 대한 연구는 윤여탁의 「모더니즘에서 리얼리즘에로의 선택-조영출론」[18]이 첫 논문이다. 또한 김용직[19]과 김효정[20]의 논문이 있다. 윤여탁은 모더니즘에서 리얼리즘으로 변화하는 조영출의 시세계에 주목하였으며, 김용직의 조영출론은 3편의 시를 다루고 있는데 각 시편에 대한 해설에 그친다. 김효정의 논문은 조영출의 시 전체를 개괄함에 있어 해방기 작품에 무게를 두고 다소 편향된 시각으로 다루고 있다.

본고는 해방기 좌·우 이념 대립과 혼돈 속에서 자신의 이념을 실천해 나간 조영출의 시를 논의하고자 한다. 연구에 있어 작품 자체뿐만 아니라 작품을 둘러싼 역사·사회적 배경을 동시에 고려하여 조영출 문학의 위치를 밝히고 해방기 한국 시사의 한 부분으로 이입시키는 데 의미를 두고자 한다.

---

[18] 윤여탁, 「모더니즘에서 리얼리즘에로의 선택-조영출론」, 『시의 논리와 서정시의 역사』, 태학사, 1995.
[19] 김용직, 「조영출」, 『한국 현대 경향시의 형성/전개』, 국학자료원, 2002.
[20] 김효정, 「조영출 시 연구」, 영남대 석사논문, 2002.

2. 조영출의 이데올로기 선택

조영출은 해방기를 기점으로 계급문학의 대열에 뛰어든다. 식민지 현실에 저항하던 그의 진보적 시 정신은 해방기 첨예했던 이념 대립 속에서 좌익 이데올로기를 선택하며 리얼리즘의 역동적인 모습으로 전환되었다. 1930년대 조영출은 일제가 만들어 놓은 식민도시의 병폐와 인간성 상실의 현실을 비판적으로 조명하였으며 작품을 통해 고발하고 타개하고자 하였다. 당시 피지배의 조건 속에서 사회의 비합리적 측면을 폭로 고발하며 사회적이고 민족주의적인 색채를 표방하던 그의 작품은 해방 시기 리얼리즘을 확보하면서 민족사의 급격한 변화를 담아내는 문학으로 변화하게 된다.

그것은 조영출이 일찍이 모더니즘 시를 창작하면서부터 사회·역사 현실에 민감한 시각을 가지고 있었기 때문이다. 그는 동시대 계급시가 보여주있던 두생 현상에서의 적극적인 면을 받아들이고, 근대 도시와 인간 삶의 본질에 관하여 탐구하였으나 실제적 차원으로 발전시키는 데는 부족한 점이 있었다. 그가 계급문학에 뛰어들게 된 것은 이러한 실천적 결여를 해결하기 위한 방법이었다.

이뿐만 아니라 사회주의는 당대 지식인 사회의 대세였으며, 사회주의 사상은 매우 민족주의적인 형태로 나타났다. 당시 지식인 대부분이 친일 전력으로 오명을 씻지 못하고 있었던 반면, 좌익 혁명가들은 해방 직후 공개적인 동경을 받으며 일본에 저항하는 투쟁의 영웅으로 그려졌다.21) 따라서 사회주의자는 민족주의자의 모습으로 비추어졌으며 조영출은 해방의 새 정국에서 가장 진보적인 사상에 빠져들게 되었다.

이 외에도 조영출이 성장기를 보낸 건봉사는 조선 최대의 사찰

---

21) 스칼라피노·이정식 공저, 한홍구 역, 「미군정기의 한국 공산주의」, 『한국공산주의운동사』, 돌베개, 1986, 315면.

로, 유·초·중등 학제로 이루어진 봉명학교는 신학문 외에도 연극, 민속놀이, 축구 등 다양한 교육 과정을 통해 인재를 양성하였다. 봉명학교는 독립운동을 형상화한 연극을 공연하고 만세운동을 벌이는 등 항일독립운동의 산실이었으며, 임란 때에는 유정이 근거지로 삼았던 민족주의적 색채가 강한 곳이었다. 이러한 전통은 조영출뿐만 아니라 박설산, 조영암 등 봉건사 출신 문인들의 세계관 형성에 영향을 미쳤다.

한편 '도적 같이 온 해방'22)은 조영출에게 남다른 것이었다. 자신의 친일 행위에 대해 변명할 새도 없이 닥친 해방의 감격 속에서 그는 자신의 과거 행적을 점검하고 반성해야 할 필요성을 느꼈다. 조영출은 해방이 되자 곧바로 '조선플로레타리아문학동맹'에 가입한다. 이후 그는 '조선문학가동맹'의 시부 위원, 연극 동맹의 부위원장을 지내며 기관지인 〈문학〉과 〈예술운동〉 등에 적극적으로 작품을 발표하기 시작하였다. 이러한 행동은 자신의 과거에 대한 일종의 발 빠른 속죄의식이었으며, 내적 갈등을 극복할 대안이었다.23)

조영출은 새로운 사회주의 건설과 혁명적 의욕을 작품에 반영하였으며, 1948년 8월 정치적 신념에 따라 월북하였다. 조영출의 월북은 일제 말 자신의 행위에 대한 일종의 반성이었다. 가족들을 저버리고 월북을 감행하기까지 그에게는 민족적 양심과 자신의 이데올로기적 신념을 고수하겠다는 의식이 강력하게 작용하였다. 이는 격동의 근대사를 거치는 과정에서 수많은 지식인들이 겪을 수밖에 없었던 숙명적 과정이기도 하였다.

조영출이 월북하던 시기의 정황을 살펴보자면 대략 다음과 같다.

---

22) 함석헌, 「뜻으로 본 한국역사 Ⅲ」, 『뜻으로 본 한국역사』, 한길사, 1985, 268면.
23) 노상래, 「한국문인의 전향 유형 분석」, 『한국 문인의 전향 연구』, 영한, 2000, 115면 참고.

남한에 이식된 서구식 의회 모델이 엘리트들의 정치참여를 가져온 것과 달리, 북한은 지방 인민위원회에서 시작된 대의기구를 갖추고 있었다. 1946년 11월 북한은 인민위원회 대표를 뽑는 첫 선거를 치렀으며 선출된 대의원의 절반 이상이 농민과 노동자들이었다. 이는 당시 사회경제적 구성을 정확하게 반영하는 것으로 철저히 아래로부터 시작된 형태의 것이었다.24)

이 시기 북한은 권력구조와 정책 노선이 분명해지면서 여러 체제들을 합법화해 나가고 있었다. 이에 반해 남한의 권력구조는 통합되지 못하고 있었으며 국내 인사들과 미군정의 알력 관계도 심각한 상태였다.25) 작품을 통해 남한사회와 미군정에 강한 적의를 드러내 온 조영출에게 이러한 점들은 하나의 체제를 선택하는 데 있어서 충분한 배경 요인이 될 수 있었다. 이뿐만 아니라 조영출이 간부로 있던 '조선문학가동맹'은 사실상 조선공산당-남로당의 정치노선과 일치하는 문화투쟁집단26)으로 그의 월북은 좌파 조직 내부에서 이미 예정되어 있던 일이었다.

3. 해방의 역사성과 의미 천착

일제강점기 조영출의 시는 주로 근대 도시와 문명의 이면을 비판하는 면을 보여주었다. 당대 사회의 모순을 파악하는 적극적이고 안목 있는 진단과 작품 저변에 깔려있던 민족주의적 가치관은 해방 직후 좌파 문학과 연결되며 그의 문학적 행보에 본격적인 변화를 겪게 된다. 「모든 강물은 바다로 흐른다」는 〈신문예〉 창간호에 발표한 작

---

24) 스칼라피노·이정식 공저, 한홍구 역, 앞의 책, 469~475면.
25) 위의 책, 468면.
26) 임헌영, 「8.15직후의 민족문학관」, 『해방공간의 문학연구Ⅰ』, 태학사, 1990, 266면.

품으로 조영출의 뚜렷한 시적 방향 전환을 보여준다.

> 모든江물은/ 바다로 흘은다/ 白頭山우에 떨어진 빗방울이/ 바다로 흘러가는 그理致를 아느냐/ 오 동무여 朝鮮人民이여// 우리는 설흔여섯해동안/ 무서운 惡夢에눌려 살아왔다/ 헐말을 못하고/ 쏠말을 못쓰고/ 우리 父兄이/ 남편이/ 귀한아들이/ 피흘린 몸으로 도라올적마다/ 처참한 刑터에서 白骨이되여 도라올적마다/ 이 원수가 누구냐고/ 소리처 울어본일이있느냐/ -(중략)- / 오호 이 恥辱 이 울분/ 鐘路한복판에서 누구나 다 한번 소리치고 싶헛스리라/「日本아 朝鮮을 내놓아라」/ -(중략)- / 그러나 江물은/ 이 時刻에도 흘은다 바다로 바다로/ 오호 동무여 朝鮮人民이여/ 우리도 흘으자 江물처럼/ 모든 흥분과 黨派的인 싸흠을 참고/ 歷史의 地理를딸아/ 朝鮮建國과 새朝鮮의 幸福이 물결치는/ 바다로 向해/ 흘러라
>
> -「모든江물은 바다로 흘은다」27) 부분

「모든江물은 바다로 흘은다」는 낭송을 위한 작품의 성격을 고려하였다. 이러한 서사 지향 시는 소설의 구체성과 서사성을 채용하여 시가 가지는 관념성과 추상성을 보완하고자 하는 형태이다. 서사 지향 시는 현장을 포착하여 현실의 생생한 분위기를 전달하고자 하는 것으로 현재의 삶과 그것이 보여주는 객관적, 사실적인 모습을 표현하였다. 해방정국의 복잡한 현실에서 이러한 서사는 시적 울림을 가지며 구체성 확보라는 보다 큰 의미를 지니게 된다.

「모든江물은 바다로 흘은다」는 해방이라는 민족적 대사건을 시에 도입하였다. 이 시를 필두로 조영출의 작품은 좌파 이데올로기, 곧 인민성을 작품의 뼈대로 삼게 된다. 해방은 감격 못지않게 일제가

---

27) 趙靈出, 〈新文藝〉 창간호, 1945, 12.

남긴 잔재 청산, 미·소 군정의 통치 등 자주독립국가 건설이라는 민족적 과제를 좌절시킬 만한 요소들이 산재하였다. 조영출은 이러한 역사 현실과 시대적 위기를 시를 통해 직접적이고 강렬하게 전달한다. 그는 민족의 해방은 필연적인 사실임을 강조하며 해방 뒤에 따라올 좌·우 이념 대립과 사회 혼란상을 예견한다.

해방기 현실에서는 시적 자아인 '나'보다는 집단적 화자 '우리'가 더 중요시되었다. 이는 개인의 감정이 집단의식으로 한 단계 상승하고 있음을 보여준다. '우리'라고 불리는 집단은 동지적 친화감과 연대감으로 결속되어 '우리'가 공유하는 삶의 양식이 위협받을 때, 위협의 대상에 대한 분노는 극에 달하게 된다.[28] 위의 시에 나타나는 '우리'도 나와 우리의 동일시와 공동체적 친밀감을 통해 집단의식을 강화하고 적대적 대상과의 구분을 분명히 한다.

'있느냐', '아느냐' 등의 의문형과 '흘러라', '흐르자' 등의 청유형은 인민들의 행동을 요구하고 있으며, 이러한 미래를 성취하고 말 것이라는 각오를 다진다. '오 동무여 朝鮮人民이여', '오호 이 恥辱 이 울분' 등의 호격조사와 반복되는 영탄은 그의 모더니즘 시에서도 나타나던 낭만적 수사를 보여준다.

'江물처럼 들리는 人民의 발소리/ 누구나/ 鐘路 한복판에서 소리쳤다/ 보아라 저 떨어지는 日本旗ㅅ발을'에는 시인이 쏟아져 나온 인파와 함께 해방 현장의 감격 속에 있음을 알 수 있다. '우리는 설흔여섯해동안/ 무서운 惡夢에눌려 살아왔다/ 헐말을 못하고/ 쓸말을 못쓰고' '이 끌른피가 治安維持法이란그물에걸려/ 용수를쓴 동무들이/ 北忙山川으로 갓느니라' '「日本아 朝鮮을 내놓아라」' '이 원수가 누구냐고/ 소리처 울어본일이있느냐' 등의 직설적인 어투들은 선

---

28) 박용찬, 앞의 책, 288~294면.

동성을 발휘하지만 평면 구도로 전개되는 작품을 범용한 수준에 그치게 한다. '그러나', '그것은' 등의 접속어 나열과 영탄, 지시 대명사의 빈번한 사용은 혁명적 로맨티스트의 격정으로 들끓고 있으나 시적 긴장을 획득하는 일에는 실패한다.

이 작품은 많은 부분 내용주의와 이념성에 함몰되어 해방을 맞이한 내면 심리를 밀도 있게 포착하지 못하고 시인의 목소리가 직접적으로 노출되는 상투성을 드러내고 있다. 그러나 조영출은 이 작품의 서사를 통해 미래에 대한 전망을 강물의 흐름으로 상징화하면서 민족 역사의 도도한 흐름을 보여주고자 한다. 바다는 완전한 독립과 민족화합의 상징으로 기능하며 역사에 대한 낙관적 전망을 보여준다.

> 눈 쌓인 허허 벌판
> 피ㅅ방울 흘리며 걸어간 발자국
>
> 세찬 바람 속에 쓸리는 눈보라야
> 너는 이 발자욱 앞에 네 狂亂을 멈춘 일이 있었드냐.
> 　　　　　　　(중략)
> 오오 슬픈 壓制의 밤은
> 가슴을찔러 흘른 피에
> 思想이 꽃처럼 피다
>
> 눈보라속에 파묻힌 님의 눈동자
> 마음의 光彩
>
> 禁ㅅ줄 띠운 土房의 燈불마다
> 강보의 어린울음이 터져 올랏다.
>
> 님은 가고
> 여기 어린 생명은 살고

칼날이슨 울타리 속에
이 어린 목숨이 살어

지금 오오 지금
이 슬픈 歷史의 밤이 새다

보라 저 풀은하늘
저 太極이꽂힌 지붕을 넘어오는
힌 비둘기
붉은 太陽

오호 붉은 太陽아
슬픈 歷史의밤은 永遠히 밝었느냐.
―「슬픈 歷史의 밤은 새다」29) 부분

「슬픈 歷史의 밤은 새다」는 해방의 아침을 맞는 감격을 서사적으로 다루었다. 조영출은 피의 대가로 얻게 된 해방을 새 생명 탄생에 대응하며 선열과 해방 전사를 추도하는 진혼곡 형식의 작품을 발표한다. 해방 초기의 많은 시가 해방 조국에 대한 환희와 낙관적 기대로 차 있는 데 반해 조영출은 「슬픈 歷史의 밤은 새다」를 통해 현실 인식을 냉철히 한다. 이 작품은 「모든江물은 바다로 흐른다」와 같은 시기에 발표되었지만 한층 성숙된 시각을 드러낸다. 감정 노출과 급박한 호흡을 조절하고 눈보라 속에서 죽어간 님의 덕으로 붉은 태양이 뜨는 새 아침을 맞이하게 되었다는 역사적 사실을 밝힌다.

'보라 저 풀은하늘/ 저 太極이꽂힌 지붕을 넘어오는/ 힌 비둘기/ 붉은 太陽'은 빛나는 환희의 새 아침이다. 그러나 청, 홍, 백의 색채

---

29) 趙靈出,〈藝術運動〉, 창간호 1945, 12. 이 작품은 해방 기념 시집『횃불』에 재수록 되었다.『횃불』과『연간조선시집』(1947, 3)은 강경한 계급의식, 새로운 사회건설에 대한 의지를 표명하는 선동성이 강한 시편들이 실려 있다.

이미지가 선명하게 제시될수록 '눈쌓인 벌판과 피ㅅ방울'로 대변되는 과거와의 대비도 뚜렷해지며 지난날의 회한에 가슴이 사무친다. 이 작품은 영탄조로 해방의 감격을 노래하고 있으면서도 그 감격이 단순한 환희와 찬사만이 아니라 슬픈 역사를 통해 맞이하였다는 성찰을 보여준다.

영탄과 색채 이미지, 의문형의 수사는 일제강점기 모더니즘 시에서 보여주었던 조영출식 언어 미학의 편린을 찾아볼 수 있는 대목이다. 완전한 해방이 아니라는 인식은 마지막 행에서 시인 스스로 '슬픈 歷史의밤은 永遠히 밝었느냐'라는 자문을 하기에 이른다.

이 시기는 모스크바 3상회의에서 협의된 신탁통치 문제로 나라가 술렁거리던 시기였다. 해방 직후의 환희는 곧바로 심각한 역사 현실 문제에 직면하게 된다. 「슬픈 歷史의 밤은 새다」는 「모든 江물은 바다로 흘은다」와 마찬가지로 행사장에서의 낭송을 통해 수용 주체인 청중들의 감정을 극대화시키는 효과를 거두었다. 격동기일수록 시는 청중의 감성에 직접적으로 호소하여 그 효과를 배가시킬 수 있는 장르였다. 이러한 시들은 같은 시행이나 시어의 반복을 통해 리듬을 창출하고 과감한 생략과 뛰어넘기 기법 등을 사용하여 낭독에 편리하도록 쓰여졌다.30) 조영출은 이러한 서사를 통해 작가의 주관적 체험의 한계를 벗어나 독자와의 거리를 유지하며 리얼리즘 시로서의 객관성을 확보하는 성과를 얻는다.

4. 부정적 현실과 신념의 표상화

「총총이 배긴 별들아」는 조영출의 해방기 작품 중 현실을 가장 선명하게 드러내는 작품이다. 해방의 흥분을 가라앉히고 역사의 험

---

30) 박용찬, 앞의 책, 295면.

로를 직시하는 시인 의식이 작품 전반에 나타난다.

총총이 배긴 별들아
너는 朝鮮의 별이다

허나
이 푸른밤에
바람은 소용하고
골목안엔
强盜가들어 담을넘고

그보다 더
무서운 총알이
피 붉은 心臟을찾어 눈을 떴으니

어제처럼/ 獄에서 풀린 사람들이
다시 미처야 하겠느냐

별들아
오오 朝鮮의 별들아
그렇게 높이 매달려만 있을게안이다

쏟아저라

눈부시게 쏟아지는
너이들 光彩앞에
총알도
强盜의 칼도
눈이 멀리라

― 「총총이 배긴 별들아」[31] 전문

---

31) 趙靈出, 〈文學〉, 1946, 2.

2차대전 승전국으로서 미국과 소련은 38도선을 경계로 한반도를 분할 점령하였다. 1945년 12월 27일 미·영·소 3개국은 본격적인 신탁통치체제 수립을 위한 모스크바협정의 내용을 발표하였다. 좌·우 진영은 이에 대한 수용 여부를 두고 대립하였으며, 친탁 및 반탁운동은 미·소 공동위원회가 결렬된 1947년 8월 말까지 격렬하게 전개되었다. '골목 안엔/ 強盜가들어 담을넘고'가 암시하는 것은 새로운 제국주의 세력에 대한 경고이며 당시 미군정이 지배하고 있던 남쪽의 현실을 가리킨다. 군정이란 군부의 정치 개입이라는 문제와 직접적으로 연관되는 논의로, 갑자기 찾아온 해방은 또 다른 외세를 불러들이는 계기가 되었다.

「총총이 배긴 별들아」는 10월 항쟁32) 직후에 발표된 작품이다. 10월 항쟁은 1946년 9·24 총파업을 지지하는 대구의 노동자들이 학생 시민들과 반미 구호를 외치며 가두시위를 벌인 사건으로, '조선문학가동맹'은 10월 항쟁을 계기로 문학의 대중화와 문학운동의 국면전환을 시도하였다. 해방기 시는 파업이나 데모 등을 소재로 하여 사건 현장의 분위기를 독자들에게 속도감 있게 전달해 주고자 하였다. 해방기는 그 어느 때보다 투쟁 의식과 분노의 정서를 독자들과 적극적으로 공유하기 원했던 시기였기 때문이다.33)

---

32) 10월 항쟁은 전국으로 확대되었다. 이들의 요구는 쌀 공출 폐지, 토지개혁, 노동자 처우개선, 인민위원회로의 권력 이양 등 절실하면서도 혁명적인 성격을 띤 것들이었다. 1945년 말까지 소련은 북한 전역을 장악하여 그들 이데올로기에 입각한 체제 개편을 완료시켰다. 이와 달리 남한에서는 무수한 정치·사회단체가 생겨났으며 좌익의 활동이 활발하게 전개되었다. 그들의 궁극적인 목표는 미군정을 무력화시키고 사회주의 국가를 세우는 일이었다. 남한의 혼란상은 갈수록 심해졌으며 이들은 반미투쟁에 민족주의를 활용하여 이데올로기적 효과를 배가하였다. 9·24 총파업과 10월 항쟁은 해방 직후의 혼란상과 모순이 민감하게 드러난 사건으로 해방이 가져다 준 막연한 기대는 실제 현실과 엄청난 차이가 있음을 극명하게 보여준 사건이었다. -박세길, 『다시 쓰는 한국현대사』, 돌베개, 1988, 74~78면

「총총이 배긴 별들아」는 10월 항쟁 후의 시의성을 반영하여 동족 간의 분열과 갈등, 외세에 대한 노골적인 적의를 드러낸다. '獄에서 풀린 사람들이／ 다시 미쳐야 하겠느냐'고 묻는 의문에는 혼란한 상황에 대한 비판과 이를 조장하고 있는 세력에 대한 공격적 의미가 강하게 내포되어 있다.

밤은 조영출의 모더니즘 시에서 빈번하게 나타나던 소재로, 암흑으로 착색된 식민도시의 공간을 보여주었다. 「총총이 배긴 별들아」, 「슬픈 歷史의 밤은 새다」, 「한 자루 백묵을 쥐고」 등에 등장하는 밤 역시 암담한 해방정국을 나타낸다. 1연과 5연에 나타나는 '별'은 어두운 밤을 극복해 나가는 데 필요한 혁명과 희망의 상징이다. 그러나 높이 매달려 있는 별은 진정한 해방의 길이 멀고 험난하다는 사실을 알려준다. 이 별들을 향해 '쏟아저라'고 외치는 시인의 의식에는 승리에 대한 당위성과 새로운 역사 창조에 대한 의지가 불타오른다.

마지막 연 '눈부시게 쏟아지는／너이들 光彩앞에／ 총알도／ 強盜의 칼도／ 눈이 멀리라'에는 모든 부정적 현실을 극복하고자 하는 시인의 예언적 언술이 나타난다. 그러나 과잉 에너지가 상당 부분 시를 공허하게 만든다. '強盜'란 다름 아닌 미군정을 암시하는 것으로 좌파 이데올로기로 무장한 조영출에게 미군은 반민족 세력이며 척결해야 할 대상이었다.

    그날의 그 무수한 부랑카―드며 기빨이며 꽃들은 지금 어느 창고에서 해를 못보고 있는가

    불ㅅ길이다 참으로 치미는 불ㅅ길이있어
(중략)

---

33) 박용찬, 앞의 책, 295면.

> 눈ㅅ발이 나릴듯한 거리에 서서
> 본부로 쓰던 삘딍을 보는눈이 왜 이리 뜨거울까
> 　　　　　(중략)
> 그날에 그 行列앞에서 旗를 날리든 친구란
> 참으로 그리운 친구다
>
> 　　山을 넘어간 친구들
> 　　물을 건너간 친구들
>
> 이렇게 정다운 그날의 거리도 없으려니 왜이리 눈ㅅ발은 올려구만 하는가
>
> 꽃이다 꽃 친구랑 다시 만날이 거리에서 꽃은 꼭 피리라
> 　　　　　　　　　　　　　　-「그리운 거리에서」부분[34]

　10월 항쟁 이후 1947년의 사회현실은 좌파 세력들에게 낙관적이지 않았다. 좌·우간 대립의 골은 깊어 갔으며 좌파 조직원들은 수배, 검거되거나 활동이 위축되어 월북이나 입산을 선택하게 되었다. 1947년 2월에 발표한 「그리운 거리에서」중, '山을 넘어간 친구들/ 물을 건너간 친구들'은 당시의 현실을 보여준다. 「共和國」[35]에서도 10월 항쟁 이후 월북하거나 잠적한 조직원들의 현실이 등장한다. 이

---

34) 趙靈出, 〈新天地〉, 1947. 2.
35) 가을이 온다/ 이번에야/ 눈부신 공화국의 깃발이 설줄알았더니…// 가을이 온다/ 그 날의 그 홍분과 燦爛한 꿈과 노래와 거리로 거리로 벅차게 흐르던 行列속에 이미 다짐 되였던 幸福의꽃은 피기도전에// 아아 가을은 무슨 낯으로 오느냐/ 이렇게 가슴이 아픈 시절이 올 줄은// (중략) // 百萬長者의 傳說과 벼슬을 꿈꾸는 사람과 大韓帝國의 훈장이 횡행하는 지금 거리와 골목에 賣春婦는 언제나 제비 같은 紳士를 만나러 가는 줄 안다만// 청석골을 넘는 동무와/ 책을 파는 친구와/ 鐵門으로 가는 동무가 이렇게 많음은// 아아 이 悲憤 속에/ 황토마루 北으로 뚫린 은행나무 行列에 구름이 멈추어 비ㅅ방울을 던지는/ 宮터 버들 가지여/ 가을이온다/ 이번에야/ 눈부신 共和國의 기뻘이 설 줄 알았더니…「共和國」부분.- 趙靈出, 『年刊 朝鮮詩集』, 1947. 3.

작품들은 10월 항쟁에 대한 긍지를 가지고 억압적 현실을 극복하고자 하는 강렬한 의지를 드러낸다.

이 시기 조영출의 시에는 '거리', '부랑카─드', '기빨', '行列', '피', '불ㅅ길' 등의 시어가 자주 등장한다. 이는 그의 작품이 정치성에 강하게 매개되어 있음을 시사한다. 「그리운 거리에서」 중 '꽃이다 꽃 친구랑 다시 만날 이 거리에서 꽃은 꼭 피리라', '幸福의꽃은 피기도 전에…' 등에 나타나는 '꽃'과 「共和國」에서 보여주는 '눈부신 기빨'은 이들이 열망하는 사회주의 건설을 상징화하는 기표가 된다. 조영출은 이러한 시를 통해 세계를 대립적으로 파악하고 상대를 부정하는 정치 편향성을 보이며 한계를 드러낸다. 그는 이러한 작품을 통해 격정을 분출한 후 제1차 최고인민회의에 맞춰 1948년 8월 월북한다.

> 한자루 백묵을 쥐고/ 나는 거리로 나섰다/ 살륙의 총소리가 사무치는/ 어두운 이 남쪽 거리에// 나의 머리 우엔 총총한 별들이 빛나고/ 나의 발밑엔 사랑하는 골목길이 밟힌다// 젊은 가슴에 혁명의 피 지니고/ 이 거리 벽보를 쓴 동무들/ 그 어느 감방에, 그 어느 지하실에/ 이 밤을 저주로이 지새우는가// 내 오늘은 동무들 뒤를 이어/ 한 자루 백묵을 쥐고/ 어두운 이 길목에 나섰노니/ 하늘의 수억만 별들이 옛친구와 같구나// 이제 이 밤이 새면/ 이 거리 모든 사람들/ 내 백묵으로 쓴 글씨를 보리라/ 벽마다, 전선 기둥마다/ 흰 글씨가 아니라/ 붉은 심장의 웨침을// 모든 사람들 가슴속에/ 붉은 정열의 폭풍을 일으키리라// 내 만일 백묵을 손에 쥐인 채로/ 어느 길목에 쓰러지거든/ 아아, 이 거리 못 잊을 부모와 형제들이여/ 그때는 나의 눈동자에서 읽으시라/ 영광스러운 조국의 이름// 조선민주주의인민공화국 만세!
> ─「한 자루 백묵을 쥐고」[36] 전문

---

36) 이 시는 해방기에 쓴 것으로 보이나 연도는 확실하지 않고 후에 〈조령출시

1947년 7월 미소공동위원회가 결렬된 후 좌익은 대대적인 검거 선풍에 직면하였다. 이들은 도피책으로 입산과 월북, 지하로 잠입을 택하게 된다. '살육의 총소리가 사무치는/ 어두운 이 남쪽 거리'는 이러한 현실을 가리킨다. 시인은 총 대신 백묵을 쥐고 거리로 나선다. 총총한 '별'들은 현실이 밤이라는 사실을 알리는 매개체가 된다.

이 작품 역시 '거리', '피', '살륙', '총소리', '혁명', '벽보', '감방' 등 선동성과 정치성이 강한 시어들이 등장하면서 자신의 사상에 대한 굳은 신념을 나타낸다. 또한 '붉은 심장', '붉은 정열' 등의 시각적 색채어들이 사회주의 건설을 향한 뜨거운 열망을 드러낸다.

조영출의 해방기 작품 중 「그리운 거리에서」, 「共和國」, 「한 자루 백묵을 쥐고」 등에 등장하는 '거리'는 에너지가 분출하는 장소로 혁명을 지향하는 사람들의 새로운 질서가 생성되는 공간이다. 변혁의 힘을 통해 역사를 흐르게 하는 이 '거리'는 상징적이며 동시에 실제적인 장소이다.[37] 그러나 현실의 거리는 10월 항쟁의 잔영이 어른거리는 무력감을 일깨우는 거리로 남아있다.

시인은 한 자루 백묵을 쥐고서라도 참된 민족해방의 과제를 수행하겠다는 혁명적 낭만주의자의 모습을 드러낸다. 승리에 대한 전망이 어두울수록 투쟁 의지는 격렬해지고, 민족적 과제를 위해 싸우고자 하는 '영웅적 정신'은 민족의 위대한 로맨티시즘을 보여준다. 이것은 해방 직후 '조선문학가동맹'이 창작 방법으로 제시한 진보적 리얼리즘을 표방하는 것으로 혁명적 로맨티시즘을 내포하는 진보적 리얼리즘은 '조선공산당중앙위원회'에서도 민족문화의 기본 방향으

선집〉에 수록되어 있다.
37) 나병철, 「정치혁명에서 문화혁명으로」, 『탈식민주의와 근대문학』, 문예출판사, 2004, 166~171면 참고.

로 설정되어 있었다. 10월 항쟁 이후 조영출의 시는 분단이 고착되어 가는 비극 속에서도 투쟁 의지를 강화하고, 미래에 대한 확고한 전망을 형상화하고자 분투하는 모습을 보여준다.

「한 자루 백묵을 쥐고」는 시인의 의지가 체화되어 나타나면서 시적 완성도를 높인다. 한 자루 백묵이 가지는 상징성은 총이나 칼 같은 직접적이고 물리적인 도구의 힘보다 강력한 효과를 발휘한다. 그러나 마지막 연의 선동적인 구호가 서사를 단순화시키는 우를 범한다. 전달 효과에 집착한 시들은 오히려 프로시 본래 목적과 배치되어 청중의 의욕을 상실시킬 만한 약점을 내포한다. 이는 작가의 의도가 숨겨질수록 예술적 효과가 배가된다는 점을 간과한 예라 할 수 있다. 소재와 주제의 적극성에 비해 비현실적이고 관념적인 모습으로 나타나는 이러한 시는 사회·역사 현실에 민감하게 반응하면서도 지나친 시적 수사와 상상성을 보여주었던 일제강점기 모더니즘 작품과도 관련지어 해석할 수 있는 부분[38]이다.

5. 맺음말

해방기 리얼리즘 문학은 현실 투쟁의 산물[39]이었으며 이를 통해 미래를 전망하려는 실천적 몸짓이었다. 따라서 리얼리즘 시에서는

---

[38] 흔히 관념주의가 탈현실주의적 방식을 취하는 데 비해 조영출의 시들은 식민지 및 해방기의 부정적 현실에 기초한 관념이라는 점이 특징이다. 그의 시가 식민지 사회현실을 제재로 하면서도 추상성, 관념성을 띠었던 것은 창작 과정에서 예술절대주의적 의식이 강하게 작용하였기 때문이다. '작가의 높은 상상력과 건실한 이상성을 보증'하고자 했던 조영출의 해방기 시는 비극적 상황 아래서도 미래를 낙관하고 찬양하고자 한 혁명적 로맨티시즘을 창작 방법으로 삼았다. 이는 비극적 현실을 강조하고자 한 그의 시적 전략이기도 하였다.

[39] 박민수, 「한국 현대시의 리얼리즘과 모더니즘」, 『한국 현대시의 리얼리즘과 모더니즘』, 1996, 10면 참고.

창작기법 못지않게 현실 인식과 시적 실천의 문제가 중요하게 다루어져야 할 항목이라 할 수 있다.

일제강점기 모더니즘 시에서 역사와 사회 공동체를 강조하던 조영출의 시 정신은 해방기의 현실을 문학 속에 실현하고자 하는 보다 적극적인 모습으로 나타났다. 조영출의 시는 해방의 기쁨과 민족사에 대한 전망을 밝히면서도 고통의 역사를 통해 맞이할 수밖에 없었던 해방의 역사성과 의미에 천착하였다. 또한 문학이 구현해야 할 시대적 사명을 강조하며 10월 항쟁 이후 격동기 속에서 현실 문제에 적극적으로 대응하였으며, 미래에 대한 신념을 가지고 투쟁해 가는 모습을 보여주었다.

해방기 조영출의 시는 시적 기교나 수사, 주관적 정서의 재현보다는 현실적 과제와 인민성을 기반으로 하는 시를 지향하였으며, 문학 본연의 창조적 형상화에 작용하는 상상력의 세계나 인간의 깊이 있는 삶에 대한 천착[40]과는 거리를 두게 되었다. 그의 시는 정치 현실과 밀접하게 관련되어 선동시, 기념행사시, 서사 지향의 경향이 짙었다. 또한 감정의 과다노출, 사회적 투쟁 의지를 강조하면서 좌익 이데올로기의 정치적 과제에 치우쳐 민족 통합의식이 결여되었으며 당대 현실의 총체성을 묘파하는 데 실패하였다.

조영출은 일제강점기에는 모더니즘 시와 가요시를, 일제 말기에는 친일 작품을 다수 발표하였다. 해방기에는 리얼리즘 시와 연극 운동으로 발을 옮겼으며 분단이 고착된 시기에는 사회주의를 선택하는 변화무쌍한 모습을 보여주었다. 조영출 문학은 그의 저변에 내재되어 있던 여러 요소들이 격변하는 역사 흐름에 따라 각기 다른 양상으로 표출된 것이라 할 수 있다.

---

[40] 윤여탁, 「해방정국 〈조선문학가동맹〉의 시단형성과 시론」, 『시의 논리와 서정시의 역사』, 태학사, 1995, 76면.

해방기 좌·우 대립과 문학적 요건들은 오늘의 분단 현실 속에 여전히 살아있는 것으로 민족 역사의 모순을 인식하는 필수적 전제가 되고 있다. 조영출의 해방기 리얼리즘 시들은 분단 현실에 매몰되어 그의 모더니즘 시와 마찬가지로 오랫동안 평가를 받아오지 못하였다. 그러나 당시 사회·역사적 격변의 현장에서 길어 올린 작품이라는 점을 고려한다면 문학주의적 시각을 떠나 긍정적인 관점에서 재평가 작업이 이루어져야 할 것이다.

참고문헌

1. 기본 자료

〈국민문학〉〈동광〉〈만국부인〉〈문학〉〈별건곤〉〈시인춘추〉〈신문예〉〈신민공론〉〈신여성〉〈예술운동〉〈인민예술〉〈인문평론〉〈조선문학〉〈조선시단〉〈조선지광〉〈신천지〉〈연간조선시집〉〈장한〉

이동순 편저, 『조명암시전집』, 선출판사, 2003.
장유정·주경환 편저, 『조영출 전집 1. 조명암의 대중가요』, 소명출판, 2013.
정우택·주경환 편저, 『조영출 전집 2. 시와 산문』, 소명출판, 2013.
박명진·주경환 편저, 『조영출 전집 3. 희곡』, 소명출판, 2013.
조영출, 『조령출시선집』, 조선작가동맹출판사, 1957.
유성기 음반 실물자료
김점도 편저, 『유성기음반총람자료집』, 신나라뮤직, 20000.
한국고음반연구회 외 편, 『유성기음반 가사집』 1-7, 민속원, 1992-2008.

2. 논문

강용운, 「1940년대 친일문학의 논리」, 『작가연구』, 1999, 7.8월.
강현국, 「한국 근대시의 바다 이미지 연구」, 경북대 박사논문, 1988.
고미숙, 「20세기 초 잡가의 양식적 특질과 시대적 의미」, 『창작과 비평』 88권, 1995, 115~139면.
고봉준, 「고향의 발견-1930년대 후반 시와 '고향'」, 『어문론집』 43집, 2010, 313-336면.
구인모, 『유성기의 시대, 유행시인의 탄생』, 현실문화연구』, 2013.
김수이, 「역사의 내면과 우주의 화음」, 『시와 사람』, 2002, 봄.
김승철, 「미군정의 구조와 성격」, 『녹두서평』, 1986.
김양선, 「친일문학의 내적 논리와 여성성의 전유 양상」, 『실천문학』, 2002, 가을.
김용직, 「일제말 암흑기 한국문학인들의 의식 성향과 행동에 관한 연구」, 『한국문화』, 서울대 한국문화연구소, 1989, 12.
김유중, 「1930년대 후반기 한국 모더니즘 문학의 세계관 연구」, 서울대 박사 논문, 1995.
김재용, 「'멸사봉공'으로서의 친일 파시즘 문학」, 『실천문학』, 2003, 봄.
ㅡㅡㅡ, 「전도된 오리엔탈리즘으로서의 친일문학」, 『실천문학』, 2002, 여름.
ㅡㅡㅡ, 「친일문학의 성격규명을 위한 시론」, 『실천문학』, 2002, 봄.
김효정, 「일제강점기 조명암의 대중가요 가사 연구」, 영남대학교 석사논문, 2000.
ㅡㅡㅡ, 「조영출 시 연구」, 영남대 석사논문, 2002.
노동은, 「일제하 친일음반과 대중가요계」, 『한국 음반학』 6집, 1996, 5~22면.
류선영, 「한국 대중문화의 근대적 구성과정에 관한 연구」, 고려대 박사논문, 1992.
박승희, 「한국시의 미적 근대성 연구」, 영남대 박사논문, 1999.
박애경, 「기생-가부장제 경계에 선 여성들」, 『여성이론 4, 2001, 220~233면.
ㅡㅡㅡ, 「1940년대 군국가요에 나타난 젠더 이미지와 젠더 정치」, 『민족문화논총』 35집, 2007, 134~158면.
ㅡㅡㅡ, 「기생을 바라보는 근대의 시선」, 『한국고전여성문학연구』 24권, 2012, 323~357면.
서영희, 「일제강점기 박영호의 대중가요 가사 작품 연구」, 『민족문화논총』 33집, 2006, 227~251면.
ㅡㅡㅡ, 「조명암 시 연구 - 모더니즘적 특성을 중심으로」, 영남대 박사논문, 2007.
ㅡㅡㅡ, 「해방기 조영출 시 연구」, 『한민족어문학』 54집, 2009, 373~394.
ㅡㅡㅡ, 「조명암의 가요시에 나타난 양가성 연구」, 『국학연구론총』 10집, 2012, 269-298면.
ㅡㅡㅡ, 「조명암의 대중가요 가사에 나타난 고향의식」, 『한민족어문학』 64집, 2013, 401~430면.
ㅡㅡㅡ, 「조명암 대중가요의 풍자와 해학」, 『영주어문학회』 31집, 2015, 333~360면.
서준섭, 「모더니즘과 1930년대의 서울」, 『한국학보』 45집, 1986.
서지영, 「식민지 근대 유흥 풍속과 여성 섹슈얼리티-기생, 카페 여급을 중심으로」, 『사회와 역사』 65권, 2004, 132~168면.
ㅡㅡㅡ, 「식민지 시대 기생 연구(1)-기생 집단의 재편 양상을 중심으로」, 『정신문화연구』 99호, 2005, 267~294면.
ㅡㅡㅡ, 「표상, 젠더, 식민주의: 제국 남성이 본 조선 기생」, 『아시아여성연구』 48권 2호, 2009, 65~96면.
ㅡㅡㅡ, 「상실과 부재의 시공간: 1930년대 요리점과 기생」, 『정신문화연구』

116호, 2009, 167~194면.
----, 「부상하는 주체들: 근대 매체와 젠더 정치」, 『여성과 역사』 12집, 189~229면.
성윤자, 「최재서의 친일문학론 연구」, 서울대 석사논문, 1999.
손재오, 「한국적 미적 범주로서의 웃음과 울음」, 『민족미학』 9집, 2010, 163~196면.
이경호 외, 「친일 시인의 수용과 비판」, 『시인세계』, 2006, 봄.
이노형, 「한국 근대가요의 역사적 전개과정 연구」, 서울대 박사학위 논문, 1991.
이동순, 「조명암 문학의 복원과 그 의미」, 『한민족어문학』 42, 한민족어문학회, 2002.
이미순, 「오장환 시에서의 '고향'의 의미화 과정 연구」, 『한국시학연구』 17호, 2006, 101~122면.
이선민, 「'몸뻬' 바지는 왜 널리 퍼졌을까」, 〈조선일보〉, 2004, 6, 1.
이선옥, 「평등에의 유혹」, 『실천문학』, 2002, 가을.
이성욱, 「한국 근대문학과 도시성 문제: 도시화를 중심으로」, 연세대 박사논문, 2002.
이승원, 「일제강점기 조영출 시문학의 위상」, 『인문논총』 28집, 2014, 7~33면.
이영미, 「1920년대 대중화논쟁연구」, 고려대학교 석사논문, 1984.
이은애, 「친일문학에 대한 일고찰」, 『덕성여대논문집』 26, 1996, 8.
임재해, 「탈춤에 담긴 웃음문화의 인문학적 가치」, 『민족미학』 12집, 2013, 45~101면.
이준희, 「일제시대 군국가요 연구」, 『한국문화』 46집, 2009, 6, 139~161면.
----, 「식민지 조선 유행가의 일본어 가사」, 『한국시가연구』 30집, 2011, 6, 100~125면.
임헌영, 「방황하는 문학」, 『시문학』, 2003, 1.
----, 「친일문학의 평가와 배제를 둘러싼 논쟁」, 『문학사상』, 1999, 8.
장유정, 「일제강점기 대중가요 연구」, 서울대 박사논문, 2004.
----, 「1930년대 기생의 음악활동 일고찰」, 『민족문화논총』 30권, 2004, 163~510면.
----, 「20세기 전반기 기생 소재 대중가요의 노랫말 분석」, 『한국문화』 35집, 2005, 89~117면.
----, 「조영출 대중가요 가사 자료 보강 및 그 갈래별 특성」, 『한민족문화연구』 42집, 2013.
장희창, 「한국미의 범주로서의 해학」, 『민족미학』 5집, 2005, 144~162면.
전봉관, 「1930년대 한국 도시적 서정시 연구」, 서울대 박사논문, 2003.

정우택, 「조영출과 그의 시문학 연구-해방 이전을 중심으로」, 『국제어문』 58집, 2013, 451~486면.
조동일, 「시인의식론(11), 유행가 시인과 비애라는 상품」, 『청맥』, 1965.
조영복, 「1930년대 문학에 나타난 근대성의 담론연구 - 김기림 이상을 중심으로」, 서울대 박사논문, 1996.
최원식, 「풍속의 외피를 쓴 성장시-趙靈出의 민속시 6편」, 『민족문학사연구』 26권, 민족문학사회민족문학사연구, 2004, 11.
최은숙, 「20세기 전반기 대중가요 담론의 쟁점과 의의」, 『한국민요학』 21집, 2007,12, 275~306면.
한계전, 「만해 한용운 문단의 문하생들」, 『문학사상』, 1992, 1.
－－－, 「1930년대 시에 나타난 '고향' 이미지에 관한 연구」, 『한국문화 1』 6집, 1995, 75~92면.
한상규, 「1930년대 후반기 한국 모더니즘 문학의 세계관 연구」, 서울대 박사논문, 1998.
가와가로우, 「총력전 아래의 조선여성」, 『실천문학』, 2002, 가을.

3. 단행본

강만길, 『일제시대 빈민생활사 연구』, 창작사, 1987.
－－－, 『고쳐 쓴 한국 근대사』, 창작과비평사, 1994.
강외석, 『일제침략기의 한국 현대시 연구』, 국학자료원, 2001.
강현두 외, 『현대 대중문화의 형성』, 서울대학교출판부, 1996.
고명수, 『한국 모더니즘 시인론』, 문학아카데미, 1995.
고미숙, 『18세기에서 20세기 초 한국 시가사의 구도』, 소명출판, 1998.
고부응 외, 『탈식민주의-이론과 쟁점』, 문학과지성사, 2003.
권보드래, 『연애의 시대』, 현실문화연구, 2003.
권순긍, 『고전소설의 풍자와 미학』, 박이정, 2005.
권영민, 『한국민족문화론 연구』, 민음사, 1988.
권택영, 『프로이드의 성과 권력』, 문예출판사, 1998.
－－－, 『몸과 미학』, 경희대학교 출판국, 2004.
권혁웅, 『미래파-새로운 시와 시인을 위하여』, 문학과지성사, 2005.
김남식, 『남로당 연구』, 돌베개, 1984.
김대행, 『한국시의 전통연구』, 개문사, 1983.
김병택, 『한국근대시론연구』, 민지사, 1988.

김상태 박덕근 공저,『문체론』, 법문사, 1994.
김상태 외,『한중일 근대문학사의 반성과 모색』, 푸른사상, 2002.
김성기,『모더니티란 무엇인가』, 민음사, 1994.
김열규,『해학과 우리』, 시공사, 1998.
김영민,『한국근대문학비평사』, 소명출판사, 1999.
ㅡㅡㅡ,『1930년대 후반 근대인식의 틀과 미의식』, 소명출판사, 2004.
김용직,『한국근대시사』, 새문사, 1982.
ㅡㅡㅡ,『해방기 한국 시문학사』, 민음사, 1989.
ㅡㅡㅡ,『한국현대시사』1권, 한국문연, 1996.
ㅡㅡㅡ,『한국 현대 경향시의 형성/ 전개』, 국학자료원, 2002.
김용희,『근대소설의 도시 공간』, 한신대출판부, 2005.
김윤식,『한국근대문예비평사연구』, 일지사, 1976.
ㅡㅡㅡ,『한국근대문학 사상사』, 한길사, 1984.
ㅡㅡㅡ,『해방공간의 문학사론』, 서울대출판부, 1989.
ㅡㅡㅡ 외,『한국문학의 리얼리즘과 모더니즘』, 민음사, 1989.
ㅡㅡㅡ 편,『해방공간의 민족문학 연구』, 열음사, 1989.
ㅡㅡㅡ,『해방공간 문단의 내면풍경』, 민음사, 1996.
ㅡㅡㅡ,『일제말기 한국 작가의 글쓰기론』, 서울대출판부, 2003.
ㅡㅡㅡ 외,『한국현대시사연구』, 시학, 2007.
김윤정,『김기림과 그의 세계』, 푸른사상, 2005.
김윤환,『한국노동운동사Ⅰ』, 청사, 1982.
김은철,『한국 근대 관념주의시 연구』, 형설출판사, 1993.
ㅡㅡㅡ,『한국 근대시 연구』, 국학자료원, 2000.
김재용 외,『식민주의와 협력』, 역락, 2003.
ㅡㅡㅡ 외,『식민주의와 비협력의 저항』, 역락, 2003.
ㅡㅡㅡ 외,『친일문학의 내적 논리』, 역락, 2003.
ㅡㅡㅡ,『협력과 저항』, 소명출판사, 2004.
김재홍,『한국 현대시의 사적 탐구』, 일지사, 1998.
김정자 외,『현대문학과 양가성』, 태학사, 1999.
김준오 외,『한국 근대문학의 쟁점』Ⅱ, 정신문화연구원, 1992.
김준하·김창순 공저,『한국공산주의운동사』5, 청계연구소, 1986.
김진기 외,『문학으로 사회읽기』, 박이정, 2003.
김진송,『서울에 딴스홀을 허하라』, 현실문화연구, 1999.
김창남,『삶의 문화, 희망의 노래』, 한울, 1991.

―――, 이영미 외, 『노래 1』, 실천문학사, 1984.
김 철, 『문학 속의 파시즘』, 삼인, 2001.
김춘식, 『문화지리와 도시공간의 표상』, 동국대출판부, 2011.
김치수, 『식민지시대의 문학연구』, 깊은샘, 1980.
김학동, 『김기림평전』, 새문사, 2001.
――― 외, 『김광균 연구』, 국학자료원, 2002.
김현정, 『한국 현대문학의 고향담론과 탈식민성』, 역락, 2005.
김혜니, 『한국 근대시문학사연구』, 국학자료원, 2002.
나병철, 『근대성과 근대문학』, 문예출판사, 1995.
―――, 『한국문학의 근대성과 탈근대성』, 문예출판사, 1996.
―――, 『탈식민주의와 근대문학』, 문예출판사, 2004.
노동은, 『한국민족음악 현단계』, 세광출판사, 1989.
노동은, 이건용, 『민족음악론』, 한길사, 1991.
노상래, 『한국문인의 전향연구』, 영한, 2000.
노천명, 김진희 엮음, 『노천명 시선』, 지식을만드는지식, 2012.
동국대학교 문화학술원, 『문화지리와 도시공간의 표상』, 동국대학교출판부, 2011.
류종영, 『웃음의 미학』, 유로, 2005.
문덕수, 『한국모더니즘 시 연구』, 시문학사, 1992.
문옥배, 『한국 금지곡의 사회사』, 예솔, 2004.
문학과 비평 연구회, 『1930년대 문학과 근대체험』, 이회, 1999.
문학과문학교육연구소 편, 『한국 현대문학의 이론과 지향』, 국학자료원, 1997.
문혜원, 『한국 현대시와 모더니즘』, 신구문화사, 1996.
민현기, 『한국 현대문학 비평론』, 새문사, 2004.
박갑수, 『국어문체론』, 대한교과서주식회사, 1994.
―――, 『현대문학의 문체와 표현』, 집문당, 1998.
박민수, 『한국 현대시의 리얼리즘과 모더니즘』, 국학자료원, 1996.
박성봉, 『대중예술의 미학』, 동연, 1992.
박세길, 『다시 쓰는 한국현대사』, 돌베개, 1988.
박용찬, 『해방기 시의 현실인식과 논리』, 역락, 2004.
박인기, 『한국현대시의 모더니즘 연구』, 단대출판부, 1988.
박영민, 『19세기 문예사와 기생의 한시』, 고려대민족문화연구원, 2011.
박종성, 『백정과 기생』, 서울대출판부, 2003.
박찬호, 『한국 가요사』, 현암사, 1992.
박태일, 『한국 근대시의 공간과 장소』, 소명출판사, 1999.

박현수, 『한국 모더니즘 시학』, 신구문화사, 2007.
백낙청, 『리얼리즘과 모더니즘』, 창작과 비평사, 1984.
백낙청, 염무웅, 『한국 문학의 현단계 Ⅲ』, 창작과 비평사, 1987.
백선기, 『대중문화 그 기호학적 해석의 즐거움』, 커뮤니케이션북스, 2004.
백운복, 『한국현대시론사 연구』, 계명문화사, 1993.
서연호, 『한국근대희곡사』, 고려대출판부, 1994.
서울대학교 여성연구소 엮음, 『경계의 여성들』, 한울, 2013.
서준섭, 『한국모더니즘 문학연구』, 일지사, 1988.
소래섭, 『불온한 경성은 명랑하라』, 웅진지식하우스, 2011.
송건호 외, 『해방전후사의 인식』1, 한길사, 2004.
송승석, 『식민주의, 저항에서 협력으로』, 역락, 2006.
신명직, 『모던 뽀이 경성을 거닐다』, 현실문화연구, 2003.
신범순 외, 『깨어진 거울의 눈』, 현암사, 2000.
심우성, 『남사당놀이』, 화산문화, 2000
———, 『남사당패연구』, 동화출판공사, 1974.
오세영, 『20세기 한국시 연구』, 새문사, 1998.
———, 『한국낭만주의 시 연구』, 일지사, 1982.
원명수, 『모더니즘시 연구』, 계명대학교출판부, 1987.
유민영, 『한국현대희곡사』, 새미, 1997.
유보선, 『한국 근대문학의 정치적 무의식』, 소명출판사, 2005.
윤대석, 『식민지 국민 문학론』, 역락, 2006.
윤여탁, 『시의 논리와 서정시의 역사』, 태학사, 1995.
———, 『리얼리즘의 시정신과 시 교육』, 소명출판사, 2003.
윤영애, 『파리의 시인 보들레르』, 문학과지성사, 1998.
윤영천, 『한국의 유민시』, 실천문학사, 1987.
윤채근, 『차이와 체계-서정과 서사의 존재론』, 월인, 2000.
윤해동, 『근대를 다시 읽는다』, 역사비평사, 2006.
이경민, 『기생은 어떻게 만들어졌는가』, 사진아카이브연구소, 2005.
이경수, 『한국 현대시와 반복의 미학』, 월인, 2005.
이경훈, 『오빠의 탄생- 한국 근대문학의 풍속사』, 문학과지성사, 2003.
이광수, 『해삼위로서』, 이광수 전집18, 삼중당, 1962.
이광호, 『환멸의 신화』, 민음사, 1995.
———, 『미적 근대성과 한국문학사』, 민음사, 2001.
이노형, 『한국 전통 대중가요의 연구』, 울산대출판부, 1994.

이능화, 『조선해어화사』, 동문선, 1992.
이동순, 『민족시의 정신사』, 창작과비평사, 1996.
———, 『시정신을 찾아서』, 영남대출판부, 1998.
———, 『시와 시인 이야기』, 월인, 2001.
———, 『잃어버린 문학사의 복원과 현장』, 소명출판사, 2005.
이득재, 『바흐쩐 읽기』, 문학과학사, 2003.
이명재 외 편저, 『인간과 문학』, 도서출판 동인, 2001.
이명찬, 『1930년대 한국시의 근대성』, 소명출판, 2000.
이미순, 『한국 현대시와 언어의 수사성』, 국학자료원, 1997.
이상섭, 『문학비평용어사전』, 민음사, 1976.
———, 『문학. 역사. 사회』, 한국문화사, 2001.
이성욱, 『한국 근대문학과 도시문화』, 문화과학사, 2004.
이숭원, 『현대시와 삶의 지평』, 시와시학사, 1993.
———, 『현대시와 지상의 꿈』, 시와시학사, 1995.
———, 『정지용 시의 심층적 탐구』, 태학사, 1999.
이승근, 김철수, 『문체와 문체론』, 학문사, 1983.
이승훈, 『모더니즘 시론』, 문예출판사, 1995.
———, 『한국 모더니즘 시사』, 문예출판사, 2000.
이여성 외, 『數字朝鮮研究』1, 4집, 세광사, 1933.
이영미, 『한국 대중가요사』, 시공사, 1998.
———, 『흥남부두의 금순이는 어디로 갔을까』, 황금가지, 2002.
이우용, 『해방공간의 문학연구』, 태학사, 1989.
이재명 외, 『해방전 공연희곡과 상영시나리오의 이해』, 평민사, 2005.
이진홍, 『한국 현대시의 존재론적 해명』, 홍익출판사, 1995.
이효덕, 박성관 역, 『표상공간의 근대』, 소명출판, 2007.
이효석, 『메밀꽃 필 무렵』-한국문학대표작 선집 24, 문학사상사, 2005.
임영천 편, 『해방기 문학과 비평 담론』, 다운샘, 2005.
임헌영, 『분단시대의 문학』, 태학사, 1992.
장경렬, 『신비의 거울을 찾아서』, 문학수첩, 2004.
장도준, 『정지용 시 연구』, 태학사, 1994.
———, 『한국 현대시의 화자와 시적 근대성』, 태학사, 2004.
장유정, 『근대 대중가요의 매체와 문화』, 소명출판, 2012.
———, 『근대 대중가요의 지속과 변모』, 소명출판, 2012.
전미정, 『한국 현대시와 에로티시즘』, 새미, 2002.

정문길 편,『疎外』, 문학과지성사, 1984.
정순진 편,『김기림』, 새미, 1999.
정종진,『한국 현대문학은 무엇을 탐구하는가』, 태학사, 1999.
정지용,『정지용전집』1, 민음사, 1992.
정효구,『한국현대시와 자연탐구』, 새미, 1998.
정혜영,『환영의 근대문학』, 소명출판, 2006
조규철,『마르틴 하이데거와 존재사유』, 울산대출판부, 2004.
조동일,『한국문학통사』5권, 지식산업사, 1988.
조영복,『한국 현대시와 언어의 풍경』, 태학사, 1999.
조정래 외,『1930년대 한국 모더니즘 작가 연구』, 평민사, 1999.
조종권 편저,『마르셀 프루스트의 문학세계』, 청록출판사, 1996.
조지훈,『한국 문화사 서설』, 나남출판, 1997.
조진기,『한국 프로문학론의 비교연구』, 푸른사상, 2000.
진순애,『한국 현대시의 정체성』, 국학자료원, 2001.
―――,『현대시의 자연과 모더니티』, 새미, 2003.
채호석,『문학의 위기, 위기의 문학』, 새미, 2000.
최문규,『문학이론과 현실인식』, 문학동네, 2000.
최병준,『한국 현대시의 지평』, 한국문화사, 1998.
최원규,『한국현대시 논교』, 신원문화사, 1993.
최유찬,『리얼리즘 이론과 실제 비평』, 두리, 1992.
최재서, 일문판『전환기의 조선문학』, 노상래 역, 영남대학교출판부, 2006.
최혜실,『한국근대문학사』Ⅱ, 경희대출판국, 2005.
한경희,『한국 현대시의 내면화 경향』, 역락, 2005.
한국문화교류연구회 편,『해학과 우리』, 시공사, 1998.
한국여성연구소,『여성의 몸』, 창비, 2005.
한국현대문학연구회 편,『한국문학과 모더니즘』, 한양출판사, 1994.
한만수,『모더니즘 문학의 병리성 연구』, 박이정, 2002.
한형구,『한국 근대문학의 탐구』, 태학사, 1999.
함석헌,『뜻으로 본 한국역사』, 한길사, 1985.
홍문표,『한국문학과 이데올로기』, 양문각, 1995.
황종연,『모더니티란 무엇인가』, 민음사, 1994.
宮田節子, 이형낭 역,『朝鮮民衆과 皇民化政策』, 일조각, 1997.
Benjamin, Walter, 반성완 역,『발터 벤야민의 문예이론』, 민음사, 1983.
Charles Baudelaire, 윤영애 역,『파리의 우울』, 민음사, 1979.

참고문헌 285

──────────────, 윤인선 역, 『로트레아몽』, 청하, 1985.
──────────────, 이가림 역, 『촛불의 미학』, 문예출판사, 1975.
──────────────, 곽광수 역, 『공간의 시학』, 동문선, 2003.
Edward W. Said, 『문화와 제국주의』, 창, 1995.
Graham Hough, 이승근 김철수 공역, 『문체와 문체론』, 학문사, 1982.
Homi K. Bhabha, 나병철 역, 『문화의 위치』, 소명출판, 2005.
Horst Steinmetz, 서정일 역, 『문학과 역사』, 예림기획, 2000.
J. Middleton Murry, 최창록 역, 『문체론강의』, 현대문학, 1990.
Jean Baudrillard, 정연복 역, 김진석 편, 『섹스의 황도』, 솔, 1993.
Klein Etienne, 박혜영 역, 『시간』, 영림카디널, 1997.
Lukács, György, 김혜원 역, 『루카치 문학이론』, 세계, 1990.
Marx, K. & Engels, F. 김영기 역, 『마르크스 엥겔스의 문학예술론』, 논장, 1989.
Metei Calinescu, 이영욱 외 역, 『모더니티의 다섯 얼굴』, 시각과 언어 1993.
Ngugi Wa Thing'o, 이석호 역, 『탈식민주의와 아프리카문학』, 인간사랑, 1999.
Peter Brooks, 이봉지.한애경 역, 『육체와 예술』, 문학과지성사, 2000.
Pierre Guiraud, 박성숙 역, 『문체론』, 탐구당, 1993.
René Wellek & Austin Warren, 이경수 역, 『문학의 이론』, 문예출판사, 1987.
Robert A. Scalapino 외, 한홍구 역, 『한국공산주의운동사』, 돌베개, 1986.
Umberto Eco, 서우석 역, 『기호학 이론』, 문학과지성사, 1985.
George Bataille, Mary Dalwood, Erotism, New York: Boyars, 1987.
Ortega y Gasset, The Dehumanization of Art: and Other Essays on Art,
    Culture, and Literature, New Jersey: Princeton University
Raymond Williams, Marxism and Literautre, Oxford: Oxford University Press,
    1977.
──────────────, Resources of Hope, London: Verso, 1989. Press,
    1968.